Jérémie Halais
Textes et cartographie

DÉCRYPTER LE MONDE CONTEMPORAIN
DE 1946 À NOS JOURS

LAROUSSE

SOMMAIRE

AVANT-PROPOS 4

1946-1953 LA CONSTITUTION D'UN MONDE BIPOLAIRE 9

LE MONDE EN 1945 10

1946 LA GRANDE ALLIANCE FRAGILISÉE 14

1946-1949 LA GUERRE CIVILE GRECQUE 18

1947 LES DOCTRINES TRUMAN ET JDANOV 22

1947 LA NAISSANCE DE LA CIA 26

1947 LE PLAN MARSHALL 30

1948 LE COUP DE PRAGUE 34

1948-1949 LE BLOCUS DE BERLIN 38

1949 RFA ET RDA 42

1949 LA CRÉATION DE L'OTAN 46

1949 LA CHINE DE MAO 50

1950-1953 LA GUERRE DE CORÉE 54

1946-1954 LA GUERRE D'INDOCHINE 58

1951 LA CRÉATION DE L'EUROPE 62

1953-1962 LA COEXISTENCE PACIFIQUE 67

1953 LA MORT DE STALINE 68

1954 LA CRÉATION DU KGB 72

1955 LA CONFÉRENCE DE BANDUNG 76

1956 LE PACTE DE VARSOVIE 80

1956 LA CRISE DU CANAL DE SUEZ 84

1956 LA RÉVOLUTION HONGROISE 88

1960 L'AVION ESPION U-2 92

1961 LE MUR DE BERLIN 96

1962 LA CRISE DE CUBA 100

ANNÉES 1960 LA COURSE À L'ARMEMENT NUCLÉAIRE 104

ANNÉES 1960 LA COMPÉTITION SPATIALE 108

1962-1975 LA DÉTENTE 113

1967 LA GUERRE DES SIX-JOURS 114

1968 LE PRINTEMPS DE PRAGUE 118

1955-1975 LA GUERRE DU VIÊT NAM 122

1969 L'*OSTPOLITIK* DE WILLY BRANDT 126

1972 LA VISITE DE NIXON EN CHINE 130

1972-1979 LES TRAITÉS SALT 134

1973 LA GUERRE DU KIPPOUR 138

1973 COUP D'ÉTAT AU CHILI 142

1973 L'OPÉRATION CONDOR 146

1975 LES ACCORDS D'HELSINKI 150

1975-1991 VERS LA CHUTE DE L'UNION SOVIÉTIQUE 155

1974-1991 LES DÉCHIREMENTS DE L'ÉTHIOPIE 156

1975 GUERRE CIVILE EN ANGOLA 160

1975-1990 GUERRE CIVILE AU LIBAN 164

1979 LA RÉVOLUTION IRANIENNE 168

1979-1988 GUERRE DE L'OMBRE AU NICARAGUA 172

1982 LA GUERRE DES MALOUINES 176

1983 LA CRISE DES EUROMISSILES 180

1983 L'INITIATIVE DE DÉFENSE STRATÉGIQUE : LA GUERRE DES ÉTOILES 184

1983 L'INVASION DE LA GRENADE 188

1983 LA DRAME DU VOL KOREAN AIR LINES 192

1983 L'EXERCICE ABLE ARCHER 83 196

1979-1989 LA GUERRE D'AFGHANISTAN 200

1986 ACCIDENT TRAGIQUE À TCHERNOBYL 204

1979-1989 LA POLOGNE SE REBELLE 208

1989 LA CHUTE DU MUR DE BERLIN 212

1989 LA FIN DU BLOC DE L'EST 216

1989-1991 LA CHUTE DE L'URSS 220

1989 LA RÉPRESSION DE LA PLACE TIANANMEN 224

1991-2001 L'ÉCLATEMENT DE LA YOUGOSLAVIE 228

UN NOUVEL ORDRE MONDIAL ? 232

AVANT-PROPOS

Dans un essai intitulé *You and the Atom Bomb*, publié en octobre 1945 dans l'hebdomadaire *Tribune*, l'écrivain britannique George Orwell annonce l'apparition d'un nouvel ordre mondial qui serait dominé par trois « grands empires » : les États-Unis, l'Union soviétique et la Chine. Ces puissances, explique Orwell, seraient incapables de se faire la guerre car chacune serait dotée de l'arme atomique : elles seraient dans « un état à la fois impossible à conquérir et dans un état permanent de "guerre froide" avec [leurs] voisins ». Le propos d'Orwell, toutefois, ne vise pas fondamentalement à expliquer le système de relations internationales qui émerge au lendemain de la Seconde Guerre mondiale, mais bien plus d'alerter sur une nouvelle forme de totalitarisme au sein de ces « empires » – sa vision est développée plus largement dans son célèbre ouvrage *1984*, publié quatre ans plus tard. Il faut attendre 1947 pour que Walter Lippmann reprenne l'expression dans son livre intitulé *The Cold War: A Study in U.S. Foreign Policy*. Le journaliste américain y décrit une nouvelle forme de conflit, où deux camps constitués autour des États-Unis et de l'Union soviétique s'opposent sans se combattre directement sur le champ de bataille.

Affiche de propagande américaine éditée dans les années 1950.

Un « rideau de fer » est tombé sur l'Europe

La guerre froide débute effectivement durant ces années d'après-guerre, entre 1945 et 1947. Il est en effet difficile de dater plus précisément le déclenchement d'un conflit dans lequel entrent progressivement ses deux principaux protagonistes, les États-Unis et l'Union soviétique. Si les deux puissances se sont alliées contre le nazisme et l'impérialisme japonais durant la Seconde Guerre mondiale, une fois ces menaces disparues, l'incompatibilité de leurs modèles idéologiques, politiques, économiques, sociétaux et culturels est de plus en plus évidente. Malgré la naissance de nouvelles organisations internationales – au premier rang desquelles les Nations unies –, les tensions se multiplient dans les mois qui suivent les capitulations allemandes et japonaises de 1945. Dès 1946, Winston Churchill, dans son célèbre discours de Fulton (Missouri, États-Unis), révèle ainsi qu'un « rideau de fer » est tombé sur l'Europe de l'Est.

Jusqu'à la dissolution de l'Union soviétique, en 1991, les relations internationales sont donc marquées par la rivalité de deux blocs : d'un côté le camp occidental groupé derrière les États-Unis, et de l'autre, le camp communiste derrière l'Union soviétique. Le conflit est de ce fait global, sans être pour autant total car de nombreux pays tentent de rester en dehors de la logique Est-Ouest, en s'appuyant notamment sur le mouvement des non-alignés – sans toujours y arriver tant la force d'attractivité des blocs est grande. La guerre froide prend le plus souvent la forme d'une rivalité sourde entre les deux géants qui s'exprime dans plusieurs domaines : la course à l'armement – particulièrement nucléaire –, mais aussi l'influence géopolitique, la puissance économique, le développement technologique ou encore le rayonnement culturel et sportif. Elle peut enfin périodiquement donner lieu à des conflits indirects, limités mais violents, comme en Corée, au Viêt Nam ou en Afghanistan, sans évoquer les nombreuses guerres post-coloniales et guerres civiles qui s'inscrivent dans cet antagonisme.

La constitution des blocs

Au fil de ses soixante-et-une cartes, chronologies, schémas et infographies, ce livre se propose de retracer l'histoire de ce conflit qui a défini les relations internationales durant la seconde moitié du XXᵉ siècle.

Dans un premier temps (1946-1953), les anciennes alliances se délitent et le climat de méfiance qui s'instaure entre les alliés d'hier mène à la division de l'Europe et de l'Asie. Les premières crises qui éclatent au Moyen-Orient, en Grèce, à Prague et à Berlin mènent à la structuration des deux camps. À l'ouest, les États-Unis prennent la tête des démocraties occidentales. Selon la doctrine Truman, ils soutiennent la reconstruction de l'Europe occidentale qu'ils intègrent au sein d'une grande alliance militaire, l'OTAN. À l'est, les démocraties populaires d'Europe de l'Est s'alignent derrière l'Union soviétique, bientôt rejointes par des pays asiatiques, notamment la Chine en 1949. Des affrontements périphériques ont lieu en Corée et en Indochine.

La mort de Staline, en 1953, marque le début d'une nouvelle ère en Union soviétique. La déstalinisation incarnée par son successeur, Nikita Khrouchtchev, se traduit en politique extérieure par l'adoption d'une nouvelle doctrine : la coexistence pacifique (1953-1962). Sans remettre en cause le modèle soviétique et sa victoire finale sur le capitalisme, le but de cette politique est d'éviter l'affrontement avec les États-Unis. La menace d'une guerre nucléaire qui serait mutuellement destructrice, compte-tenu de l'accroissement exponentiel des arsenaux atomiques, favorise cette position. Américains et Soviétiques préfèrent se lancer dans une compétition spatiale qui connaît son apogée à la fin des années 1960. Les tensions demeurent pourtant encore vives, ainsi qu'en témoignent une succession d'alertes : l'intervention franco-britannique à Suez et la révolution hongroise en 1956, la construction du mur de Berlin en 1961et l'installation de missiles nucléaires soviétiques à Cuba en 1962.

Ces deux dernières crises portent Washington et Moscou aux limites de l'équilibre de la terreur, au bord d'une confrontation directe. Elle fait donc place à une phase de détente (1962-1975) durant laquelle les grandes puissances cherchent à maîtriser toute escalade. Il est vrai qu'elles sont par ailleurs confrontées à de nouvelles difficultés. Les Soviétiques doivent faire face à des mouvements de contestation dans les démocraties populaires. Ils interviennent militairement à Prague en 1968. De leur côté, les États-Unis sont embourbés dans le conflit vietnamien et tentent de contenir la poussée des mouvements procommunistes en Amérique du Sud en soutenant les dictatures. La détente permet néanmoins l'ouverture de relations diplomatiques. Sous l'impulsion de Willy Brandt, les deux Allemagnes normalisent leurs liens. En 1972, le président américain, Richard Nixon, est accueilli en Chine communiste. La période voit aussi la signature des premiers traités relatifs à la limitation des arsenaux nucléaires et à la conclusion des accords d'Helsinki en 1975.

Vers la chute de l'Union soviétique

À partir de la fin des années 1970, de nouveaux foyers de crises apparaissent en Afrique, en Amérique du Sud et au Moyen-Orient. L'arrivée à la Maison-Blanche de Ronald Reagan en 1981 marque un tournant dans la politique étrangère américaine qui devient beaucoup plus offensive à l'encontre du bloc de l'Est. Les États-Unis relancent la course à l'armement, relèvent le défi lancé par l'installation de missiles à moyenne portée en Europe et interviennent militairement à Grenade en 1983.

Cette stratégie s'avère payante face à une Union soviétique qui traverse une grave crise. À partir de 1985, le nouveau maître du Kremlin, Mikhaïl Gorbatchev, lance une série de réformes afin de résoudre les nombreux problèmes qui frappent alors son pays : une économie peu productive et un appareil d'État sclérosé, dont l'enlisement de son armée en Afghanistan ou la catastrophe nucléaire de Tchernobyl sont les révélateurs. Surtout, il doit faire face à des revendications démocratiques de plus en plus fortes, au sein de la société soviétique et des peuples frères. Le système commence d'ailleurs à se fissurer dans les démocraties populaires de l'Europe de l'Est, en Pologne d'abord, puis à partir de 1989 en Tchécoslovaquie, en Hongrie, en Bulgarie et en Allemagne de l'Est où le mur de Berlin tombe en novembre 1989. Deux ans plus tard, l'Union soviétique est dissoute, mettant fin à la guerre froide.

Affiche de propagande soviétique éditée en 1951.

1946-1953

LA CONSTITUTION D'UN MONDE BIPOLAIRE

Affiche de propagande, 1944.

LE MONDE EN 1945

En 1945, l'Europe sort exsangue du second conflit mondial. L'ordre international s'en trouve complètement bouleversé. En effet, deux grandes puissances, les États-Unis et l'Union soviétique, dominent désormais un cadre géopolitique où agissent de nouveaux acteurs : les États décolonisés et les Nations unies.

Les cendres de la Seconde Guerre mondiale

La défaite de l'Allemagne nazie, le 8 mai 1945, puis la capitulation japonaise, le 2 septembre 1945, mettent fin à la Seconde Guerre mondiale. Or, à l'issue de ces hostilités, les États européens apparaissent particulièrement affaiblis. Des régions entières ont été sinistrées. Certaines capitales, comme Berlin ou Varsovie, sont en ruine. Les conférences de Yalta (février 1945) et de Potsdam (de juillet à août 1945) ont amputé l'Allemagne et divisé son territoire en quatre zones d'occupation. La nouvelle frontière polonaise est située, à l'est, sur l'ancienne ligne de démarcation du pacte germano-soviétique et, à l'ouest, sur l'Oder et la Neisse.

Le conflit a été le plus meurtrier de l'Histoire : soixante millions de victimes, dont la moitié de civils. L'Union soviétique a perdu 18 % de sa population, soit plus de vingt-cinq millions de personnes dont onze millions de militaires. Alors que les combats ont provoqué des transferts massifs de population, le règlement de la guerre engendre également des migrations importantes. Le déplacement plus à l'ouest des frontières de la Pologne et de l'Allemagne implique ainsi le déménagement de millions d'individus. En outre, les juifs d'Europe de l'Est, principales victimes du régime nazi (entre cinq et six millions de juifs ont été assassinés dans les camps de la mort), émigrent vers la Palestine.

Le temps des indépendances

Le potentiel économique du continent est très fortement diminué, y compris au Royaume-Uni et en France. Ces deux grandes puissances voient d'ailleurs leurs positions contestées sur le plan international. Leurs colonies en Afrique et en Asie aspirent à s'émanciper. Le 8 mai 1945, l'Algérie connaît ainsi des manifestations nationalistes, violemment réprimées par les autorités coloniales françaises. Au Moyen-Orient, la fin du mandat britannique sur la Palestine permet la naissance de l'État d'Israël en 1948. L'Inde, joyau de l'empire, accède à l'indépendance en 1947. En Extrême-Orient, la France tente, quant à elle, de reprendre le contrôle de l'Indochine.

Conflit idéologique et d'influence

Le conflit a, en revanche, mis sur le devant de la scène deux acteurs aux prétentions hégémoniques : les États-Unis et l'URSS. Les premiers sont entrés tardivement en guerre, après l'attaque japonaise sur Pearl Harbor, le 7 décembre 1941. Épargné par les combats, le pays a pu mobiliser son immense potentiel industriel. Il occupe désormais une place prépondérante dans l'économie mondiale. Alors que de nombreux États connaissent une crise monétaire, les Américains possèdent 70 % du stock d'or. En 1944, les accords de Bretton Woods instaurent un système monétaire international basé sur leur devise, le dollar. Ils disposent également de la plus importante flotte de guerre et d'un réseau de bases militaires qui couvre l'ensemble du planisphère : mille cent trente-neuf en 1946, contre seulement

Des soldats soviétiques célèbrent, à Berlin, leur victoire sur l'Allemagne nazie.

quatorze en 1938. Enfin, jusqu'en 1949 – date de l'explosion de la première bombe atomique soviétique –, ils détiennent le monopole de la puissance nucléaire, une arme qu'ils ont pu acquérir grâce à leur avancée technologique et scientifique.

Leur principale rivale, l'Union soviétique, offre un profil plus contrasté. Envahie par la Wehrmacht en juin 1941, l'URSS a été durement touchée – d'autant que la guerre a fait suite à deux décennies de troubles politiques et économiques depuis l'arrivée au pouvoir des bolchéviques en 1917. Près de vingt-huit millions de Soviétiques, civils et militaires, sont morts pendant la Seconde Guerre mondiale. Néanmoins, en 1945, le pays dispose, avec l'Armée rouge, de la plus grande force militaire au monde. Après avoir chassé les troupes allemandes d'Europe orientale et centrale, elle s'est emparée de Berlin. Fort de ce prestige, Staline annexe les pays baltes ainsi que des territoires en Finlande, en Pologne, en Tchécoslovaquie et en Roumanie. Les États « libérés » par les Soviétiques, où progressivement les communistes prennent le pouvoir, ont vocation à former un glacis protecteur entre l'Ouest et l'Est.

La naissance de l'ONU

Un nouvel ordre mondial se met alors en place. Basée sur le droit, une organisation internationale est ainsi fondée afin de préserver la paix. Le 26 juin 1945, la Charte des Nations unies est signée par 50 États à la conférence de San Francisco. Elle constitue l'acte de naissance de l'Organisation des Nations unies (ONU) dont l'un des principaux organes est le Conseil de sécurité. Cinq membres permanents y siègent avec un droit de veto : les États-Unis, l'URSS, le Royaume-Uni, la France et la Chine.

La conférence de San Francisco, en juin 1945, permet la création de l'ONU.

L'Europe en 1945
URSS
Libération par l'Armée rouge
Libération par les communistes
États alliés des États-Unis
Zones d'occupation alliées et soviétiques en Allemagne
Anciennes frontières
Annexions soviétiques
Annexions polonaises
Annexions yougoslaves
Annexions bulgares
Mer de Barents
Mer de Norvège
Mer du Nord
Mer Baltique
Océan Atlantique
Mer Noire
Mer Méditerranée
SUÈDE
FINLANDE
NORVEGE
DANEMARK
ROYAUME-UNI
IRLANDE
PAYS-BAS
Berlin
ALLEMAGNE
POLOGNE
URSS
BELGIQUE
LUX.
TCHÉCOSLOVAQUIE
AUTRICHE
HONGRIE
ROUMANIE
FRANCE
SUISSE
YOUGOSLAVIE
ITALIE
BULGARIE
ALBANIE
ESPAGNE
PORTUGAL
GRÈCE
TURQUIE
400 km

Rassemblement en faveur du parti communiste, à Varsovie, en 1946.

- 1946 -

LA GRANDE ALLIANCE FRAGILISÉE

Durant l'année 1946, la Grande Alliance, formée pendant la guerre par les Alliés occidentaux (les États-Unis, le Royaume-Uni) et l'Union soviétique, commence à se disloquer sous l'effet de plusieurs crises politiques et diplomatiques.

Le début des tensions

Les premières fissures entre les anciens alliés apparaissent en 1946 en Turquie et en Iran, deux pays où Staline tente d'obtenir des avantages géopolitiques. En Turquie, l'URSS souhaite en effet contrôler le Bosphore et les Dardanelles, les détroits qui permettent à ses navires d'accéder à la Méditerranée par la mer Noire. Les États-Unis apportent d'emblée leur soutien aux Turcs, en envoyant un cuirassé, l'*USS Missouri*, à Istanbul, au printemps 1946. Le 7 août 1946, l'URSS adresse à la Turquie une note demandant la révision du traité de Montreux, l'accord régissant depuis 1936 la circulation de cette voie maritime. La diplomatie soviétique affirme que la gestion des détroits ne garantit plus la sécurité de l'URSS et de ses alliés en mer Noire, la Roumanie et la Bulgarie. Les Soviétiques maintiennent une forte pression sur la Turquie durant toute l'année 1946. Ils organisent ainsi des manœuvres navales à proximité des côtes turques et réitèrent leurs demandes diplomatiques en septembre. À l'automne, Staline doit néanmoins reculer en raison de la fermeté américaine.

En Iran, les Soviétiques et les Britanniques ont occupé le royaume en 1941 pour sécuriser une voie de communication entre les deux alliés, mais aussi afin de protéger les réserves pétrolifères de la région. Il était prévu que les troupes se retirent en mars 1946 mais Staline occupe toujours après cette date l'Azerbaïdjan iranien. Deux États éphémères sont créés avec le soutien des Soviétiques : la République kurde de Mahabad et le Gouvernement

L'USS Missouri *dans la baie d'Istanbul, en avril 1946.*

populaire d'Azerbaïdjan. Les Occidentaux craignent que la manœuvre ne vise à annexer la région à l'Azerbaïdjan soviétique, voire à instaurer un gouvernement communiste en Iran. En réalité, Moscou souhaite surtout obtenir des concessions sur des gisements pétroliers. Là encore, Staline est contraint de faire marche arrière face à la position des États-Unis et du Royaume-Uni.

L'influence soviétique en Europe

Toutefois, durant toute l'année 1946, l'influence soviétique se renforce un peu plus en Europe de l'Est. Des républiques populaires sont ainsi proclamées en Albanie, en Yougoslavie ainsi qu'en Bulgarie. En Pologne, le gouvernement provisoire, pro-soviétique, réprime les opposants et aligne sa politique sur celle de Moscou. Les partis communistes progressent en Roumanie, en Hongrie et en Tchécoslovaquie. Dans ces derniers pays, les succès des communistes aux élections leur permettent d'accéder à des postes clés au sein des gouvernements.

En Allemagne, dans leur zone d'occupation, les Soviétiques fondent un grand parti communiste qui absorbe les socialistes. Or, au même moment, une guerre civile éclate en Grèce entre la résistance communiste et les monarchistes soutenus par le Royaume-Uni puis par les États-Unis. Bien que l'implication de l'Union soviétique dans ce conflit reste limitée, les troubles en Grèce renforcent la méfiance américaine à l'égard de son ancien allié.

Le réveil de la *Red Scare*

Le 22 février, George Kennan, un diplomate américain en poste à Moscou, envoie un « Long télégramme » à son administration afin de mettre en garde sa hiérarchie sur les motivations réelles de l'Union soviétique et la nécessité de contenir son expansionnisme. « Il apparaît clairement que la pression soviétique contre les libres institutions du monde occidental peut être contenue par l'adroite et vigilante application d'une force contraire », conclut-il. Le 5 mars, à Fulton (Missouri, États-Unis), en présence du président Harry Truman, Winston Churchill prononce un discours célèbre dans lequel il alerte : « De Stettin dans la Baltique jusqu'à Trieste dans l'Adriatique, un rideau de fer est descendu à travers le continent. » Ce contexte international, mais aussi les grèves qui agitent le pays, réveillent aux États-Unis un sentiment anticommuniste (communément appelé *Red Scare* en anglais) qui s'était déjà manifesté au lendemain de la Grande Guerre et de la révolution russe.

La fin de la Grande Alliance

Des crispations naissent aussi du côté des Soviétiques, notamment au sujet de l'Organisation des Nations unies où Staline n'a pu obtenir que trois sièges à l'Assemblée générale, alors qu'il en demandait initialement quinze.

Durant l'année 1946, neuf veto sont opposés aux résolutions du Conseil de sécurité. Tous sont présentés par l'URSS. En 1947, les Soviétiques rédigent douze veto.

La fin du procès de Nuremberg, le 1er octobre, et le refus des Soviétiques de participer au Fonds monétaire international (FMI) ainsi qu'à la Banque internationale pour la reconstruction et le développement (BIRD) marquent la fin de la Grande Alliance. Le 1er janvier 1947, la fusion des zones d'occupation britannique et américaine en Allemagne – ou Bizone – cristallise encore davantage les tensions.

Les crises au Moyen-Orient, 1946

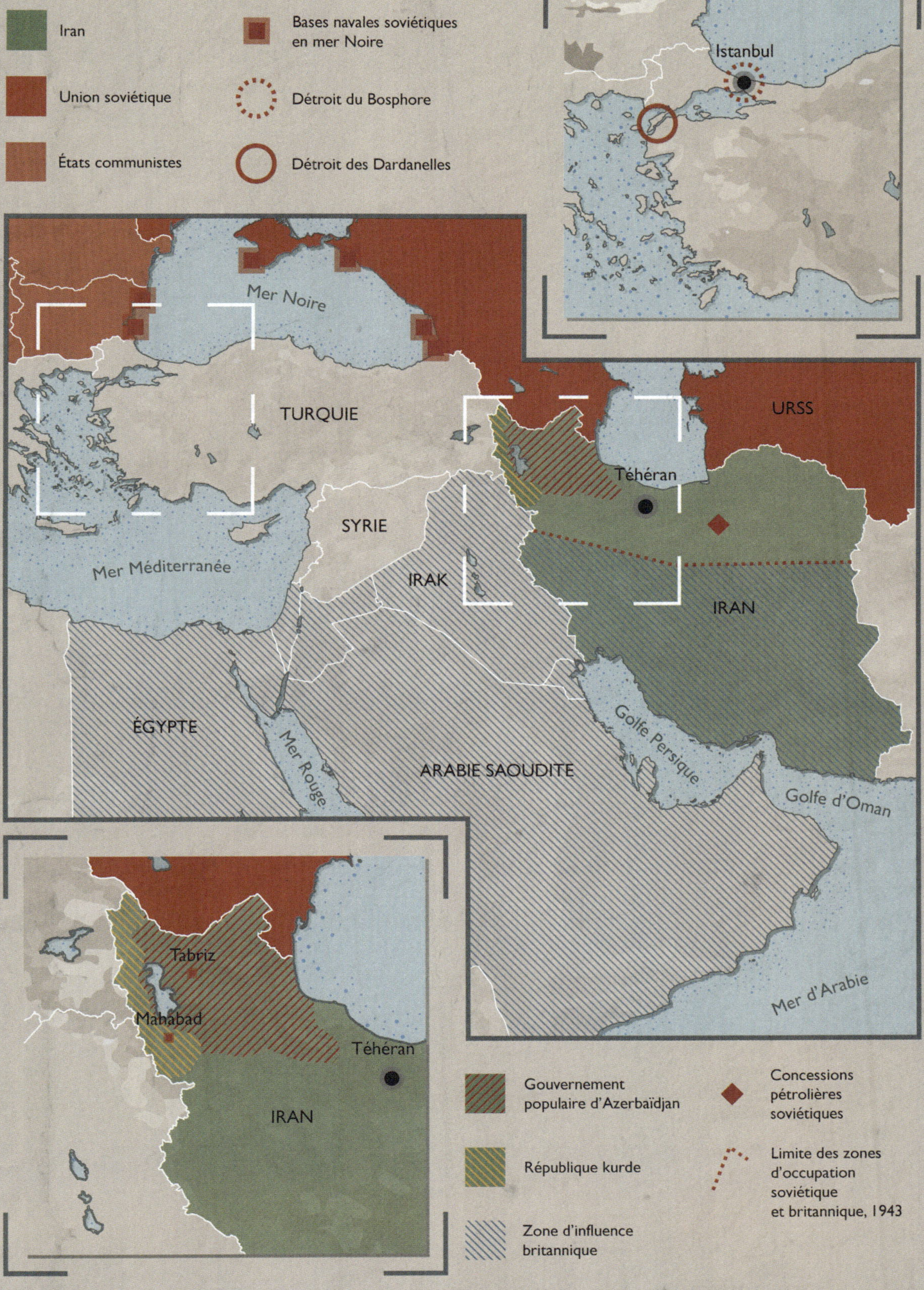

Combattants communistes, dans le Péloponnèse, en 1949.

- 1946-1949 -

LA GUERRE CIVILE GRECQUE

Entre 1946 et 1949, la guerre civile grecque constitue l'un des premiers affrontements de la guerre froide. Le conflit oppose le parti communiste grec, composante majeure de la résistance durant l'occupation allemande, aux troupes royalistes.

Divisions politiques

À l'automne 1944, alors que les Allemands quittent le pays, les communistes qui étaient majoritaires dans l'ELAS – l'armée populaire de libération nationale – apparaissent comme l'une des principales forces politiques du pays. Ils se heurtent cependant aux intérêts britanniques qui soutiennent le gouvernement royaliste en exil. En effet, en vertu des accords de Moscou (octobre 1944), Churchill a obtenu de Staline que le royaume échappe à la sphère d'influence soviétique, contrairement au reste des Balkans.

Dès la fin de l'année 1944, des troupes britanniques débarquent donc en Grèce, notamment dans l'objectif de désarmer les communistes. La situation évolue très vite vers une confrontation ouverte. En décembre, les partisans de l'ELAS refusent de déposer les armes et combattent les soldats britanniques et les forces de l'ordre à Athènes. Toutefois, après les accords de Yalta en février 1945, les communistes acceptent une trêve à la demande de Staline. Cette pause permet aux Britanniques de préparer des élections législatives. Celles-ci se tiennent en mars 1946 et, en raison de l'abstention des communistes, elles aboutissent à la victoire des monarchistes et des partis de droite – parmi lesquels figurent d'anciens collaborateurs. À l'automne, le Premier ministre, Konstantínos Tsaldáris, organise un référendum qui approuve le retour au pouvoir du roi Georges II. Mais l'organisation du scrutin et ses résultats sont contestés par les républicains.

L'élan communiste

À partir de 1946, les forces communistes, commandées par Márkos Vafiádis, l'un des leaders de l'ELAS, mènent une guérilla contre le gouvernement. Réfugiés dans les montagnes – notamment en Épire –, ils sont soutenus par les États communistes voisins : la Yougoslavie, l'Albanie et la Bulgarie. Sur le plan politique, les partisans forment un gouvernement provisoire en décembre 1947. Ils reçoivent des soutiens internationaux. Paul Éluard vient ainsi visiter les maquis du nord de la Grèce, via l'Albanie, au printemps 1949. Le poète français en tire un recueil intitulé *Grèce ma rose de raison*, publié à son retour.

Sur le plan militaire, bénéficiant d'une bonne connaissance du terrain et de l'expérience acquise dans la lutte contre les nazis, les forces communistes emportent des succès dans un premier temps. Cependant, le rapport de force s'inverse par la suite, notamment après la rupture entre Tito et Staline en 1948. Par fidélité à l'Union soviétique, les communistes rompent en effet avec la Yougoslavie qui était leur principal fournisseur d'armes, sans pour autant être davantage aidés par l'URSS.

La victoire des monarchistes

À l'inverse, l'armée royaliste obtient l'appui des États-Unis qui, dans le cadre de la mise en application de la doctrine Truman, prennent le relais des Britanniques et appuient désormais les monarchistes. Mieux armés et entraînés, aidés par les conseillers américains, les militaires prennent l'avantage, en opérant une série d'offensives qui leur permet, entre le printemps 1948 et l'été 1949, de contrôler les différentes régions du pays, du Péloponnèse à la Macédoine. À la fin de l'année 1949, les partisans sont acculés dans les montagnes du nord de la Grèce et finalement vaincus. Les derniers combats ont lieu aux monts Grammos, en Macédoine, à la frontière albanaise.

Vers la dictature des colonels

La défaite entraîne un exil massif des combattants et de leurs familles qui se réfugient dans les États communistes, principalement en Yougoslavie, en Albanie, en Hongrie, en Roumanie et en Tchécoslovaquie. Environ cent mille Grecs fuient ainsi le pays. Le bilan de la guerre civile est lourd : environ cent cinquante mille morts. L'économie et les infrastructures sont en ruine, d'autant que ces pertes humaines et ces destructions s'ajoutent à celles subies durant la Seconde Guerre mondiale.

La répression à l'encontre des communistes continue bien après la fin des hostilités, avec des milliers d'arrestations, des procès politiques et des exécutions. Sur l'île de Makrónissos, les autorités aménagent un camp d'internement où, selon les estimations, entre cinquante mille et cent mille opposants auraient été détenus de 1947 à 1958. Les divisions politiques perdurent durant de longues décennies et mènent, en 1967, à l'instauration d'un régime militaire, la dictature des colonels, qui réprime violemment toutes les oppositions jusqu'à l'abolition de la monarchie et le rétablissement de la démocratie en 1974.

La Grèce est à cette date solidement ancrée au sein du bloc occidental. Ainsi, elle rejoint l'OTAN en 1952 et signe, en 1961, un traité d'association avec la Communauté économique européenne (CEE).

Combattants et combattantes de l'ELAS pendant la guerre civile grecque, en 1949.

La guerre civile grecque, 1946-1949
BULGARIE
YOUGOSLAVIE
ALBANIE
Macédoine
Thrace
Épire
Thessalie
Mer Égée
TURQUIE
Athenes
Péloponnèse
Mer Ionienne
Crète
Mer Méditerranée
Zones de guérilla
Bases des partisans (février 1947)
Monts Grammos
Échanges transfrontaliers entre la guerilla et les états communistes voisins
Camp de Makronissos
Les offensives monarchistes
1 Opération Dawn avril 1948
2 Opération Crown été1948
3 Opération Vitsi août 1948
4 Opération Pigeon janvier 1949
5 Opération Pyravlos mai 1949
6 Opération Torch août 1949
100 km

Winston Churchill, Harry Truman et Joseph Staline, lors de la conférence de Potsdam, en 1945.

- 1947 -

LES DOCTRINES TRUMAN ET JDANOV

Durant l'année 1947, l'antagonisme entre les deux blocs est désormais manifeste. Aussi bien aux États-Unis qu'en Union soviétique, les dirigeants élaborent leurs stratégies et mettent en œuvre des politiques afin de contenir l'influence de leur rival.

Truman contre les totalitarismes

Le 12 mars 1947, le président des États-Unis, Harry Truman, présente devant le Congrès américain la nouvelle doctrine de son pays en matière de politique étrangère : l'endiguement (ou *containment*) qui consiste à soutenir les régimes démocratiques et à s'opposer à l'expansionnisme soviétique. La doctrine Truman est adoptée dans un contexte de tensions croissantes avec l'URSS : la question des détroits turcs, la guerre civile en Grèce, le retrait des troupes d'occupation en Iran. Elle s'inspire du « Long télégramme » de George Kennan et du discours de Fulton prononcé par Winston Churchill en mars 1946.

Durant son intervention, Truman oppose deux « modes de vie », celui adopté par les démocraties libérales, et celui des régimes autoritaires établis dans les États satellites de l'Union soviétique. En effet, si les premières se définissent par les garanties qu'elles apportent à l'État de droit, aux institutions indépendantes, aux élections libres et aux libertés fondamentales, il constate que les démocraties populaires reposent sur la « volonté d'une minorité imposée à la majorité » par la « terreur et l'oppression ». Or, d'après Truman, le but de la politique étrangère des États-Unis est l'instauration d'un « mode de vie libre de toute contrainte ». Le président américain affirme qu'il s'agit là de « l'un des principaux enjeux de la guerre contre l'Allemagne et le Japon ». Voilà pourquoi, conclut Truman, il faut « aider les peuples libres à protéger leurs libres institutions et leur intégrité nationale » contre « [l]es régimes totalitaires ».

Un véritable réseau d'alliances

Au-delà de la doctrine, l'administration Truman cherche à obtenir du Congrès une aide financière de quatre cents millions de dollars pour la Grèce et la Turquie, mais aussi l'autorisation d'envoyer dans ces deux pays du personnel civil et militaire ainsi que des marchandises. À plus long terme, la nouvelle stratégie des États-Unis implique la mise en œuvre du plan Marshall afin de permettre aux économies européennes de se reconstruire. En juin 1948, le Congrès adopte également l'amendement Vandenberg qui autorise les États-Unis à conclure des accords militaires permanents en temps de paix. Rompant avec la tradition isolationniste de l'Amérique, le texte permet à Washington de tisser un réseau d'alliances à travers le globe : l'OTAN avec les alliés européens en 1949, l'ANZUS avec l'Australie et la Nouvelle-Zélande en 1951 et l'OTASE en Asie du Sud-Est en 1954, mais aussi de rejoindre en 1958 le pacte de Bagdad fondé trois ans plus tôt par le Royaume-Uni, la Turquie, l'Iran, l'Irak et le Pakistan.

Jdanov contre l'« impérialisme » américain

En réponse à cette nouvelle orientation de la politique étrangère américaine, l'Union soviétique adopte à son tour une doctrine afin de dénoncer l'impérialisme des pays occidentaux – notamment des États-Unis –, mais aussi de légitimer son influence en Europe de l'Est et dans les pays émergents. Celle-ci est présentée le 5 octobre 1947 par Andreï Jdanov, un proche collaborateur de Staline, à l'occasion de la fondation du Kominform, c'est-à-dire le Bureau d'information des partis communistes et ouvriers. Outre le parti communiste de l'Union soviétique (PCUS), l'organisme rassemble les partis communistes de huit pays : la Bulgarie, la Hongrie, la Pologne, la Roumanie, la Tchécoslovaquie, la Yougoslavie, la France et l'Italie. Ces partis frères sont chargés de combattre l'influence américaine dans leurs pays respectifs – en s'en prenant en particulier au plan Marshall –, de s'opposer aux mouvements politiques libéraux et de lutter contre la culture occidentale jugée « décadente » et « bourgeoise ». En effet, selon une dialectique toute particulière, Jdanov distingue clairement un camp impérialiste, selon lui anti-démocratique, d'un camp anti-impérialiste qu'il qualifie de véritablement démocratique.

Une seule doctrine

Toutefois, dans les États où les communistes sont déjà au pouvoir, la doctrine Jdanov implique un renforcement de la répression à l'égard des opposants, voire une épuration interne afin d'éliminer les cadres communistes qui pourraient s'avérer critiques envers le stalinisme.

Conséquence indirecte de la doctrine, la Yougoslavie est mise au banc du bloc soviétique. Tito, en effet, affirme alors son indépendance en adoptant une politique économique et étrangère qui s'écarte de la ligne stalinienne. La rupture intervient en 1948 avec l'exclusion du parti communiste yougoslave du Kominform. Jusqu'à la mort de Staline, les démocraties populaires connaissent une vague de grands procès organisés dans le but de punir les communistes soupçonnés, à tort ou à raison, de « titisme », bien souvent des rivaux critiques des dirigeants en place, fidèles à Staline et à la ligne du Kominform.

Tito, dirigeant de la Yougoslavie communiste, en 1949.

es

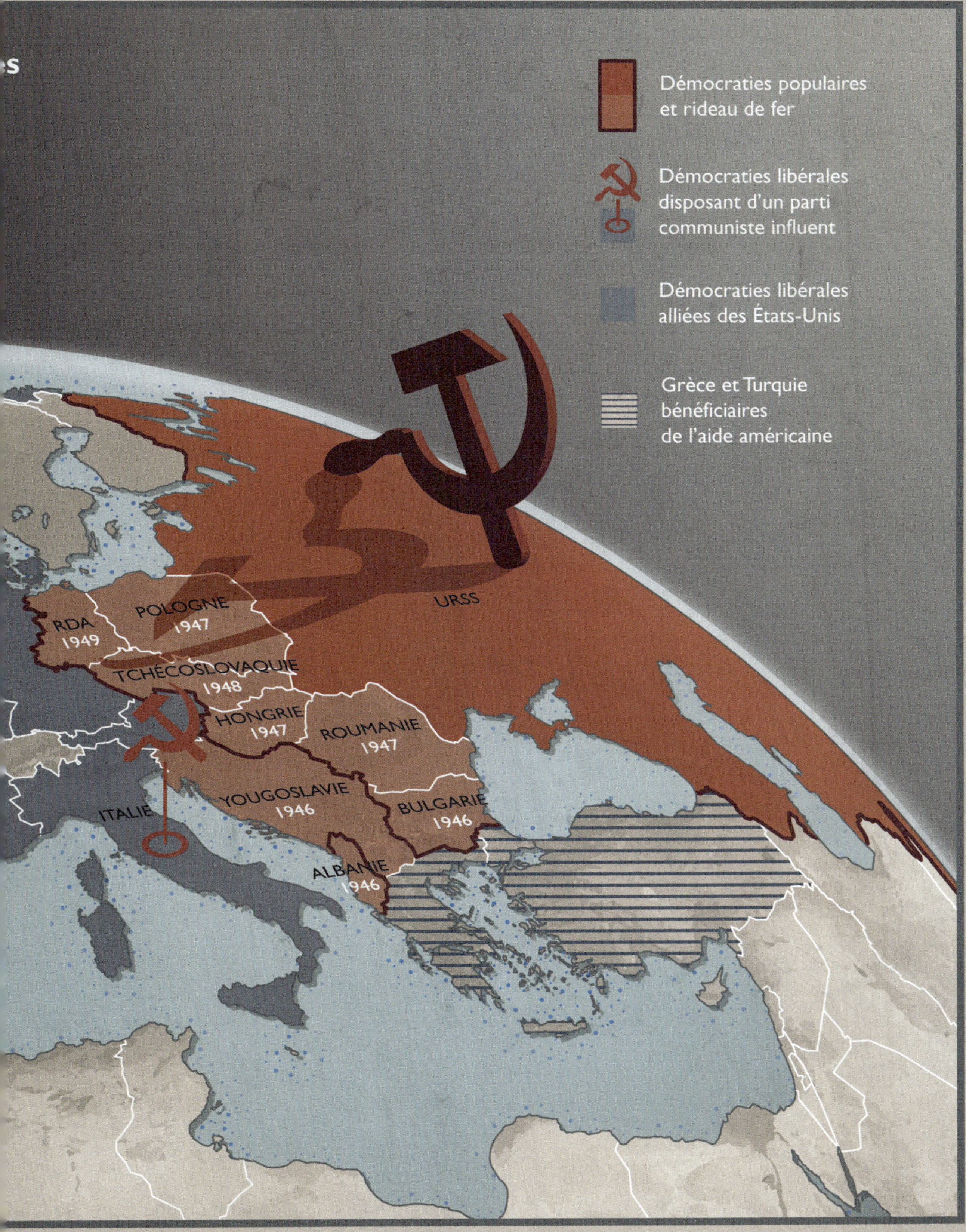

Démocraties populaires et rideau de fer
Démocraties libérales disposant d'un parti communiste influent
Démocraties libérales alliées des États-Unis
Grèce et Turquie bénéficiaires de l'aide américaine
URSS
POLOGNE 1947
RDA 1949
TCHÉCOSLOVAQUIE 1948
HONGRIE 1947
ROUMANIE 1947
YOUGOSLAVIE 1946
BULGARIE 1946
ALBANIE 1946
ITALIE

- 1947 -
NAISSANCE DE LA CIA

Fondée en 1947, la *Central Intelligence Agency* – plus connue sous son acronyme, CIA – devient très vite un acteur incontournable des opérations clandestines qui jalonnent l'histoire de la guerre froide

Un service de renseignements né de la guerre froide

Avant la Seconde Guerre mondiale, les États-Unis n'ont pas de véritable service de renseignement. Néanmoins, la stupeur provoquée par l'attaque surprise des Japonais à Pearl Harbor démontre la nécessité de mettre sur pied une telle organisation. Inspirée par le *Secret Intelligence Service* (SIS) – ou MI6 – et le *Special Operations Executive* (SOE) britanniques, l'administration Roosevelt crée ainsi l'*Office of Strategic Services* (OSS) en juin 1942.

Ce nouvel organe est chargé de collecter des informations mais aussi de mener des opérations clandestines. Un avocat et ami personnel du président, William Donovan, est nommé à sa tête. En octobre 1945, l'OSS est démantelé au profit de services qui dépendent du ministère de la Guerre et du Département d'État. Toutefois, en raison de la montée des antagonismes avec l'Union soviétique, l'OSS renaît dès avril 1946 avec la création du *Central Intelligence Group*, puis de la *Central Intelligence Agency* (CIA).

Agir dans l'ombre

En effet, dans le cadre de la mise en œuvre de sa stratégie d'endiguement, Truman promulgue, en juillet 1947, le *National Security Act* qui réforme le monde du renseignement. La CIA a alors pour mission initiale de collecter, d'analyser et de synthétiser des informations pour le président des États-Unis. Cependant, l'évolution de la guerre froide pousse le gouvernement américain à doter la toute jeune agence fédérale d'attributions plus étendues et, pour y faire face, de moyens accrus. L'organisme obtient des financements plus conséquents et se voit désormais chargé de missions clandestines.

Ses premières actions l'amènent ainsi à soutenir en Italie les partis anticommunistes lors des élections législatives de 1948, ou bien encore à fournir des armes aux militaires grecs durant la guerre civile. À partir de ses bases en Allemagne de l'Ouest, notamment à Berlin, la CIA envoie également plusieurs missions d'infiltrations d'exilés anticommunistes en Europe de l'Est, en Pologne, en Albanie et en Ukraine. Elle coordonne des actions de propagande à destination des États communistes, notamment grâce à plusieurs stations de radio : Radio Free Europe, lancée en 1950, et Radio Liberty, à partir de 1953. En Europe occidentale, elle organise des réseaux *stay-behind* qui pourraient servir, en cas d'invasion soviétique, de cinquième colonne et, en cas d'occupation, de noyaux de résistance. En Allemagne, elle collabore avec l'organisation Gehlen une agence de renseignement fondée en 1946 et portant le nom de son chef, Reinhard Gehlen, ancien général de la Wehrmacht qui était responsable du renseignement militaire allemand sur le front de l'Est durant la Seconde Guerre mondiale. Cette organisation est à l'origine du *Bundesnachrichtendienst* (BND, ou Service fédéral de renseignement), officiellement créé en 1956. La CIA exfiltre encore des scientifiques allemands (opération *Paperclip*), dont d'anciens nazis, afin de renforcer l'industrie américaine mais aussi éviter que ces transfuges ne travaillent pour l'URSS. Ils sont peut-être mille cinq cents à émigrer aux États-Unis parmi lesquels Wernher von Braun, le concepteur des lanceurs Saturn V utilisés par les missions Apollo.

Une organisation de plus en plus puissante

La CIA ne limite pas son action à l'Europe. Au Moyen-Orient, elle appuie des coups d'État en Syrie (1949) et en Égypte (1952). En Iran, en 1953, elle renverse le gouvernement du Premier ministre, Mohammad Mossadegh (opération *Ajax*). Celui-ci, ayant nationalisé les compagnies pétrolières occidentales, fait craindre aux Américains un rapprochement de son pays avec l'Union soviétique.

En Asie, les agents américains arment la guérilla nationaliste chinoise basée en Birmanie ainsi que des groupes nationalistes tibétains. Elle échoue cependant à prévoir l'invasion de la Corée du Sud par les communistes ainsi que l'intervention chinoise. Sous la présidence d'Eisenhower, l'agence intensifie ses missions clandestines. Après l'expropriation d'une multinationale américaine, la *United Fruit Company*, elle renverse le président Jacobo Árbenz Guzmán au Guatemala en 1954. Au Congo belge, elle soutient l'arrivée au pouvoir de Joseph Mobutu aux dépens du leader indépendantiste, Patrice Lumumba. Après la prise du pouvoir par Fidel Castro en 1959, elle tente de le renverser mais échoue avec le débarquement raté d'opposants dans la baie des Cochons en avril 1961.

Cette même année, la CIA, dont les effectifs ont considérablement augmenté, installe son siège à Langley, en Virginie. Durant la guerre du Viêt Nam, son action s'étend en Asie du Sud-Est : opérations clandestines au Laos et au Cambodge, assassinats politiques au Viêt Nam (programme *Phoenix*). Elle traverse une crise dans les années 1970 à la suite de révélations qui font scandale, mais elle retrouve, sous l'administration Reagan, un rôle de premier plan.

Entrée de la CIA, à Washington, dans les années 1950.

Opérations de la CIA, 1948-1965
1 Espionnage à partir de Berlin-Ouest
2 Ingérence électorale en Italie (1948)
3 Aide aux monarchistes en Grèce (1948)
4 Soutien au coup d'État en Syrie (1949)
5 Soutien au coup d'État en Égypte (1952)
6 Chute du gouvernement en Iran (1953)
7 Aide à la guérilla anti-communiste chinoise
8 Chute du gouvernement au Guatemala (1954)
9 Débarquement d'opposants à Cuba (1961)
10 Soutien à Joseph Mobutu au Congo (1965)
États-Unis et alliés
États-Unis
Membres de l'OTAN
Alliances militaires : OTASE, ANZUS, Pacte de Bagdad, traités bilatéraux
Organisation des États américains
URSS et alliés
URSS
États communistes
États alliés de l'URSS
Frontières de 1970
CENTRAL INTELLIGENCE AGENCY
UNITED STATES OF AMERICA

Manifestation en faveur du plan Marshall, à Athènes, en 1947.

- 1947 -

LE PLAN MARSHALL

Le 5 juin 1947, le général George Marshall, secrétaire d'État américain, présente à l'université de Harvard son programme de rétablissement économique pour l'Europe, bientôt connu sous le nom de plan Marshall.

Des lendemains qui chantent ?

Au lendemain de la guerre, les conditions de vie sont extrêmement difficiles en Europe. Beaucoup d'Européens doivent faire face à des pénuries de logements, de denrées ou de biens de consommation. La pauvreté et les mécontentements nourrissent une instabilité politique particulièrement favorable aux communistes, notamment en France et en Italie où leurs organisations jouissent d'une grande popularité en raison de leur implication dans la Résistance durant l'occupation allemande. De 1944 à 1947, des ministres communistes siègent dans tous les gouvernements français. Lors des élections législatives de novembre 1946, le PCF obtient 28 % des suffrages et remporte cent quatre-vingt-neuf sièges à l'Assemblée nationale.

Endiguer l'influence communiste

Dans un contexte de tensions exacerbées avec l'URSS, les États-Unis décident de soutenir la reconstruction de l'Europe en investissant dans l'agriculture, l'industrie et les infrastructures. En remontant le niveau de vie des populations, l'administration Truman espère assurer la stabilité des démocraties européennes et donc renforcer le camp occidental. Il s'agit aussi pour l'Amérique de développer ses échanges avec ses alliés et ainsi contrer l'influence de l'Union soviétique. Le plan Marshall s'inscrit là pleinement dans la continuité de la stratégie d'endiguement annoncée en mars 1947 devant le Congrès par le président Truman. Le discours de Marshall est limpide quant à ses intentions :

Tout gouvernement qui veut aider à la tâche de la reprise économique jouira, j'en suis sûr, de la plus entière coopération de la part du gouvernement des États-Unis. Tout gouvernement qui intrigue pour empêcher la reprise économique des autres pays ne peut espérer recevoir notre aide. De plus, les gouvernements, les partis et les groupes politiques qui cherchent à perpétuer la misère humaine pour en tirer un profit sur le plan politique ou sur les autres plans se heurteront à l'opposition des États-Unis.

En septembre 1947, seize pays acceptent le plan, dont la France, le Royaume-Uni, l'Allemagne de l'Ouest et l'Italie. L'aide américaine prend la forme de prêts et de dons (des marchandises payées par les Américains) aux gouvernements européens. Les bénéficiaires peuvent ainsi se procurer des équipements agricoles et industriels, et relancer leur production.

Entre 1948 et 1952, treize milliards de dollars sont de cette façon injectés dans l'économie européenne. L'aide transatlantique renforce en outre la cohésion des États car l'administration Truman demande aux Européens de s'entendre pour la répartition des dons. Pour ce faire, ils fondent

Affiche en faveur du plan Marshall, en 1947.

l'Organisation européenne de coopération économique (OECE, future OCDE). Avec deux mille sept-cent-treize millions de dollars reçus, la France est le deuxième plus gros bénéficiaire de l'aide, après le Royaume-Uni. Entre 1948 et 1951, le produit national brut de l'Europe de l'Ouest croît de 32 %.

En contrepartie, les États attributaires s'engagent à importer des produits américains. Cette compensation nourrit les critiques contre le plan qui est vu par certains de ses détracteurs comme une forme d'impérialisme économique et culturel. Il faut remarquer qu'elle s'inscrit dans la continuité de négociations antérieures. Par exemple, lors des accords Blum-Byrnes de 1946, Léon Blum avait obtenu, dans un contexte d'inflation galopante, la liquidation de la dette française envers les États-Unis en échange de la libéralisation des échanges entre les deux pays, et notamment la fin des quotas concernant le cinéma. Le 4 janvier 1948, plus de dix mille personnes, dont de grands noms du septième art, parfois compagnons de route du Parti communiste, défilent à Paris pour dénoncer cette fin des quotas qui menace selon eux la survie du cinéma français.

Planification à l'Est

L'Union soviétique rejette l'aide américaine qui lui a pourtant été proposée. Staline fait pression sur les pays satellites d'Europe de l'Est afin qu'ils refusent également le plan Marshall. Ainsi, la Tchécoslovaquie et la Pologne, qui ont dans un premier temps accepté le programme, doivent finalement faire marche arrière. La Finlande est également contrainte de décliner l'offre.

Les Soviétiques répondent alors à la politique américaine par la création, en janvier 1949, du Conseil d'aide économique mutuelle (Comecon). Celui-ci permet à l'URSS de coordonner la planification des productions nationales et d'organiser la spécialisation des industries des cinq autres membres fondateurs (Bulgarie, Hongrie, Pologne, Tchécoslovaquie et Roumanie). L'organisation implique donc la généralisation du système économique soviétique et la mise en place d'une véritable division du travail au sein du bloc de l'Est.

Le 3 avril 1948, le président Truman transforme en loi l'acte d'assistance voté par le Congrès et accordant une aide de quatre ans à l'Europe.

L'aide du plan Marshall, 1948-1952

Répartition de l'aide par pays

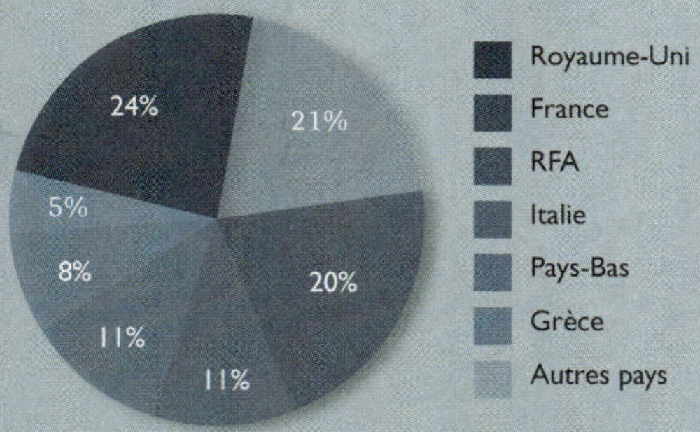

Répartition de l'aide par secteur

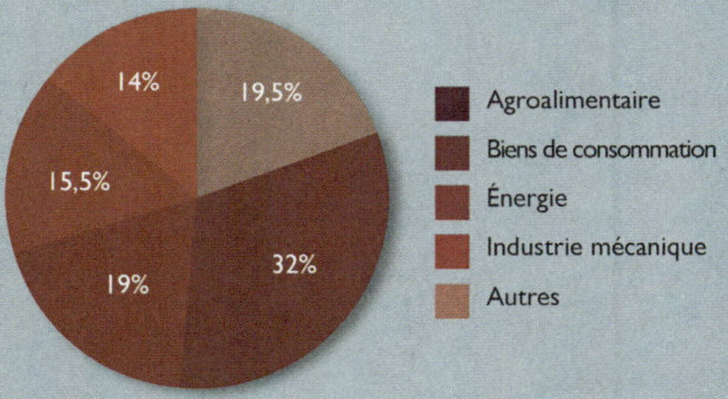

Manifestation du parti communiste, à Prague, en février 1948.

- 1948 -

LE COUP DE PRAGUE

Lors du coup de Prague, survenu entre le 17 et le 25 février 1948, le Parti communiste tchécoslovaque élimine ses opposants et s'empare du pouvoir avec l'appui de l'URSS.

La Tchécoslovaquie communiste

Occupée et dépecée par l'Allemagne nazie durant la guerre, libérée par l'Armée rouge en 1945, la Tchécoslovaquie restaure la République présidée par Edvard Beneš, l'ancien leader du gouvernement en exil à Londres. Le pays est dirigé par une large coalition dans laquelle siègent, à l'exception des anciens collaborateurs, toutes les tendances politiques, y compris les communistes. Ceux-ci, en raison de leur rôle dans la résistance, et du soutien des Soviétiques qui occupent toujours le pays, jouissent d'un grand prestige. Aux élections législatives de 1946, ils remportent 38 % des suffrages et obtiennent plusieurs ministères clés, comme l'Intérieur et la Défense, mais surtout la présidence du gouvernement qui est confiée à leur chef, Klement Gottwald, stalinien convaincu, réfugié en URSS dès 1939.

L'opposition démocratique est représentée par Edvard Beneš, président de la République, et Jan Masaryk, ministre des Affaires étrangères. Toutefois, Beneš, qui est tombé malade, n'arrive pas à s'opposer à l'influence grandissante de Gottwald. Progressivement les communistes gagnent du terrain. Soutenus par l'URSS, ils obtiennent ainsi le rejet du plan Marshall en 1947. Surtout, ils noyautent la fonction publique, la police et l'armée. Au début de l'année 1948, la nomination par le ministre de l'Intérieur de huit commissaires de police communistes marque le début de la crise. Le 17 février, plusieurs membres du gouvernement opposés à Gottwald boycottent le conseil des ministres en signe de contestation. Le 20 février, ils démissionnent de leurs fonctions. Les forces de sécurité sont mises en alerte. Les premières arrestations ont lieu parmi les membres de l'opposition démocratique. Le 21 février, le Parti communiste organise à Prague une importante manifestation sur la place de la Vieille-Ville. Gottwald appelle les ouvriers à former des milices et à occuper les bâtiments publics. Le 22, le Parti communiste vote l'organisation d'une grève générale prévue deux jours plus tard. Craignant le déclenchement d'une guerre civile, Beneš n'ose pas s'opposer au coup de force et, le 25, il accepte la formation d'un nouveau gouvernement dirigé par les communistes.

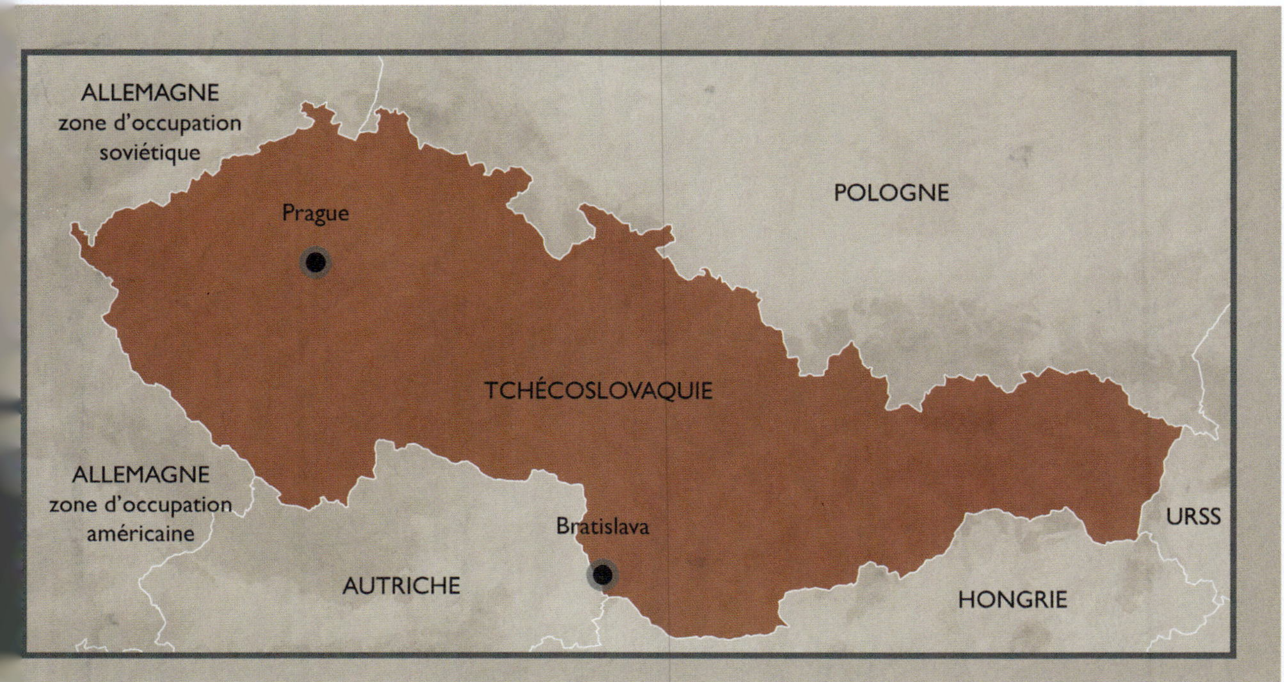

La mainmise du parti sur un pays

Les opposants libéraux sont arrêtés. Le 10 mars, le corps de Jan Masaryk est retrouvé sous les fenêtres du ministère des Affaires étrangères. Les circonstances de sa mort sont aujourd'hui encore mal connues. Les sociaux-démocrates sont contraints de rejoindre le Parti communiste. Le 9 mai, une nouvelle constitution est promulguée. Celle-ci instaure la République populaire tchécoslovaque. Les élections législatives organisées fin mai voient, sans surprise, la victoire des candidats communistes favorisés par le nouveau système électoral. Refusant de ratifier la nouvelle constitution, Edvard Beneš démissionne de la présidence de la République le 7 juin.

Le multipartisme est officiellement maintenu en Tchécoslovaquie, mais le Parti communiste devient la principale organisation politique du pays. En décembre 1948, il compterait deux millions cinq cent mille membres, soit un tiers de la population adulte. Les réformes sociales et économiques, basées sur le modèle soviétique, sont mises en œuvre. L'industrie tchécoslovaque se spécialise dans la production d'équipements lourds et d'armes. Ces choix économiques, sources de pénuries, provoquent un mécontentement par ailleurs nourri par l'absence de libertés. La répression s'abat sur les opposants réels ou supposés du régime, tels que les catholiques ou les démocrates. À l'automne 1952, les procès de Prague touchent également les cadres du Parti communiste.

Le vice-président du Conseil des ministres, ex-secrétaire du Parti communiste, Rudolf Slánský, est arrêté pour conspiration contre l'État et le parti. Slánský est jugé avec treize autres communistes accusés de « titisme ». Les inculpés sont, pour la plupart, d'anciens ministres, et onze d'entre eux ont des origines juives. Seuls trois échappent à la peine de mort dont Artur London, auteur d'un livre qui inspire, plus tard, le film de Costa-Gavras, *L'Aveu* (1970), avec Yves Montand et Simone Signoret.

Un retentissement international

À l'étranger, le retentissement de ce coup d'État est considérable. En effet, dans un contexte de tensions internationales accrues, cette prise du pouvoir sans intervention directe des Soviétiques suscite des craintes dans le camp occidental. Le scénario tchécoslovaque pourrait s'appliquer en France et en Italie, où les partis communistes sont désormais puissants.

Le coup de Prague marque donc un jalon dans la confrontation entre les deux blocs, d'autant qu'il précède de quelques semaines la première grande crise de la guerre froide : le blocus de Berlin.

Élections de 1946

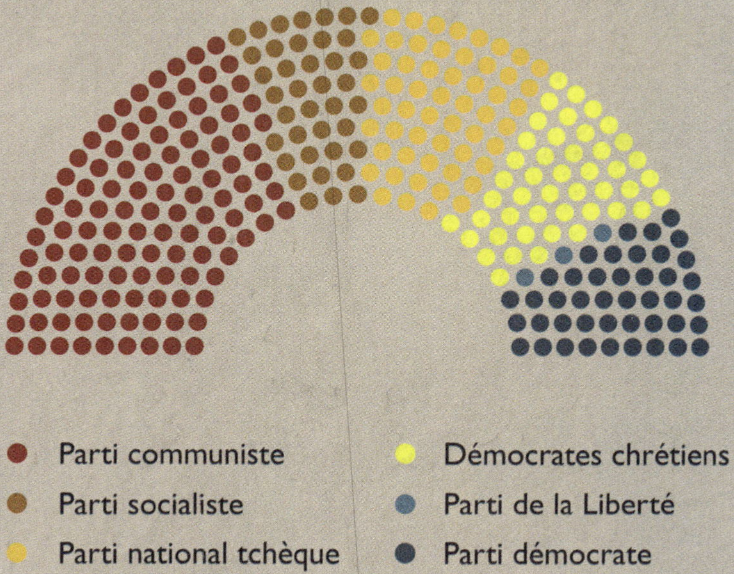

Élections de 1948

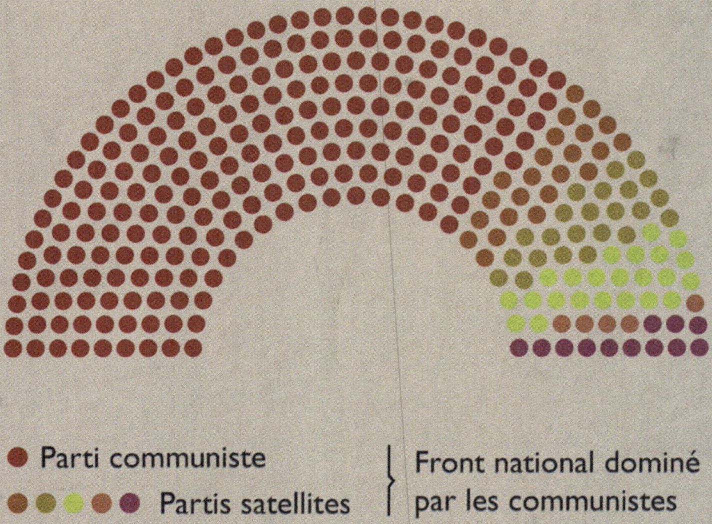

Berlin-Ouest est ravitaillé par les avions alliés.

- 1948-1949 -

LE BLOCUS DE BERLIN

En juin 1948, les Soviétiques bloquent tous les accès à Berlin-Ouest. Cette décision ouvre une crise de plusieurs mois qui constitue le premier grand face à face entre les deux blocs.

Berlin, nœud de la crise

Depuis 1945, conformément aux accords de Potsdam, l'Allemagne a été divisée en quatre zones d'occupation. Les régions occidentales sont contrôlées par les Américains, les Britanniques et les Français, tandis que la partie orientale du pays est sous occupation soviétique. Berlin, bien que située en zone soviétique, est également divisée en quatre secteurs.

En 1946, selon les accords conclus entre les grandes puissances, les Soviétiques doivent fournir des produits agricoles à Allemagne de l'Ouest en échange de transferts de charbon et de matériels industriels vers leur zone d'occupation. Toutefois, en mai 1946, les autorités américaines suspendent leurs livraisons au motif que l'URSS ne remplit pas ses engagements. Afin d'uniformiser et d'améliorer l'économie allemande, les Américains et les Britanniques fusionnent leurs secteurs en janvier 1947 (création de la Bizone). Les Français refusent dans un premier temps de se joindre à cette initiative, mais ils reviennent sur leur décision en août 1948. Cette union est une étape préliminaire à la création de la République fédérale d'Allemagne. L'unification économique est encore favorisée avec l'arrivée, en 1947, des premières aides américaines relevant du plan Marshall – aide refusée par l'URSS pour sa zone d'occupation – et surtout, en juin 1948, par la création du deutsche mark.

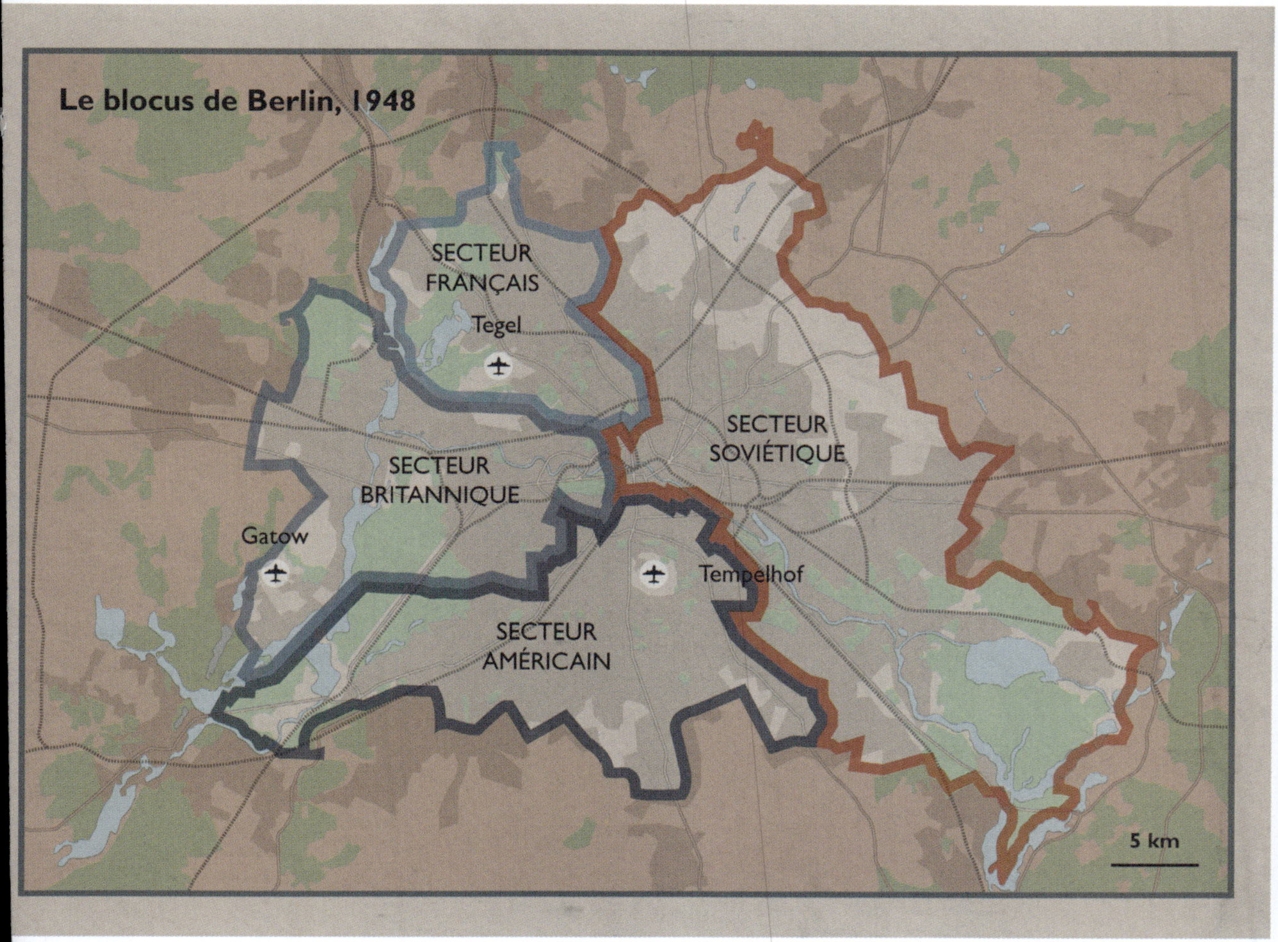

Une ville coupée en deux

En réaction, le 20 juin, les Soviétiques interdisent l'utilisation de cette nouvelle monnaie en Allemagne de l'Est. Le 23 juin, ils bloquent tous les accès à Berlin-Ouest. Une part importante de la population berlinoise ainsi que les troupes d'occupation alliées se trouvent assiégées, complètement isolées du reste du monde occidental. Plusieurs options s'offrent dès lors aux Alliés : abandonner la réforme monétaire et évacuer Berlin-Ouest, forcer militairement le blocus soviétique – c'est-à-dire engager le combat avec l'armée soviétique – ou bien assurer un pont aérien avec la ville en attendant qu'une solution diplomatique soit trouvée.

Ce dernier scénario est finalement retenu. Il donne lieu à la mise en œuvre de l'opération Vittles – victuailles – pour les Américains et Plainfare pour les Britanniques. Les appareils de l'*US Air Force* et de la *Royal Air Force* ravitaillent Berlin en vivres, en biens de consommation, en charbon, en essence et en matériel. Durant quinze mois, un cordon ombilical est maintenu entre les dix terrains d'aviation situés en Allemagne de l'Ouest et les aérodromes berlinois de Tempelhof (secteur américain), de Gatow (secteur britannique) et de Tegel (secteur français). Ce dernier est achevé en seulement trois mois en novembre 1948. Au total, jusqu'à la levée du blocus par Staline le 12 mai 1949, et même au-delà, jusqu'en novembre 1949, les avions alliés transportent deux millions trois cent mille tonnes de marchandises et deux cent vingt-sept mille six cent cinquante-cinq passagers. Sur près de cent quatre-vingt-dix mille vols effectués, l'aviation américaine a connu cent vingt-six accidents et perdu vingt-huit aviateurs.

La guerre froide commence à Berlin

Le blocus permet aux Américains d'expérimenter les prémices de leur doctrine de dissuasion nucléaire, car ils déploient à cette occasion plusieurs bombardiers stratégiques en Grande-Bretagne. Les avions n'embarquent pas d'armes atomiques, mais l'ambiguïté est volontairement entretenue afin de maintenir sous pression les Soviétiques qui ne disposent pas encore de la bombe. La crise montre aux Européens et aux États-Unis la nécessité d'organiser une défense collective. Les négociations sur le traité de l'Atlantique Nord s'ouvrent d'ailleurs à Washington en décembre 1948.

Les Berlinois de l'Ouest

Durant le blocus, les Berlinois, qui ont beaucoup souffert depuis la guerre, connaissent des conditions de vie difficiles : coupures d'électricité, pénuries alimentaires, de biens de consommation et de moyens de chauffage. Le gouvernement militaire est contraint d'assurer le ravitaillement de la population et d'instaurer un rationnement.

Les civils font également appel au système D : ils cultivent leur potager, coupent les arbres de l'espace public pour se chauffer, voire pratiquent le marché noir. L'épisode contribue à faire évoluer l'image des Allemands auprès de l'opinion publique occidentale. Ceux-ci étaient encore jusque-là associés au nazisme, mais font dès lors figure de victimes du stalinisme. De même, pour la population allemande, les Alliés ne sont plus perçus comme des occupants mais bel et bien comme des protecteurs. Le 9 septembre 1948, devant trois cent mille Berlinois, le maire de Berlin, Ernst Reuter, prononce ainsi un discours dans lequel il appelle les « peuples du monde » à ne pas abandonner sa ville. Si la fracture entre les deux Allemagnes se creuse un peu plus, le siège favorise l'unification politique des zones occupées par les Alliés.

Schleswigland
Lübeck
Hambourg
Fassberg
Celle
Wunstorf
Bückeburg
Berlin-Ouest
Gatow
Tempelhof
Tegel
Fritzlar
Wiesbaden
Francfort
Aérodromes alliés
Itinéraires aller
Itinéraires retour

La porte de Brandebourg, à Berlin.

- 1949 -

RFA ET RDA

L'année 1949 voit la création de deux nouveaux États : à l'ouest, la République fédérale d'Allemagne (RFA), officiellement fondée le 23 mai ; à l'est, la République démocratique allemande (RDA ou DDR, *Deutsche Demokratische Republik*), proclamée le 7 octobre

Deux Allemagnes

À l'issue de la guerre, les quatre puissances occupantes – les États-Unis, le Royaume-Uni, la France et l'Union soviétique – affichent la même politique vis-à-vis de l'Allemagne. Elles souhaitent dénazifier et démilitariser le pays. Toutefois, à partir de 1946, les tensions croissantes entre les anciens alliés creusent le fossé entre, d'une part, les zones occidentales et, d'autre part, la zone soviétique. À l'est, Staline impose son modèle politique et économique. En avril 1946, les communistes absorbent le parti social-démocrate allemand. La manœuvre leur permet de recueillir plus de 43 % des suffrages lors des élections régionales d'octobre 1946.

À l'ouest, les Occidentaux favorisent la reconstruction économique avec la création de la Bizone, l'attribution d'aides du plan Marshall et la fondation du deutsche mark. Ils encouragent également la renaissance de structures démocratiques avec la formation des Länder et la convocation d'une assemblée constituante.

Le modèle occidental

En août 1948, alors que Berlin-Ouest est isolé du reste du monde (blocus de Berlin, de juin 1948 à mai 1949), les trois zones occidentales fusionnent après le ralliement de la zone française à la bizone. Le 1er septembre, le Conseil parlementaire allemand se réunit à Bonn sous la présidence de Konrad Adenauer, démocrate-chrétien, ancien opposant au nazisme. Institué par les ministres-présidents des onze Länder occidentaux, l'organe se compose de soixante-dix délégués. Le 8 mai 1949, l'assemblée présente un texte constitutionnel, la Loi fondamentale allemande, aux autorités militaires alliées. Ratifiée par les Länder, la constitution est promulguée le 23 mai et fonde officiellement la RFA dont la capitale est installée à Bonn.

La Loi fondamentale ouest-allemande comporte une clause d'éternité qui exclut de toute révision constitutionnelle les libertés mais aussi le caractère démocratique et fédéral du régime. Le nouvel État adopte le modèle démocratique occidental marqué par le pluralisme et des élections libres. En août 1949, après sa victoire aux élections fédérales, Adenauer devient le premier chancelier de la République fédérale. Sur le plan économique, l'Allemagne de l'Ouest connaît une forte croissance, un « miracle économique » (*Wirtschaftswunder*) caractérisé par une reconstruction rapide, un important développement industriel, le plein emploi et une hausse du niveau de vie.

Le traité de l'Élysée

L'évolution du contexte international permet en outre à la RFA de recouvrer progressivement de nombreux attributs de sa souveraineté : rétablissement des relations diplomatiques et fin de l'occupation militaire. L'Allemagne de l'Ouest rejoint en 1951 le Conseil de l'Europe et devient un membre fondateur de la Communauté européenne du charbon et de l'acier. Dès 1950, les Américains, par la voix de leur secrétaire d'État Dean Acheson, envisagent d'ailleurs son réarmement.

En 1954, les accords de Paris mettent fin au régime d'occupation occidental et autorisent la formation d'une armée fédérale, la *Bundeswehr*, créée l'année suivante et aussitôt intégrée au dispositif de l'OTAN. Le traité de 1954 règle également le différend franco-allemand au sujet de la Sarre. Le processus de rapprochement entre les deux anciens ennemis aboutit en janvier 1963 avec la signature du traité de l'Élysée par le chancelier Adenauer et le président de la Ve République, Charles de Gaulle.

Des fractures économiques et sociales

Face à la renaissance d'un État allemand à l'ouest, l'URSS pousse le parti communiste unifié à fonder un État est-allemand dans sa zone d'occupation. En mai 1949, le troisième Congrès du Peuple allemand élabore une constitution sur le modèle socialiste, puis se déclare Chambre populaire provisoire de la République démocratique allemande. Cette dernière assemblée fixe au 7 octobre la naissance de la RDA.

Le nouvel État, dont la capitale se situe à Berlin-Est, se place d'emblée dans l'orbite du grand frère soviétique. Le régime instaure ainsi un système économique centralisé et une surveillance étroite de la société. L'adoption de l'économie planifiée permet la reconstruction du pays, mais les conditions de vie des Allemands de l'Est tranchent avec celles des habitants de la RFA. Dès ses origines, la RDA fait ainsi face à un problème d'émigration en masse de ses ressortissants vers l'ouest, plus attractif. En 1950, près d'un million de réfugiés ont déjà fui la zone soviétique pour la RFA, principalement par Berlin-Ouest, enclave occidentale et dernier point de passage encore ouvert en Europe entre les deux blocs. En juin 1953, après la mort de Staline, de grandes manifestations agitent Berlin-Est lorsque les ouvriers employés à l'aménagement de la *Stalinallee* – actuelle Karl-Marx-Allee – apprennent le relèvement des quotas de production de 10 %.

Le président de la République Charles de Gaulle et le chancelier allemand Konrad Adenauer, en 1961.

DANEMARK
Mer du Nord
Mer Baltique
Hambourg
Berlin
POLOGNE
ZONE BRITANNIQUE
PAYS-BAS
Bonn
TCHÉCOSLOVAQUIE
ZONE FRANÇAISE
ZONE AMÉRICAINE
FRANCE
Munich
ZONE FRANÇAISE
AUTRICHE
100 km
SUISSE
République fédérale allemande (RFA)
Zones d'occupation britannique, française et américaine
République démocratique allemande (RDA)
Zone d'occupation soviétique
Territoires annexés par la Pologne
Limites des Länder

L'Assemblée générale de l'OTAN, en 1949.

- 1949 -
LA CRÉATION DE L'OTAN

La succession des crises et la montée des tensions avec l'Union soviétique poussent les États-Unis et le Canada à s'unir avec leurs principaux alliés européens dans une organisation originale, l'Organisation du traité de l'Atlantique Nord, l'OTAN.

Un traité de défense militaire

Le 17 mars 1948, la Belgique, la France, le Luxembourg, les Pays-Bas et le Royaume-Uni signent à Bruxelles un traité d'entraide militaire et de défense mutuelle. Cet accord est une réponse aux préoccupations croissantes des dirigeants européens face à la dégradation du contexte international. Il est en effet signé un mois seulement après le coup de Prague. En outre, les nombreux veto présentés par l'URSS au Conseil de sécurité font alors douter de la capacité de l'ONU à maintenir la paix. Concomitamment, les États-Unis, le Canada et le Royaume-Uni travaillent sur un projet d'alliance défensive. Ils s'appuient pour cela sur l'article 51 de la Charte des Nations Unies qui rappelle le « droit naturel » de chaque pays à assurer sa « légitime défense ».

Le 11 juin 1948, le Congrès américain vote la résolution Vandenberg – du nom d'un sénateur républicain – qui autorise le gouvernement à conclure des alliances militaires en temps de paix. Les négociations aboutissent le 4 avril 1949 à la signature à Washington du traité de l'Atlantique Nord. Parmi les pays membres, on compte onze démocraties : les États-Unis, le Canada, le Royaume-Uni, la France, la Belgique, les Pays-Bas, le Luxembourg, l'Italie, l'Islande, le Danemark, la Norvège, et une dictature : le Portugal.

Rassembler les forces armées

Le traité établit une institution permanente, le Conseil de l'Atlantique Nord. Celui-ci se réunit à Washington pour la première fois en septembre 1949. Son article 5 consacre le principe de défense collective en cas d'agression de l'un de ses membres. En 1950, alors que la guerre de Corée vient de débuter, l'alliance se dote d'une structure militaire permanente. Le premier commandant suprême des forces alliées en Europe (SACEUR) est le général Dwight D. Eisenhower. Son état-major s'installe en France, à Rocquencourt, le 2 avril 1951.

Affiche française contre la CED.

Les pays signataires mettent leurs forces armées à disposition de l'OTAN.

L'organisation s'élargit par la suite. En 1952, la Grèce et la Turquie intègrent l'alliance. Accaparés par le conflit coréen, les Américains envisagent le réarmement de l'Allemagne de l'Ouest dès 1950. Cette éventualité suscite cependant des réticences, en particulier en France et en Belgique.

Le projet avorté d'une défense européenne

En 1952, pour répondre aux exigences américaines, René Pleven, président du Conseil, et Jean Monnet proposent la fondation d'une Communauté européenne de défense (CED). Le projet envisage la création d'une armée européenne qui serait constituée de bataillons nationaux amalgamés, sous un uniforme commun, au sein d'une quarantaine de divisions. Ces forces armées seraient intégrées dans l'OTAN. Le plan cherche ainsi à éviter la renaissance du militarisme allemand.

Le traité instituant la CED est signé à Paris le 27 mai 1952, mais la perspective de sa ratification par le Parlement français suscite de vifs débats. Les opposants, notamment les communistes et les gaullistes, voient dans l'organisation une forme d'ingérence de l'OTAN et une perte importante de souveraineté. Le 30 août 1954, l'Assemblée nationale rejette donc le projet, par trois cent dix-neuf voix contre deux cent soixante-quatre. L'échec de la CED aboutit néanmoins à la création de l'Union de l'Europe occidentale (UEO). Elle permet aussi l'entrée de la RFA dans l'OTAN en 1955.

L'Évolution de l'Alliance

Pour contrebalancer les effectifs de l'Armée soviétique, puis du pacte de Varsovie (1955), les États-Unis déploient des forces importantes en Europe – deux cent cinquante mille hommes en 1951 – ainsi que des armes nucléaires à partir de 1954. La doctrine de la dissuasion est en effet au centre de la stratégie de l'alliance, d'autant que l'URSS acquiert la bombe en 1949. Le « parapluie nucléaire » américain n'empêche pas le Royaume-Uni et la France de se doter d'un arsenal atomique, respectivement en 1952 et 1960. En 1966, la France quitte d'ailleurs le commandement intégré de l'OTAN.

Engagé dans une politique de non-alignement vis-à-vis des deux blocs, le général de Gaulle estime que la présence des forces de l'OTAN compromet la souveraineté française, notamment en matière d'emploi de ses forces conventionnelles et nucléaires. L'état-major de l'OTAN quitte alors Paris pour Bruxelles.

L'Alliance est rejointe en 1982 par l'Espagne, puis, à partir des années 1990 et la chute de l'Union soviétique, par des ex-républiques soviétiques ou du bloc de l'Est. La Finlande, en 2023, et la Suède, en 2024, sont les derniers États à adhérer à l'organisation après l'invasion de l'Ukraine par la Russie en 2022.

Le siège de l'OTAN à Bruxelles.

Les États européens et l'OTAN, 1949-2024
ISLANDE
1949
1949 Intégration dans l'alliance
Membres fondateurs
États entrés dans l'Alliance après 1949
États entrés dans l'Alliance après 1991
États communistes avant 1989
Union soviétique
SUÈDE
2024
FINLANDE
2023
NORVÈGE
1949
ESTONIE
2004
LETTONIE
2004
LITUANIE
2004
DANEMARK
1949
ROYAUME-UNI
1949
PAYS-BAS
1949
BELGIQUE
1949
LUX.
1949
ALLEMAGNE
1955 - 1990
POLOGNE
1999
TCHÉQUIE
1999
SLOVAQUIE
2004
HONGRIE
1999
ROUMANIE
2004
BULGARIE
2004
FRANCE
1949
ITALIE
1949
ESPAGNE
1952
PORTUGAL
1949
ALBANIE
2009
GRÈCE
1952
TURQUIE
1952
A
B
C
D
A- SLOVÉNIE
2004
B- CROATIE
2009
C- MONTÉNÉGRO
2017
D- MACÉDOINE
2009

En 1966, Mao lance la révolution culturelle.

- 1949 -

LA CHINE DE MAO

La prise de pouvoir en Chine par le Parti communiste chinois (PCC) et son leader, Mao Zedong, en 1949, est l'aboutissement de plusieurs années de troubles politiques, de guerre civile et d'interventions étrangères.

La Longue Marche

En 1912, le dernier empereur de la dynastie Qing, Puyi, âgé de seulement six ans, est contraint d'abdiquer. Affaibli par les révoltes intérieures et les ingérences extérieures, le pouvoir impérial cède sa place à une république. Mais le nouveau régime, trop fragile, ne peut empêcher le déclenchement d'une guerre civile opposant diverses factions politiques ainsi que des seigneurs de guerre. En 1922, le *Kuomintang*, parti nationaliste dirigé par Sun Yat-sen, puis par Tchang Kaï-chek, s'allie au Parti communiste – fondé l'année précédente – afin de s'emparer du pouvoir. En 1927, le *Kuomintang* se retourne cependant contre ses alliés communistes lors d'une violente répression. Il instaure en 1928 un régime autoritaire dominé par Tchang Kaï-chek. Il s'en suit un long conflit entre nationalistes et communistes qui est marqué par la Longue Marche de 1934-1935. Pendant plus d'un an, les quelque cent mille combattants communistes, menés par Mao Zedong, entreprennent un long périple depuis le sud-est de la Chine jusqu'aux confins du nord-ouest afin d'échapper aux troupes de Tchang Kaï-chek. Bien qu'il coûte la vie à des dizaines de milliers d'hommes, cet exode est un épisode fondateur du mythe du Parti communiste chinois. Il permet au PCC de rallier les populations rurales auxquelles il redistribue des terres.

La lutte contre le Japon

En 1937, le déclenchement de la guerre sino-japonaise force le *Kuomintang* et le PCC à former un front uni contre l'envahisseur. L'alliance du Japon avec l'Allemagne nazie et l'Italie fasciste, en 1940, puis l'entrée en guerre des États-Unis, en 1941, transforment ce conflit régional en un théâtre d'opération de la Seconde Guerre mondiale. Les hostilités affaiblissent considérablement les nationalistes bien implantés dans les villes et les régions littorales, c'est-à-dire là où l'occupation japonaise est la plus forte. En revanche, les communistes, dont les bases se situent en Chine intérieure, renforcent leurs positions en menant une guérilla efficace contre les Japonais.

En 1945, après la défaite du Japon, une nouvelle guerre civile éclate malgré une tentative de conciliation américaine. Les combats touchent d'abord la Mandchourie, puis gagnent toute la Chine orientale. Mieux organisés, disposant de soutiens solides dans la population mais aussi de l'appui de l'Union soviétique, le Parti communiste chinois gagne inexorablement du terrain sur le *Kuomintang*. En effet, malgré le soutien des États-Unis, le régime de Tchang Kaï-chek souffre de son impopularité due à la corruption, à l'inflation et à son autoritarisme. En avril 1949, l'Armée populaire de libération franchit le Yangtsé. Nankin tombe le 23 avril. Le 1er octobre, Mao Zedong proclame la République populaire de Chine à Pékin.

Crises à Taïwan

Les nationalistes se retirent à Taïwan en décembre 1949 où Tchang Kaï-chek installe un régime dictatorial. Dans le contexte de la guerre de Corée, l'île obtient une aide importante des États-Unis qui lui permet de se développer économiquement. En 1955, après la première crise du détroit de Taïwan qui a vu le bombardement par la Chine continentale des îles Quemoy et Matsu, Washington et Taipei signent un traité d'alliance militaire. En 1958, à l'occasion d'une seconde crise, le président Eisenhower envoie la 7e flotte américaine prendre position dans le détroit. L'île est depuis considérée par la République populaire comme une région autonomiste qui doit être réunifiée, au besoin par la force.

Le cas du Tibet

Sur le continent, l'Armée populaire achève l'unification territoriale de la Chine, avec l'invasion du Tibet, en octobre 1950. Le royaume était indépendant de fait depuis 1912. Malgré des appels restés sans suite aux Nations unies, les Tibétains ne reçoivent aucun soutien international. Sous la menace militaire, ils signent, le 23 mai 1951, un texte reconnaissant la souveraineté chinoise. Cet accord maintient temporairement l'autonomie, la liberté religieuse et le système social traditionnel. Mais en 1959, le dalaï-lama et son gouvernement dénoncent un traité signé sous la contrainte.

La voie de la Chine

La prise de pouvoir des communistes en Chine est un tournant de la guerre froide. Elle fait craindre aux Occidentaux une poussée du communisme en Asie, d'autant que l'URSS se dote cette même année de la bombe atomique. De fait, la Chine devient un acteur majeur sur le plan international. Dans un premier temps, Mao aligne sa politique sur celle de Moscou.

Toutefois, au début des années 1960, de nombreuses divergences idéologiques mènent à la rupture sino-soviétique – et même à un conflit armé en 1969. Le rapprochement sino-américain, à partir de 1971, permet à la Chine continentale de récupérer le siège occupé jusque-là par Taïwan au Conseil de sécurité de l'ONU.

Mao Zedong en 1945.

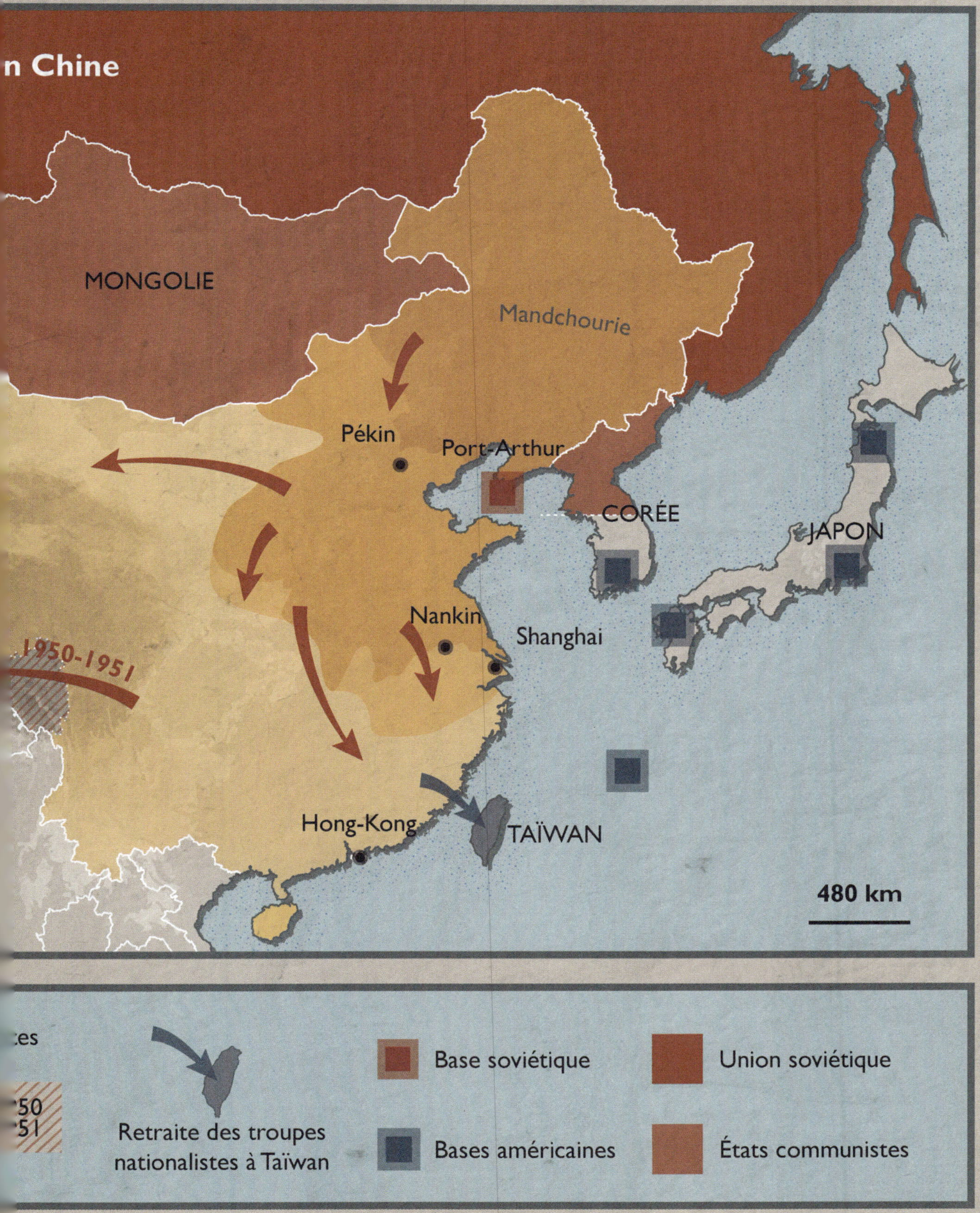
n Chine
MONGOLIE
Mandchourie
Pékin
Port-Arthur
CORÉE
JAPON
Nankin
Shanghai
1950-1951
Hong-Kong
TAÏWAN
480 km
Retraite des troupes nationalistes à Taïwan
Base soviétique
Union soviétique
Bases américaines
États communistes

Deux jeunes Coréens près d'un char américain, en juin 1951.

- 1950-1953 -
LA GUERRE DE CORÉE

Entre 1950 et 1953, un violent conflit oppose la Corée du Nord, État communiste soutenu par la Chine et l'URSS, à la Corée du Sud, aidée par les États-Unis et les forces des Nations unies.

Les deux Corées

Lors de la défaite du Japon, la Corée est divisée en deux zones : l'une, au nord du 38e parallèle, est occupée par l'Union soviétique, l'autre, au sud, par les forces américaines. En août 1948, les négociations sur la réunification et l'organisation d'élections libres échouent. Comme en Allemagne, les zones d'occupation deviennent deux entités étatiques distinctes : la République populaire démocratique de Corée – la Corée du Nord –, dirigée par Kim Il-sung, et la République de Corée – la Corée du Sud – dont le premier président est Syngman Rhee. Les deux Corées revendiquent dès lors leur souveraineté sur l'ensemble de la péninsule.

Les Américains prennent le dessus

Le 25 juin 1950, la Corée du Nord envahit le Sud. Les forces nord-coréennes progressent rapidement et capturent Séoul le 28 juin. Les unités sud-coréennes et américaines sont repoussées vers le sud-est où elles se retranchent autour de Pusan. Dans les jours qui suivent l'invasion, le Conseil de sécurité de l'ONU vote trois résolutions autorisant une intervention militaire afin de défendre la Corée du Sud. Les Soviétiques ne peuvent mettre leur veto car ils boycottent alors l'assemblée en raison du refus des Nations unies de reconnaître la République populaire de Chine. Une coalition internationale est donc constituée par les États-Unis. Celle-ci rassemble, outre les Sud-Coréens et les Américains, quinze nationalités dont soixante-trois milles Britanniques, vingt-six mille Canadiens, dix-sept mille Australiens et quinze mille Turcs. Les Français, par ailleurs engagés en Indochine, envoient près de trois mille soldats. Le commandant de la coalition, le général américain Douglas MacArthur, héros de la Seconde Guerre mondiale, dirige un débarquement des Marines à Incheon, non loin de Séoul, le 15 septembre. L'opération est audacieuse. Elle prend à revers les Nord-Coréens et coupe leurs lignes de ravitaillement. Les forces des Nations unies libèrent Séoul le 27 septembre, puis franchissent le 38e parallèle le 1er octobre. Elles repoussent les troupes nord-coréennes jusqu'à la frontière chinoise.

Des « volontaires » chinois

Craignant l'effondrement de la Corée du Nord et l'installation d'une présence militaire américaine à ses frontières, la Chine communiste s'engage à son tour dans le conflit à la fin d'octobre 1950. Mao fait franchir le fleuve Yalu à des centaines de milliers de combattants « volontaires ». Plusieurs violentes batailles ont alors lieu. Du 25 novembre au 2 décembre, la bataille du fleuve Chongchon menace d'encerclement la 8e armée américaine. Du 27 novembre au 13 décembre, Chinois et Nord-Coréens assiègent des divisions américaines près du réservoir de Chosin. Du 15 au 24 décembre, les navires américains évacuent soldats et civils du port de Hŭngnam. Partout, les troupes onusiennes se replient vers le sud, entraînant dans leur sillage plus d'un million de civils qui fuient l'avancée communiste. En janvier 1951, Séoul est de nouveau occupée. Les Nord-Coréens et les Chinois investissent le sud de la péninsule.

Kim-Il Sung règne en tyran sur la Corée du Nord.

Une guerre d'usure

En février 1951, l'ONU condamne la Chine pour son intervention. Les Américains et les Nations unies réussissent néanmoins à repousser la contre-offensive communiste. Séoul est reprise en mars 1951. Le front se stabilise autour du 38e parallèle et les combats prennent désormais la forme d'une guerre d'usure. En avril, après avoir proposé de bombarder la frontière chinoise avec des armes atomiques, MacArthur est remercié par le président Truman qui nomme à sa place le général Ridgway.

Les négociations débutent en 1951, mais les discussions sont difficiles en raison des combats qui durent et de vues irréconciliables sur le sort des prisonniers de guerre ou le tracé des frontières. En 1952, dès le début de son mandat à la Maison-Blanche, le président Dwight D. Eisenhower manifeste sa volonté d'en finir avec ce conflit, mais les pourparlers n'aboutissent véritablement qu'après la mort de Staline, en mars 1953. L'armistice est signé le 27 juillet à Panmunjom. Les termes incluent notamment la création d'une zone démilitarisée (DMZ) autour du 38e parallèle. Le bilan humain du conflit est terrible : trente-six mille cinq cents Américains morts, cent trente-sept mille Sud-Coréens, trois mille soldats onusiens, deux cent quinze mille à quatre cent mille Nord-Coréens, cent dix mille à cent quatre-vingt mille Chinois et peut-être deux millions de victimes civiles.

Un état de guerre permanent

Aucun traité de paix n'étant conclu, les deux Corées demeurent en état de guerre jusqu'à nos jours. La Corée du Nord est encore soumise à un régime communiste dirigé par Kim Jong-un, petit-fils de Kim Il-sung. La Corée du Sud, en revanche, amorce dans les années 1980 une transition démocratique qui s'accompagne d'une forte croissance économique.

Avions américains au large de la Corée du Nord, en 1951.

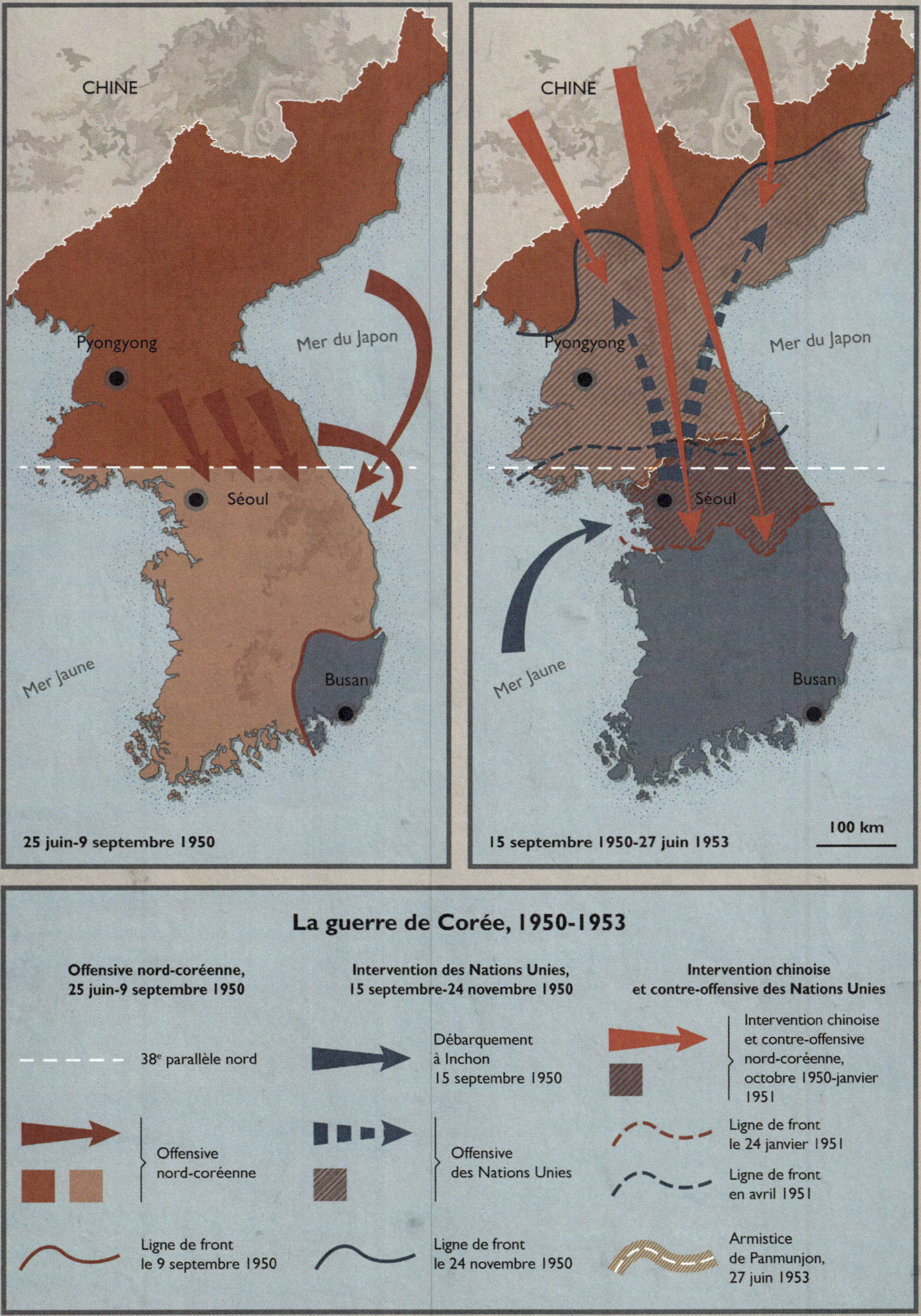
CHINE
Pyongyong
Mer du Japon
Séoul
Mer Jaune
Busan
25 juin-9 septembre 1950
CHINE
Pyongyong
Mer du Japon
Séoul
Mer Jaune
Busan
100 km
15 septembre 1950-27 juin 1953
La guerre de Corée, 1950-1953
Offensive nord-coréenne, 25 juin-9 septembre 1950
38e parallèle nord
Offensive nord-coréenne
Ligne de front le 9 septembre 1950
Intervention des Nations Unies, 15 septembre-24 novembre 1950
Débarquement à Inchon 15 septembre 1950
Offensive des Nations Unies
Ligne de front le 24 novembre 1950
Intervention chinoise et contre-offensive des Nations Unies
Intervention chinoise et contre-offensive nord-coréenne, octobre 1950-janvier 1951
Ligne de front le 24 janvier 1951
Ligne de front en avril 1951
Armistice de Panmunjon, 27 juin 1953

À Diện Biên Phu, au printemps 1954.

– 1946-1954 –

LA GUERRE D'INDOCHINE

La guerre d'Indochine est à l'origine un conflit de décolonisation opposant les Français au mouvement indépendantiste du Viêt Minh dirigé par le communiste Hô Chi Minh. Néanmoins, à partir de 1949, l'aide apportée par la Chine et l'URSS aux combattants vietnamiens, et le soutien américain à la France, inscrivent pleinement cet épisode dans la guerre froide.

Un combat pour l'indépendance

En 1945, après l'occupation japonaise, la France tente de rétablir son autorité sur la Fédération indochinoise, c'est-à-dire le Cambodge, le Laos et le Viêt Nam – ce dernier étant composé du Tonkin, de l'Annam et de la Cochinchine. Cependant, la puissance coloniale doit désormais composer avec les indépendantistes. En effet, le 2 septembre, Hô Chi Minh et les partisans du Viêt Minh proclament, à Hanoï, l'indépendance de la République démocratique du Viêt Nam. La France veut reprendre la main et nomme pour cela l'amiral Thierry d'Argenlieu haut-commissaire. Elle envoie aussi un corps expéditionnaire français sous le commandement du général Leclerc. Les forces françaises arrivent en Cochinchine – au sud du Viêt Nam –, dont ils reprennent le contrôle avec le Laos. Pour se débarrasser des troupes nationalistes chinoises qui occupent le nord du pays, Hô Chi Minh négocie avec les Français. Ceux-ci peuvent ainsi débarquer leurs troupes dans le Tonkin. Mais, après un temps de négociations, la rupture survient le 23 novembre 1946, lorsque la marine française bombarde le port de Haïphong.

Une guérilla meurtrière

Pendant deux ans, le Viêt Minh mène une guérilla contre les forces françaises qui tiennent principalement les villes et les axes de communication. Cependant, à partir de 1949, Hô Chi Minh et son ministre de la Défense nationale, Võ Nguyên Giap, se dotent d'une véritable armée grâce à leurs soutiens chinois et soviétique. En septembre et octobre 1950, leurs unités remportent une série de victoires au nord du Tonkin, en s'emparant de places fortes françaises situées sur la route coloniale n° 4 (RC4), voie qui longe la frontière chinoise entre Cao Bang et Lang Son. Nommé le 6 décembre 1950 haut-commissaire et commandant en chef du corps expéditionnaire français en Extrême-Orient, le général de Lattre de Tassigny redresse un temps la situation au Tonkin. Il organise un embryon d'armée vietnamienne. Toutefois, gravement malade, très affecté par la mort de son fils Bernard – lieutenant mort au combat à Ninh Binh, le 30 mai 1951 –, le général quitte l'Indochine en novembre 1951. De Lattre meurt en France quelques semaines plus tard, en janvier 1952.

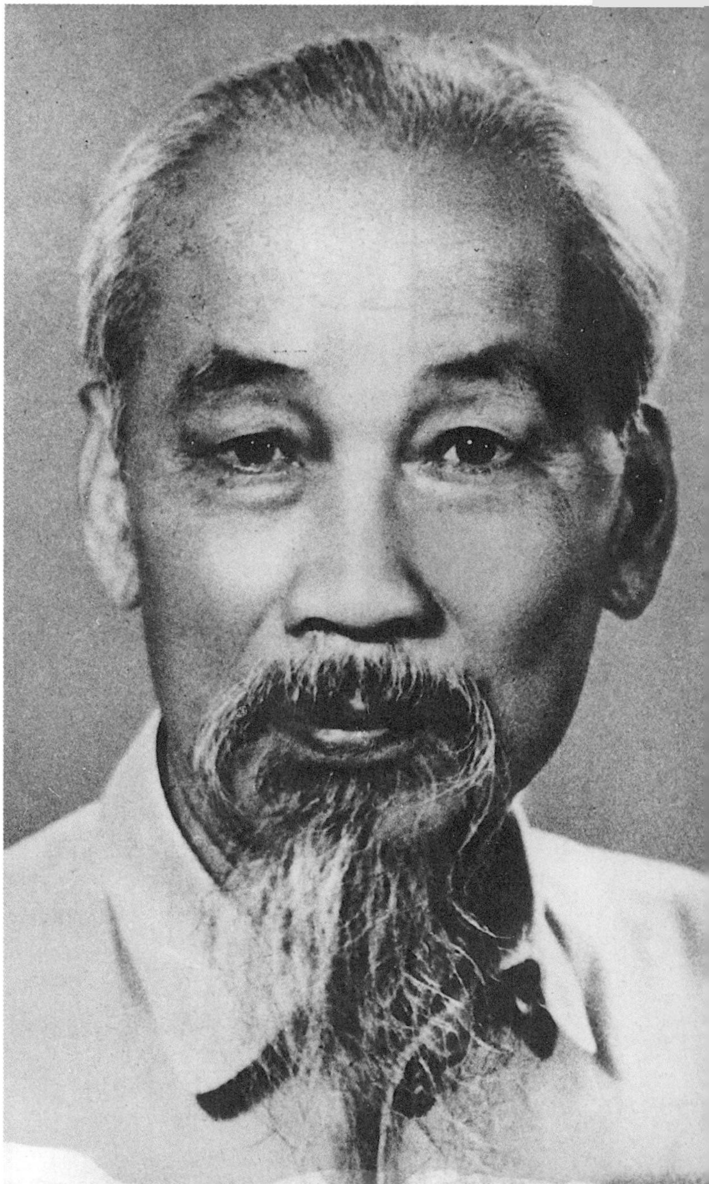

Le leader communiste Hô Chi Minh.

Diên Biên Phu

À partir de mai 1953, le commandant en chef, le général Henri Navarre, élabore un nouveau plan qui répond à plusieurs objectifs : sécuriser le delta du Tonkin, éviter que le Viêt Nam soit coupé en deux et empêcher le Viêt Minh de progresser vers le Laos. Pour cela, Navarre reprend une stratégie qui a fonctionné en 1952 à Na San : il aménage à Diên Biên Phu, une localité située près de la frontière du Laos, un camp retranché et lourdement armé. Son objectif est d'attirer les forces de Giap dans une bataille qu'il espère décisive. Une victoire militaire permettrait aux Français de gagner du temps afin d'armer et de former des unités indochinoises. Mais, le 7 mai 1954, après cinquante-six jours de violents combats, le corps expéditionnaire est vaincu à Diên Biên Phu. Les Français ont sous-estimé les forces vietnamiennes, notamment leur capacité à rassembler une artillerie puissante sur les hauteurs. L'armée française perd à Diên Biên Phu deux mille deux cent quatre-vingt-treize hommes. Sur les onze mille Français faits prisonniers, un quart seulement survit à la captivité.

Un conflit qui s'internationalise

En France, le conflit divise l'opinion. Les communistes organisent des manifestations et des sabotages. Des grèves de dockers bloquent l'embarquement du matériel à destination de l'Indochine. Lors des élections législatives de 1951, la guerre est l'un des facteurs qui provoquent la défaite du Mouvement républicain populaire, parti favorable au maintien de la France en Indochine. De 1949 à 1954, l'opposition à la guerre ne cesse de progresser.

Avec la chute de Diên Biên Phu, la France est donc contrainte de négocier en position de faiblesse. En juillet 1954, les accords de Genève marquent la fin d'un siècle de présence française en Indochine. Le Vietnam est divisé en deux entités : la République démocratique, au nord, et l'État du Viêt Nam, soutenu par les États-Unis, au sud. En effet, depuis 1950, les Américains, par ailleurs engagés en Corée, apportent une aide financière et matérielle aux Français afin d'empêcher une expansion du communisme en Asie du Sud-Est. Lors de la bataille de Diên Biên Phu, ils refusent en revanche de bombarder les positions du Viêt Minh pour sauver la garnison française. Mais, depuis 1953, l'administration Eisenhower a adopté, à propos de l'Asie, la théorie des « dominos » selon laquelle, si un pays bascule dans la sphère communiste, les États limitrophes risquent de suivre le même chemin.

Une de Voilà, en 1954. Elle dénonce l'acharnement meurtrier en Indochine.

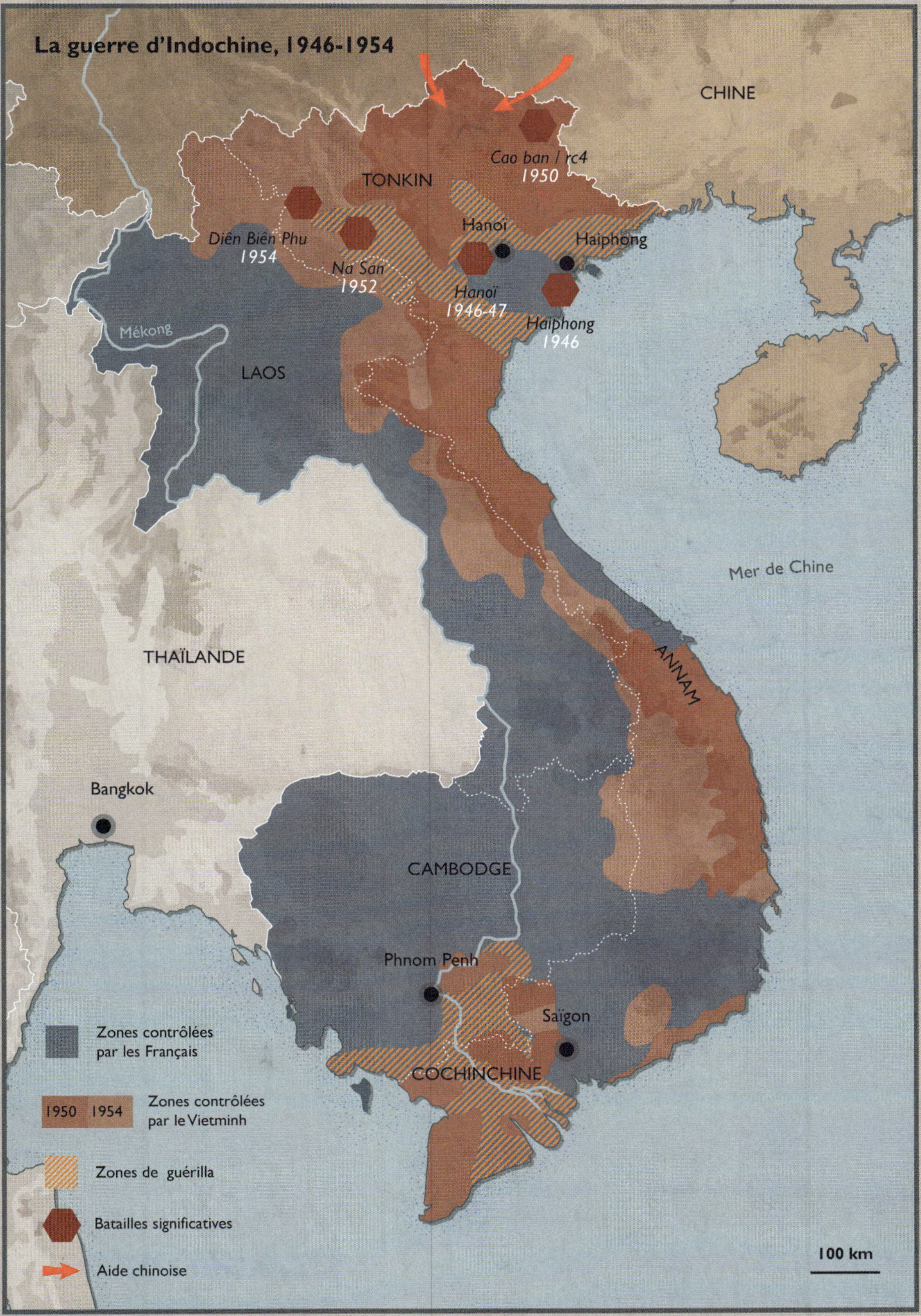
La guerre d'Indochine, 1946-1954
CHINE
Cao ban / rc4
1950
TONKIN
Hanoï
Haiphong
Diên Biên Phu
1954
Na San
1952
Hanoï
1946-47
Haiphong
1946
Mékong
LAOS
Mer de Chine
THAÏLANDE
ANNAM
Bangkok
CAMBODGE
Phnom Penh
Saïgon
COCHINCHINE
Zones contrôlées
par les Français
1950 1954
Zones contrôlées
par le Vietminh
Zones de guérilla
Batailles significatives
Aide chinoise
100 km

- 1951 -

LA CRÉATION DE L'EUROPE

En avril 1951, six pays d'Europe occidentale – la France, l'Allemagne de l'Ouest, l'Italie, la Belgique, le Luxembourg et les Pays-Bas – s'associent au sein de la Communauté européenne du charbon et de l'acier (CECA), une instance supranationale qui cherche à rapprocher les États.

Éviter la guerre à tout prix

Le 9 mai 1950, Robert Schuman, alors ministre français des Affaires étrangères, présente un projet d'association économique élaboré en concertation avec Jean Monnet, un haut fonctionnaire et économiste français. Il s'agit prioritairement d'établir un marché commun pour le charbon et l'acier entre la France et l'Allemagne, deux nations qui partagent un lourd antagonisme historique. Mais, pour ses concepteurs, le programme est plus large puisqu'il prévoit d'ouvrir le nouvel espace de libre-échange aux autres États européens qui souhaiteraient le rejoindre. L'association serait non seulement un puissant levier de reconstruction économique, mais surtout un moyen de maintenir la paix. Pour reprendre les mots prononcés par Robert Schuman, elle rendrait « non seulement impensable, mais matériellement impossible » un conflit armé en créant une coopération et une interdépendance des signataires dans la production et l'échange de deux matières premières indispensables aux industries d'armement.

La CECA

Le traité signé à Paris en 1951 établit donc une Haute autorité afin de gérer les ressources en charbon et en acier de ses membres. Cet organisme est contrôlé par les représentants des gouvernements nationaux (à travers le conseil des ministres et le comité consultatif), une assemblée parlementaire et une juridiction indépendante. Le marché unique est officiellement ouvert pour le charbon le 10 février 1953, et pour l'acier le 1er mai de la même année. L'adoption d'une stratégie commune améliore la productivité, tout en réduisant les coûts. Elle permet aussi de moderniser les infrastructures. Entre 1952 et 1958, la production cumulée des États membres augmente de 25 % pour le charbon et de 35 % pour l'acier.

Le 11 août 1952, les États-Unis reconnaissent officiellement la CECA et s'engagent à négocier directement avec elle sur les questions relatives au charbon et à l'acier. Les Américains sont en effet très favorables à l'intégration des États européens au sein d'organisations supranationales. Ils y voient un facteur de stabilité politique, mais aussi de développement économique, deux conditions indispensables pour éviter que les démocraties occidentales ne se convertissent au communisme. Dès 1948, dans le cadre de la répartition des aides du plan Marshall, ils ont encouragé la création de l'Organisation européenne de coopération économique (OECE). Les Soviétiques, en revanche, dénoncent rapidement cette nouvelle institution qu'ils considèrent comme une créature des États-Unis. L'URSS craint également que la réussite de l'Europe occidentale ne constitue un modèle attractif pour les pays de l'Est.

Affiche en faveur de l'Europe, dessinée par Boecksile, vers 1950.

Le traité de Rome, prémices à l'Union

Le succès de la CECA ouvre la voie à d'autres initiatives européennes. Ainsi, le 25 mars 1957, le traité de Rome fonde la Communauté économique européenne (CEE) et la Communauté européenne de l'énergie atomique (Euratom), deux entités qui adoptent des objectifs et des organisations similaires à la CECA. Elles partagent d'ailleurs des institutions communes : l'Assemblée parlementaires et la Cour de justice. En avril 1965, le traité de Bruxelles fusionne les exécutifs des trois communautés, préfigurant l'Union européenne. L'intégration européenne permet l'émergence de l'Europe sur le plan économique, mais pas sur le plan politique. Après 1954 et l'échec de la Communauté européenne de défense, et malgré les programmes nucléaires français et britanniques, le continent ne peut se passer de la protection américaine pour assurer sa sécurité.

Dans les années 1960, les pays membres connaissent une forte croissance, à tel point que le Royaume-Uni demande son adhésion au traité de Rome dès 1961. La demande est rejetée – notamment en raison de l'opposition du général de Gaulle –, mais l'élargissement a lieu en 1973 avec l'entrée du Danemark, de l'Irlande et du Royaume-Uni dans la CEE. L'Europe compte dix membres en 1981, douze en 1986.

Une Europe élargie mais fragile

Dans les années 1990, après la chute de l'Union soviétique, l'intégration européenne prend un nouvel élan. Le traité de Maastricht, en 1992, fonde l'Union européenne. En 1999, l'euro devient la monnaie officielle de onze États membres.

L'élargissement continue à l'Est. En 2013, l'Union européenne rassemble vingt-huit membres à la suite de l'adhésion de la Croatie mais, en 2016, le Royaume-Uni demande son retrait suite au référendum sur le Brexit.

Affiche pour la Communauté européenne du charbon et de l'acier (CECA), fondée en 1951.

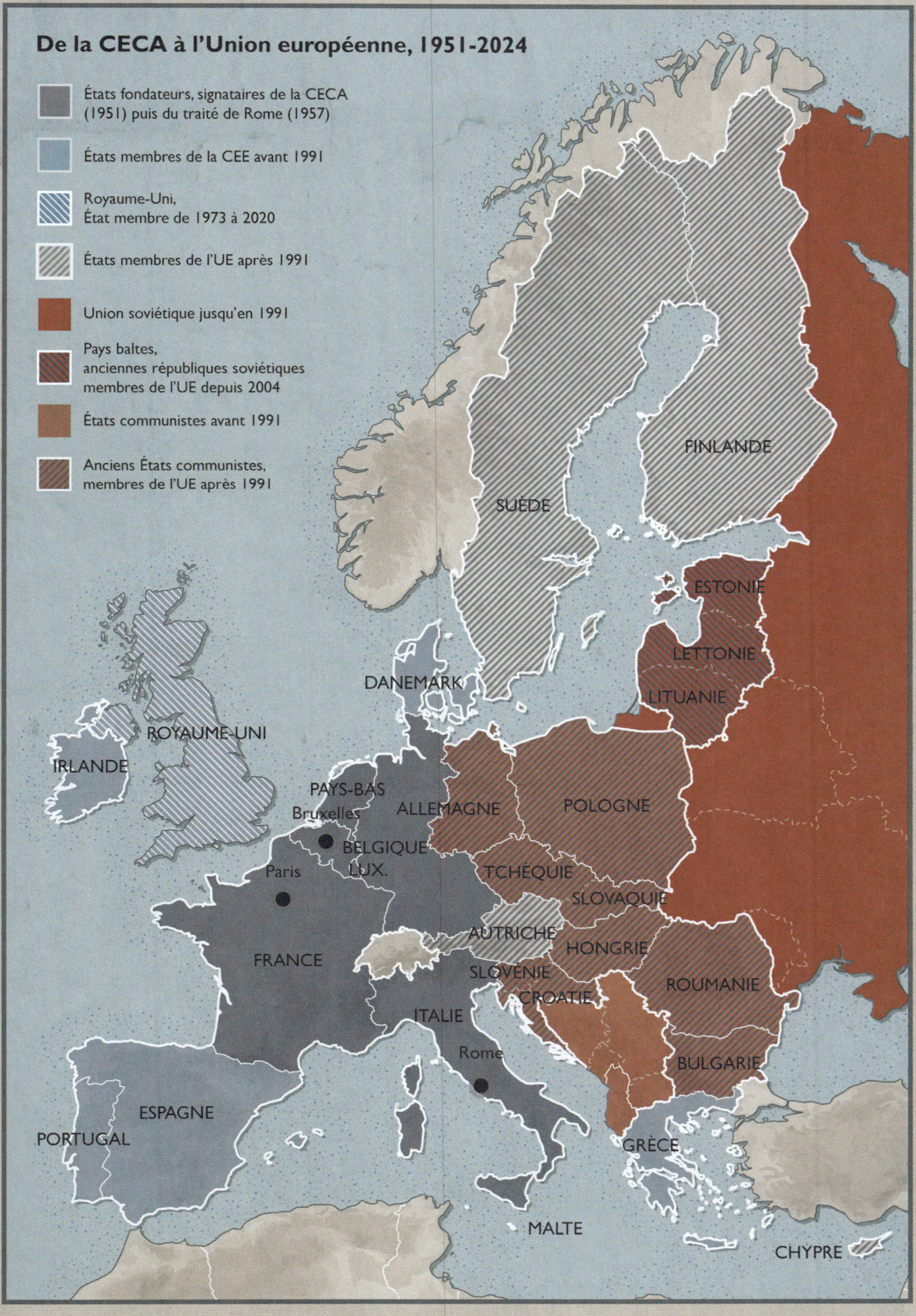
De la CECA à l'Union européenne, 1951-2024
États fondateurs, signataires de la CECA (1951) puis du traité de Rome (1957)
États membres de la CEE avant 1991
Royaume-Uni, État membre de 1973 à 2020
États membres de l'UE après 1991
Union soviétique jusqu'en 1991
Pays baltes, anciennes républiques soviétiques membres de l'UE depuis 2004
États communistes avant 1991
Anciens États communistes, membres de l'UE après 1991
FINLANDE
SUÈDE
ESTONIE
LETTONIE
LITUANIE
DANEMARK
ROYAUME-UNI
IRLANDE
PAYS-BAS
Bruxelles
ALLEMAGNE
POLOGNE
BELGIQUE
LUX.
Paris
TCHÉQUIE
SLOVAQUIE
AUTRICHE
HONGRIE
FRANCE
SLOVÉNIE
ROUMANIE
CROATIE
ITALIE
Rome
BULGARIE
ESPAGNE
PORTUGAL
GRÈCE
MALTE
CHYPRE

ACHTUNG
Sie verlassen jetz
WEST-BERLI

1953-1962

LA COEXISTENCE PACIFIQUE

Affiche de propagande soviétique, vers 1950.

- 1953 -
LA MORT DE STALINE

Le 5 mars 1953, la mort de Staline inaugure pour le régime soviétique et les pays satellites du bloc de l'Est une séquence inédite : la déstalinisation, c'est-à-dire la dénonciation du culte de la personnalité et des pratiques répressives.

LE CULTE DU CHEF

À la fin de la Seconde Guerre mondiale, Staline, au pouvoir depuis 1924 et maître incontesté de l'URSS depuis 1929, est au sommet de sa gloire. Les années d'après-guerre voient donc se renforcer sa pratique autocratique du pouvoir et le culte de la personnalité. Depuis l'entre-deux-guerres, le régime mène de grandes purges qui remplissent plusieurs objectifs : désigner des boucs émissaires accusés d'être responsables des difficultés économiques, éliminer les rivaux politiques, asseoir l'autorité du guide sur le parti et la société. En 1948, la rupture avec la Yougoslavie de Tito est ainsi l'occasion de se débarrasser de membres du parti. En 1952, une campagne contre le « cosmopolitisme » mène à des purges contre les intellectuels juifs, accusés d'obédiences étrangères. Staline accuse des médecins juifs de comploter pour l'assassiner. L'affaire est révélatrice de l'antisémitisme du dirigeant soviétique, mais aussi de sa paranoïa – Staline est obsédé par les complots.

GOOD BYE, STALINE !

Le 28 février 1953, alors qu'il se trouve dans sa datcha près de Moscou, Staline tombe subitement inconscient à la suite d'une hémorragie cérébrale. Plusieurs proches collaborateurs – Lavrenti Beria, chef du ministère de la Sécurité d'État, Nikita Khrouchtchev, Gueorgui Malenkov et Nikolaï Boulganine – sont présents, mais ces dignitaires tardent à prévenir un médecin par crainte de la réaction du dictateur s'il venait à se rétablir. Son décès est officiellement prononcé le 5 mars dans la soirée. Ses funérailles sont organisées du 6 au 9 mars à Moscou. Son corps est exposé pendant trois jours à la Maison des syndicats, où des milliers de Soviétiques défilent pour lui rendre un dernier hommage. Le 9 mars, la cérémonie officielle sur la place Rouge provoque des mouvements de foule qui causent la mort de nombreuses personnes. Le cercueil est finalement placé dans le mausolée de Lénine.

Dans l'immédiat, le pouvoir revient à Beria. Celui-ci ordonne la libération de nombreux

prisonniers du goulag – qu'il avait pourtant contribué à interner en tant que chef du NKVD. Surtout, il envoie des signes de libéralisation aux autres États communistes. Or, c'est dans ce contexte qu'une grave crise éclate en Allemagne de l'Est. Le 16 juin, à la suite de l'augmentation des quotas de production, des ouvriers se mettent en grève à Berlin-Est. Le lendemain, le mouvement fait tache d'huile et, dans tout le pays, des manifestations populaires dénoncent les conditions de travail et la surveillance oppressante de la Stasi, le ministère de la Sécurité d'État. La contestation est promptement réprimée par les autorités et les forces soviétiques. Quelques jours seulement après la crise, Beria est arrêté. Il est condamné et exécuté en décembre 1953.

Nikita Khrouchtchev lance la déstalinisation

Le nouveau maître de l'Union soviétique est Nikita Khrouchtchev. Pourtant l'un des principaux artisans de la chute de Beria, celui-ci reprend les grandes lignes de la politique de déstalinisation amorcée par son rival. Sur le plan diplomatique, Khrouchtchev adopte une politique de « coexistence pacifique » avec le camp occidental qui se traduit par un relatif apaisement de la guerre froide. En 1956, au XXe congrès du Parti communiste, il présente un rapport qui dénonce les crimes du stalinisme ; des abus expliqués par le culte de la personnalité, mais pour lesquels ni le parti, ni le communisme ne doivent être incriminés. À l'origine secret, le rapport Khrouchtchev est diffusé dès 1956 par la presse occidentale.

Une rupture idéologique ?

Dans les pays satellites, la déstalinisation modifie les équilibres politiques. Elle permet ainsi un rapprochement avec la Yougoslavie de Tito. Khrouchtchev se rend à Belgrade en 1955. L'Albanie d'Enver Hoxha, en revanche, voit dans la déstalinisation un révisionnisme, une trahison idéologique qui l'amène à rompre avec Moscou et à se rapprocher de la Chine de Mao. En Tchécoslovaquie, la mort du très stalinien Klement Gottwald, quelques jours seulement après celle de Staline, laisse espérer un assouplissement de la répression.

En RDA, Walter Ulbricht dénonce le rapport Khrouchtchev perçu comme une menace pour son propre pouvoir. En Pologne, Władysław Gomułka, un communiste modéré, victime des purges, accède aux plus hautes fonctions en 1956, après que des manifestations ouvrières ont secoué le pays. En Hongrie, Mátyás Rákosi doit céder sa place à Imre Nagy. Les réformes initiées par ce dernier à partir de 1953 heurtent l'arrière-garde stalinienne. Nagy quitte donc le pouvoir en 1955, un an avant le soulèvement étudiant à Budapest.

Affiche de propagande pour le 4e plan quinquennal, en 1950.

La révolte de la RDA, 17 juin 1953

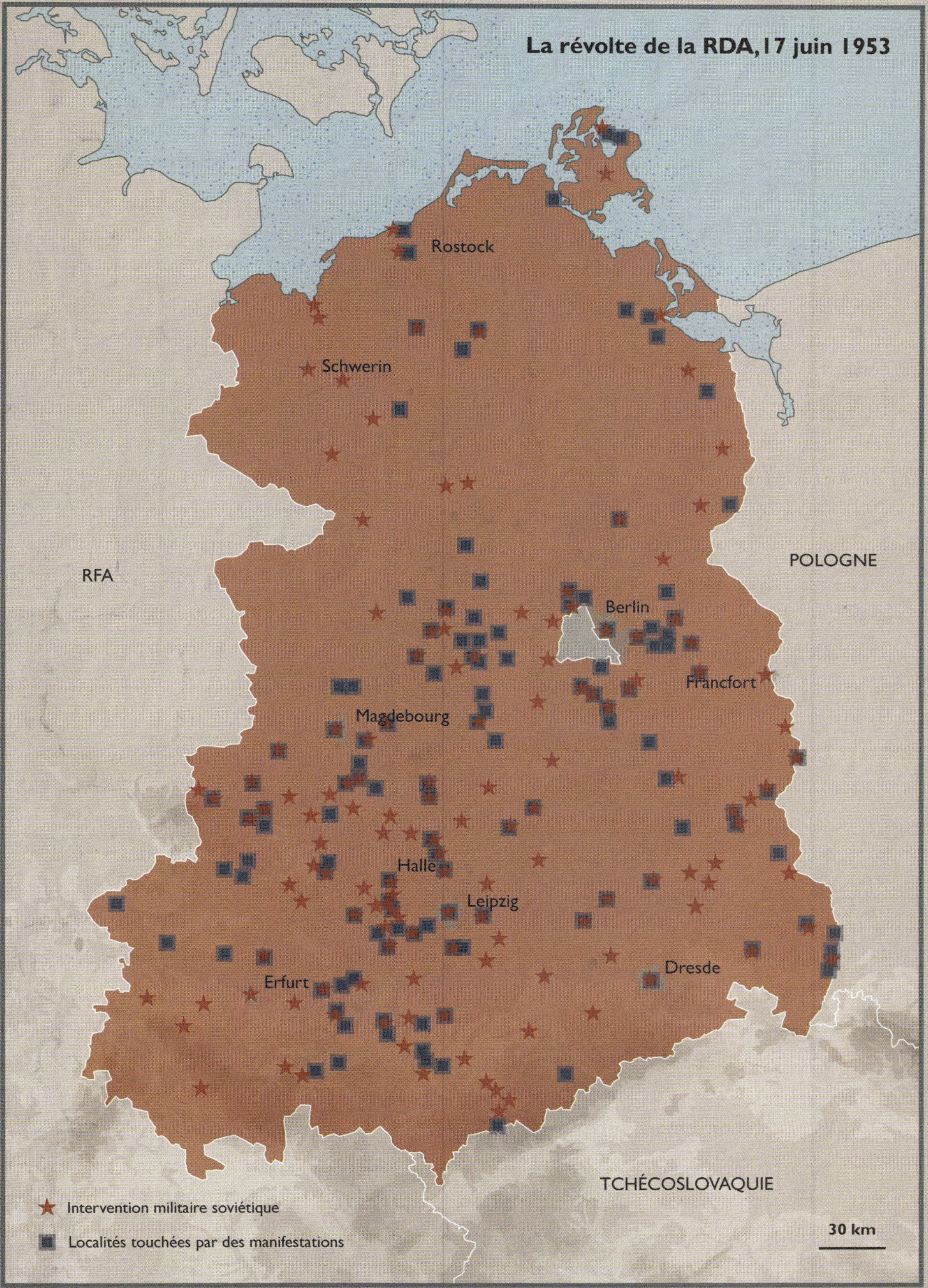

- 1954 -

LA CRÉATION DU KGB

Fondé en 1954, le KGB, ou Comité pour la sécurité de l'État, est le fruit d'une longue évolution des organes du renseignement soviétique. Durant toute la guerre froide, le KGB est un instrument important de la politique de l'Union soviétique à l'étranger, mais aussi de la répression menée à l'intérieur de ses frontières et dans sa sphère d'influence.

Contre les ennemis de la révolution

Les racines de cette agence de sécurité remontent à la création en 1917 de la Tchéka, la police politique chargée de lutter contre les ennemis de la révolution. L'institution change ensuite plusieurs fois de statut et de nom. Elle devient, en 1922, la GPU (direction politique d'État) – ou Guépéou – dépendant du Commissariat du peuple aux affaires intérieures (NKVD). En 1923, détachée du NKVD, elle est renommée en OGPU (direction politique d'État unifiée). En 1934, elle réintègre le NKVD. En 1941, elle est transformée en Commissariat du peuple à la Sécurité d'État (le NKGB). À partir de cette date, le NKVD gère le maintien de l'ordre public et la répression politique, le système pénitentiaire – dont le Goulag –, le contre-espionnage et certaines opérations clandestines à l'extérieur de l'Union soviétique. Le NKGB, quant à lui, collecte des renseignements à l'étranger tout en assurant quelques missions de contre-espionnage et de surveillance en URSS. Une direction générale du renseignement (GRU) est compétente pour toutes les questions relevant de l'intelligence militaire.

Le succès du KGB

En 1946, le NKVD et le NKGB deviennent deux ministères distincts, le MVB (ministère des Affaires intérieures) et le MGB (ministère de la Sécurité d'État). Le Vice-Premier ministre, secrétaire du comité central et membre du Politburo, Lavrenti Beria, dirige ses deux organismes. L'espionnage soviétique rencontre alors plusieurs succès notamment en faisant main basse sur les secrets de fabrication de la bombe atomique américaine, mais aussi en infiltrant les services de renseignement occidentaux. Les Soviétiques parviennent ainsi à placer plusieurs espions au cœur du projet Manhattan, dont le physicien d'origine allemande, Klaus Fuchs. En Grande-Bretagne, les Soviétiques ont recruté dans les années 1930 cinq étudiants, tous membres de l'élite : Donald Maclean, Kim Philby, Guy Burgess, Anthony Blunt et John Cairncross. Or, après la guerre, ces cinq agents accèdent à de hautes responsabilités dans la diplomatie et le renseignement britannique.

Komitet Gosudarstvennoï Bezopasnosti

À la mort de Staline, en 1953, une lutte de pouvoir éclate entre les principaux dirigeants soviétiques. Les fonctions de Beria au sein de l'appareil sécuritaire lui donnent un avantage certain, mais il est rapidement arrêté sur ordre de ses concurrents, puis jugé et exécuté. L'élimination du locataire de la Loubianka – l'immeuble moscovite qui abrite le siège des organes de sécurité – a pour conséquence une nouvelle réorganisation des services de renseignement sous l'impulsion de Nikita Khrouchtchev, alors premier secrétaire du Parti communiste d'Union soviétique (PCUS) et bientôt nouveau maître du Kremlin.

Le 1er janvier 1954 voit donc la création du Comité pour la Sécurité d'État c'est-à-dire le *Komitet Gosudarstvennoï Bezopasnosti,* le KGB. Son premier président est Ivan Serov, un ancien protégé de Beria rallié à Khrouchtchev. En URSS, les prérogatives du KGB sont le contre-espionnage, autrement dit la détection et la neutralisation des agents étrangers infiltrés, la surveillance et la répression des dissidents ou « ennemis du peuple », le contrôle des frontières et la sécurité des cadres du PCUS. Le comité mène surtout des actions d'espionnage à l'extérieur. Aux États-Unis et en Europe occidentale, il infiltre les services occidentaux, dirige des opérations d'ingérence ou de désinformation, voire assassine des opposants. Par exemple, en 1985, le renseignement soviétique recrute deux agents de grande valeur aux États-Unis : le premier, Aldrich Ames, est officier à la CIA, le second, Robert Hanssen, est agent spécial au FBI.

Des espions dans le monde entier

En Europe de l'Est, les espions soviétiques jouent un rôle dans l'établissement des démocraties populaires. Ils œuvrent ensuite au maintien du communisme dans les États satellites. Le KGB dispose de relais avec lesquels il coopère : le ministère de la Sécurité d'État – ou Stasi – en République démocratique allemande, la *Securitate* en Roumanie ou l'Autorité de sécurité de l'État (AVH) en Hongrie. En 1956, lors de l'insurrection qui éclate à Budapest, Serov se rend d'ailleurs en personne sur place afin de coordonner la répression, aux côtés de l'ambassadeur Iouri Andropov, qui deviendra plus tard président du KGB, puis dirigeant de l'URSS. De la même façon, ses agents interviennent en Tchécoslovaquie, lors du printemps de Prague, puis en Afghanistan, dans les années 1980. Ils conseillent et soutiennent les mouvements révolutionnaires en Amérique du Sud, en Afrique et en Asie. Le KGB est présent à Cuba dans les années 1960 et en Angola à la fin des années 1970.

La Loubianka à Moscou, ancien siege du KGB.

Le KGB dans le monde, 1954-1991

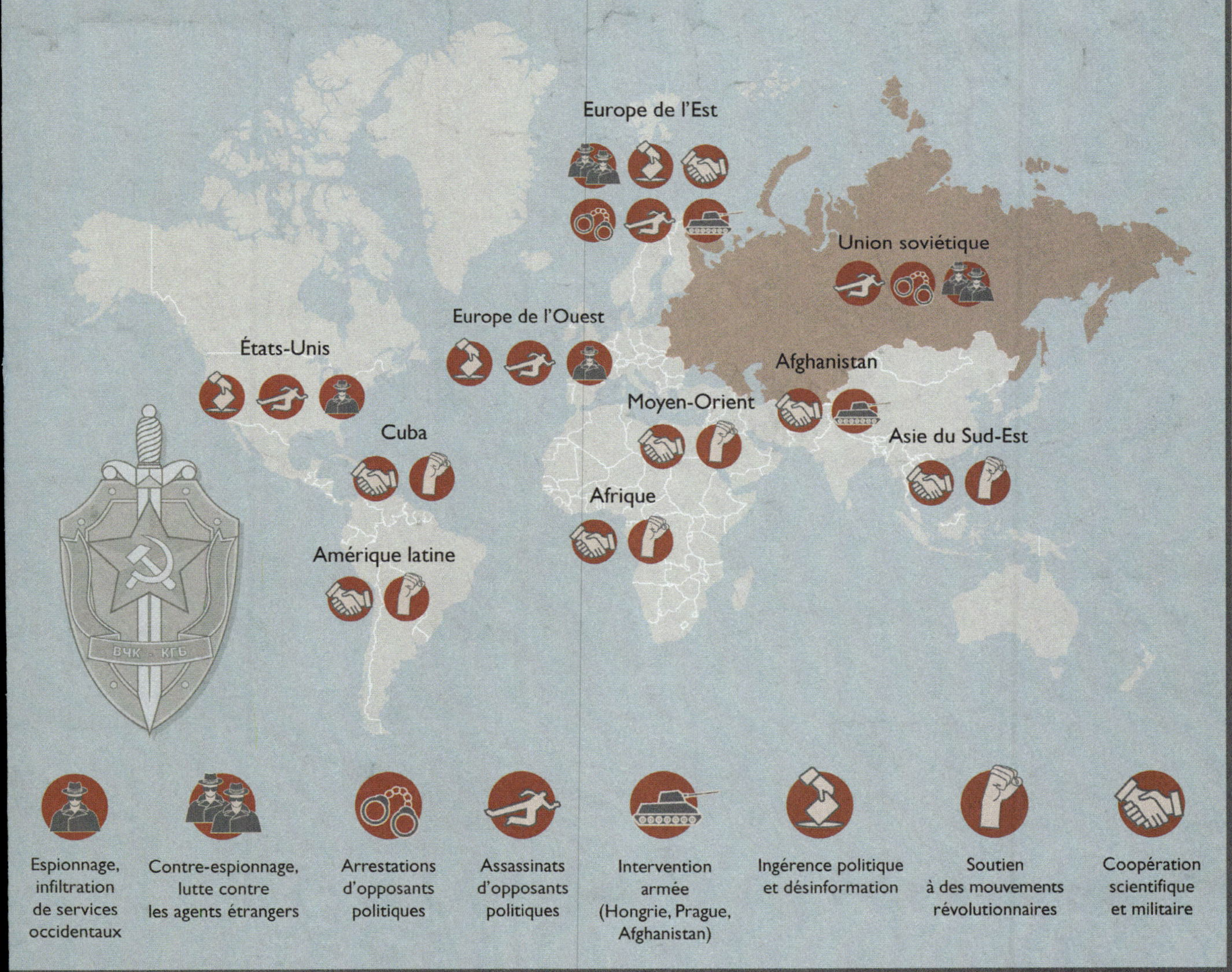

La conférence de Bandung, en 1955.

- 1955 -

LA CONFÉRENCE DE BANDUNG

Du 18 au 24 avril 1955, la réunion de vingt-neuf pays asiatiques et africains à Bandung, en Indonésie, fonde le mouvement des non-alignés et voit l'émergence sur la scène internationale d'États récemment décolonisés qui, en apparence, n'appartiennent ni au camp occidental ni au bloc de l'Est.

Choisir son camp

Au lendemain de la Seconde Guerre mondiale, la décolonisation permet à de nombreux pays asiatiques et africains d'accéder à l'indépendance. Cependant, l'accession à la souveraineté se fait dans un contexte de bipolarisation de l'ordre international. Les jeunes nations se trouvent confrontées à un choix difficile entre les deux superpuissances et leurs blocs respectifs. L'enjeu pour ces nouveaux États est d'obtenir une aide économique et des garanties de sécurité, mais le risque est grand de perdre une souveraineté nouvellement acquise et de s'aliéner les représentants du camp adverse.

Résister à l'impérialisme

Dans ce contexte, un mouvement de solidarité entre pays du tiers-monde, animés par une volonté commune de résister aux différentes formes d'impérialisme, se constitue progressivement. En 1955, le Premier ministre indien, Jawaharlal Nehru, et le président de l'Indonésie, Sukarno, prennent l'initiative de réunir à Bandung, sur le territoire indonésien, les représentants de ce mouvement émergent. Ces deux figures internationales dirigent en effet des pays ayant obtenu leur indépendance respectivement en 1945 et 1947.

Inaugurée le 18 avril, la conférence rassemble vingt-neuf nations d'Asie et d'Afrique, représentant près d'un milliard cinq cents millions d'individus, c'est-à-dire plus de la moitié de la population mondiale. Malgré leurs différences, ces pays ont en commun l'expérience du colonialisme. D'emblée, plusieurs figures charismatiques dominent les débats. Nehru, véritable architecte du mouvement, prône une « neutralité positive », un non-alignement qui permettrait aux pays du Sud de peser dans les relations internationales. Sukarno et Gamal Abdel Nasser, le leader égyptien, incarnent la résistance à l'impérialisme occidental. Et tous deux sont d'ardents nationalistes.

De nouvelles voies, de nouveaux liens

La conférence poursuit plusieurs objectifs : créer des liens entre les peuples africains et asiatiques, et ainsi renforcer l'unité du tiers-monde, affirmer une troisième voie indépendante entre les deux blocs et combattre le colonialisme en soutenant les mouvements encore en lutte pour l'indépendance. Le sommet fait suite aux accords de Genève (1954) qui ont permis aux Vietnamiens d'accéder à la pleine souveraineté. Plusieurs peuples, notamment africains, se battent d'ailleurs encore pour leur émancipation, à l'exemple de la délégation algérienne. La France, le Royaume-Uni, la Belgique, les Pays-Bas, le Portugal et l'Espagne, les principales puissances coloniales, sont donc appelées à se retirer des territoires sur lesquels s'exerce encore leur domination.

Jawaharlal Nehru et le Mahatma Gandhi, en 1946, au Congrès national indien à Bombai.

Le tiers-monde est réuni à Bandung, inaugurant le mouvement des pays non-alignés.

Les délégués dénoncent également la politique d'apartheid en Afrique du Sud qui prive la population noire de ses droits fondamentaux. Face à la course aux armements menée par les grandes puissances, les participants appellent à une désescalade, car un affrontement nucléaire aurait des retombées sur l'ensemble du globe. Sur le plan économique, enfin, la conférence explore des voies de développement permettant de s'affranchir de l'aide occidentale.

Des lignes de fractures

Malgré l'unité affichée, des divergences significatives apparaissent. Si l'Inde défend une stricte neutralité, ce n'est pas le cas de la Chine continentale ou du Viêt Nam, tous deux engagés dans le bloc communiste. Plusieurs pays – la Turquie, la Thaïlande, le Pakistan –, ont conclu des alliances militaires avec les États-Unis. Surtout, de profondes divisions existent en matière économique car les États du tiers-monde adoptent vis-à-vis des modèles capitalistes et communistes des positions variables.

Les ruptures de Belgrade

En 1961, six ans après Bandung, les non-alignés se réunissent à nouveau à Belgrade, en Yougoslavie, invités par le maréchal Tito. Nasser jouit alors d'une position privilégiée en raison de sa victoire politique en 1956 lors de la crise de Suez, et de sa lutte pour l'émancipation du monde arabe. Mais l'Égypte illustre également les ambiguïtés du mouvement car le conflit israélo-arabe pousse le Raïs égyptien à accepter l'aide militaire et diplomatique de l'URSS, ce qui constitue une entorse au principe de neutralité.

Aucun représentant chinois n'est présent à Belgrade. La Chine connaît alors des difficultés économiques et sociales à la suite du Grand Bond en avant. Elle est surtout en froid avec l'Inde au sujet d'un différend de frontières ainsi qu'avec l'URSS de Khrouchtchev et la Yougoslavie de Tito, dont les positions idéologiques heurtent celles de Mao.

La conférence de Bandung, 18 au 22 avril 1955
Bandung

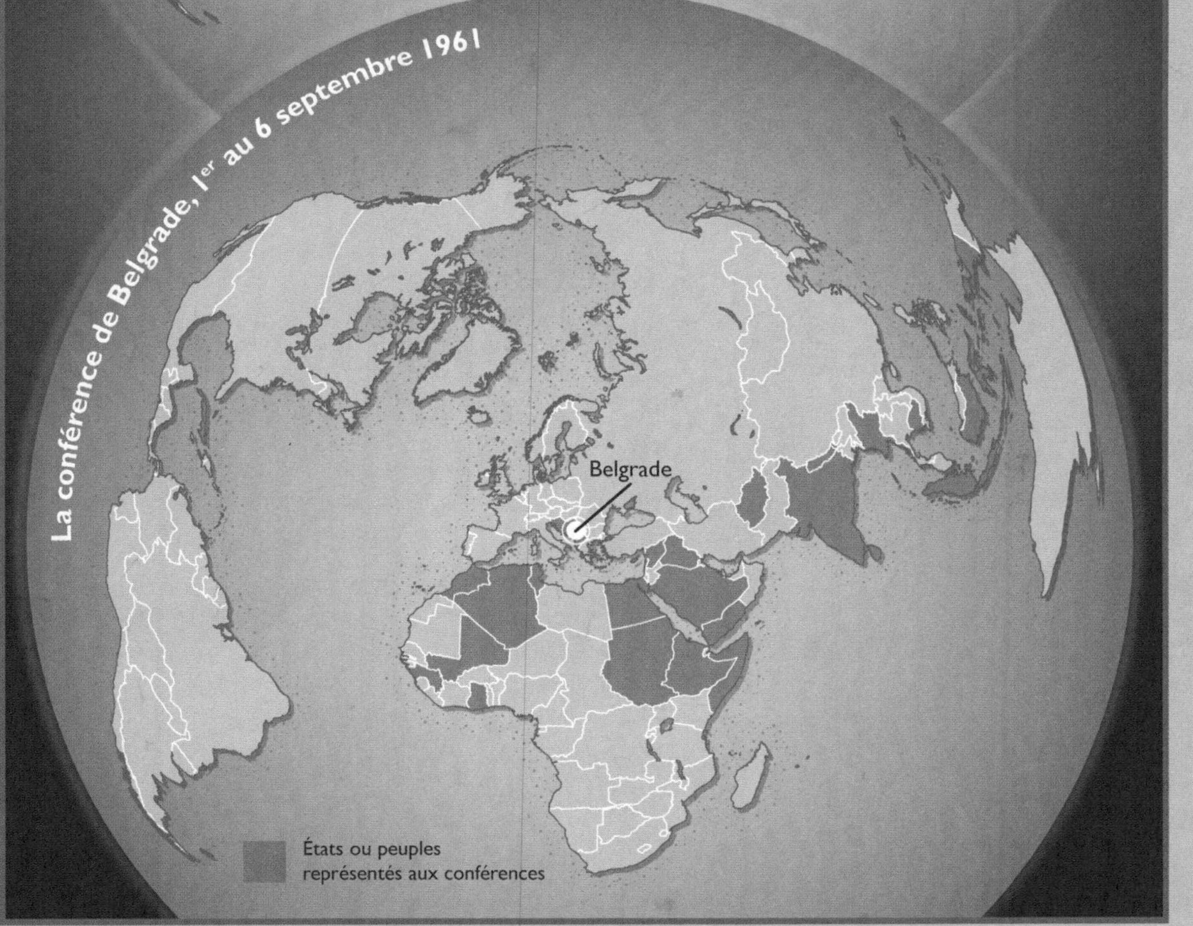
La conférence de Belgrade, 1er au 6 septembre 1961
Belgrade
États ou peuples
représentés aux conférences

Véhicule de transport blindé soviétique BTR-152 en flammes à Budapest, en novembre 1956.

- 1956 -

LE PACTE DE VARSOVIE

Les Soviétiques forment en 1956 une nouvelle alliance militaire, le pacte de Varsovie. Ses statuts proclament des objectifs défensifs, mais, très vite, l'organisation s'impose comme un instrument permettant à l'Union soviétique de maintenir son hégémonie en Europe de l'Est

Une réponse au plan Marshall

Au lendemain de la Seconde Guerre mondiale, Staline considère que, outre l'Armée soviétique, la principale garantie de sécurité pour l'URSS est la constitution d'un glacis protecteur en Europe de l'Est. Celui-ci est constitué d'États satellites avec lesquels il noue des relations bilatérales. Le dictateur se méfie des organisations interétatiques dans lesquelles pourraient s'exprimer des velléités d'indépendance vis-à-vis de l'influence soviétique.

Après l'adoption du plan Marshall, en 1947, puis de la fondation de l'Organisation européenne de coopération économique (OECE) en 1948, Staline crée néanmoins deux organes formalisant l'alliance des pays communistes sur le plan politique et économique, le Kominform (1947) et le Comecon (1949). La portée de ces deux associations, dont la fonction est d'abord de répondre à des initiatives occidentales, demeure limitée. En 1949, après la création de l'OTAN, le Kremlin ne juge pas nécessaire de constituer une alliance militaire équivalente.

Maintien de l'ordre

Avec la mort de Staline en 1953, puis l'arrivée au pouvoir de Khrouchtchev, la position soviétique change. Le 14 mai 1955, l'URSS forme alors une alliance militaire avec six pays d'Europe de l'Est : l'Albanie, la Bulgarie, la Hongrie, la Pologne, la Roumanie et la Tchécoslovaquie. Fidèle à sa politique de neutralité, la Yougoslavie communiste demeure en dehors de la nouvelle alliance. Une fois encore, il s'agit de répondre à une décision occidentale. En effet, cette même année, la République fédérale d'Allemagne (RFA) est admise au sein de l'Organisation du traité de l'Atlantique Nord (OTAN), conformément aux accords de Paris signés en 1954. Le préambule du Traité d'amitié, de coopération et d'assistance mutuelle mentionne d'ailleurs clairement « la situation qui s'est créée en Europe par suite de la ratification des accords de Paris qui prévoient la formation d'un nouveau groupement militaire [...] avec la participation de l'Allemagne occidentale en voie de remilitarisation et avec son intégration au bloc nord-atlantique, ce qui augmente le danger d'une nouvelle guerre et crée une menace à la sécurité nationale des États pacifiques », c'est-à-dire, dans la rhétorique soviétique, des États communistes.

Quelques mois après la fondation du pacte, en juillet 1955, les grandes puissances se réunissent à Genève pour discuter de questions internationales et de la situation allemande. Mais, sur ce point, la conférence n'aboutit à aucun compromis. Le 20 septembre 1955, l'Union soviétique reconnaît donc officiellement la République démocratique allemande et, dès 1956, l'Allemagne de l'Est fonde l'armée populaire nationale (*National Volksarmee*), aussitôt intégrée aux forces du pacte de Varsovie.

Officiellement, l'alliance a pour objectif de protéger ses membres contre toute agression extérieure. Son texte affirme d'ailleurs que l'organisation est ouverte à tous, y compris aux États non socialistes. Toutefois, dans les faits, le pacte permet surtout à l'URSS de maintenir sa domination sur les pays satellites. En 1956, lors de l'insurrection de Budapest contre le régime communiste, la décision du leader Imre Nagy de retirer la Hongrie du pacte est l'un des prétextes qui permettent aux Soviétiques de réprimer le mouvement. En 1968, lors du printemps de Prague, les forces armées du pacte envahissent la Tchécoslovaquie pour étouffer les réformes libérales menées par Alexander Dubček.

La doctrine Brejnev

L'épisode tchécoslovaque consacre la doctrine Brejnev, selon laquelle Moscou revendique le droit d'intervenir dans tout pays du bloc socialiste qui dériverait vers un régime plus libéral. Les structures de l'alliance reflètent cette hégémonie soviétique. Le siège du commandement militaire unifié est situé à Moscou. Il est systématiquement dirigé par un officier supérieur soviétique. Un comité politique consultatif, réunissant les dirigeants des partis communistes des pays membres, est chargé de coordonner les politiques militaires et étrangères. Toutefois, cette instance, prévue pour se réunir deux fois par an, ne tient que vingt-quatre sessions entre 1956 et 1990, souvent à l'initiative de Moscou. L'URSS, seule puissance nucléaire de l'organisation, fournit les contingents les plus importants.

À partir de 1962, la Roumanie et l'Albanie prennent leurs distances avec le pacte. Les deux États refusent d'intervenir en Tchécoslovaquie. L'Albanie quitte d'ailleurs l'organisation en 1968. La chute des régimes communistes en Europe de l'Est sonne le glas de l'alliance. En 1990, quelques mois après la chute du mur de Berlin, et quelques jours avant la réunification allemande, la RDA acte son retrait. La Tchécoslovaquie et la Hongrie manifestent la même volonté. Le 1er juillet 1991, lors d'une ultime réunion à Prague, le pacte de Varsovie est officiellement dissous.

Le dirigeant soviétique Nikita Khrouchtchev, en 1962.

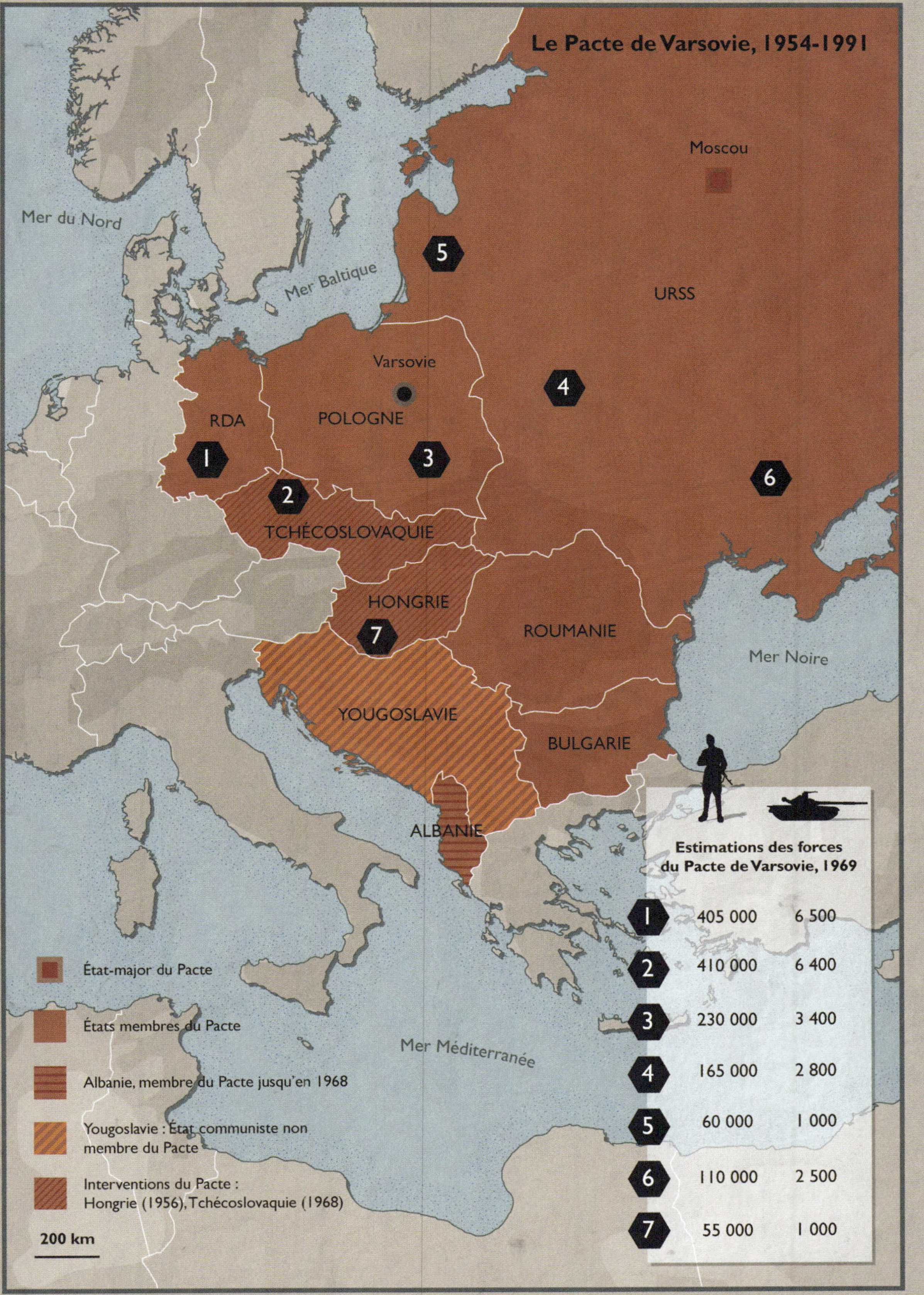

1	405 000	6 500
2	410 000	6 400
3	230 000	3 400
4	165 000	2 800
5	60 000	1 000
6	110 000	2 500
7	55 000	1 000

Le canal de Suez, le 7 novembre 1956.

- 1956 -

LA CRISE DU CANAL DE SUEZ

La crise de Suez éclate en 1956 à la suite de la décision du président égyptien, Gamal Abdel Nasser, de nationaliser la voie maritime qui relie la mer Rouge à la Méditerranée. L'issue de la crise, défaite militaire, mais victoire politique, consacre l'aura du leader égyptien.

La révolution égyptienne

En 1952, un groupe d'officiers, bientôt dirigé par le lieutenant-colonel Nasser, renverse la monarchie égyptienne. Nationaliste et panarabe, le nouveau régime cherche à s'affranchir de l'influence étrangère, et plus particulièrement du Royaume-Uni, l'ancienne puissance coloniale. L'Égypte apporte ainsi son soutien au Front de libération nationale algérien (FLN), alors en lutte contre la France, mais aussi aux combattants palestiniens qui s'infiltrent en Israël. Nasser impose en outre un blocus du golfe d'Aqaba, empêchant les navires de l'État hébreu d'accéder à la mer Rouge à partir du port d'Eilat.

La signature du pacte de Bagdad, une alliance militaire pro-occidentale conclue en 1955, amène Nasser à acheter des armes à la Tchécoslovaquie, avec l'appui de Moscou. La reconnaissance par l'Égypte de la République populaire de Chine froisse les États-Unis qui refusent de financer la construction du barrage d'Assouan. En réaction, le Raïs égyptien proclame, le 26 juillet 1956, la nationalisation du canal de Suez.

Opération Mousquetaire

Ouvert en 1869 grâce à des capitaux français puis britanniques, le canal constitue encore, au début du XXe siècle, un cordon ombilical entre le Royaume-Uni et l'Inde, le joyau de son empire. Après l'indépendance indienne, en 1947, cette route n'en demeure pas moins essentielle pour le commerce mondial, particulièrement pour l'acheminement du pétrole en Europe. La nationalisation heurte donc directement les intérêts de la France et du Royaume-Uni qui détiennent encore la majorité des parts dans la Compagnie universelle du canal maritime de Suez, la société gestionnaire du passage maritime.

Afin de reprendre le contrôle du canal, la France, le Royaume-Uni et Israël concluent donc une alliance lors d'une rencontre secrète en région parisienne, à Sèvres, en octobre 1956. Les trois pays élaborent les plans de l'opération Mousquetaire. Celle-ci prévoit une attaque israélienne contre le Sinaï égyptien, suivie d'une intervention franco-britannique sous prétexte de rétablir l'ordre et la libre circulation sur le canal. Le 29 octobre, Israël passe à l'offensive dans la bande de Gaza et dans le Sinaï. Le 31 octobre, la France et le Royaume-Uni bombardent des sites militaires en Égypte. Le 5 novembre, les deux pays lancent un assaut aéroporté près de Port-Saïd. Le lendemain, dans ce secteur, leurs marines opèrent un débarquement amphibie. Le 7, les avant-gardes du corps expéditionnaire franco-britannique atteignent El Qantara, à quarante kilomètres au sud de Port-Saïd.

Le Royaume-Uni fragilisé par la crise

L'intervention est dénoncée par les États-Unis et par l'URSS. En effet, le président Eisenhower, alors en pleine campagne pour sa réélection, craint une escalade. L'Union soviétique menace d'intervenir, y compris en employant des armes nucléaires. Khrouchtchev voit dans l'affaire de Suez une diversion opportune alors que ses chars écrasent l'insurrection hongroise. Si les oppositions en France restent plutôt modérées, au Royaume-Uni, la crise affaiblit politiquement le Premier ministre, Anthony Eden. Les travaillistes dénoncent le caractère colonial de la campagne et les risques de divisions au sein du Commonwealth. L'opposition à la guerre grandit encore avec la menace d'une pénurie d'essence et les attaques américaines sur la livre sterling. Sous la pression des deux grands et de l'ONU, Paris et Londres acceptent un cessez-le-feu le 7 novembre.

Nasser, chef de file d'un nouveau nationalisme

Leurs troupes sont progressivement évacuées et remplacées par la Force d'urgence des Nations unies (FUNU). Avec l'accord de l'Égypte – mais à la condition que son agrément puisse être retiré à tout moment –, les six mille militaires des Nations unies gardent, jusqu'en 1967, une ligne de cessez-le-feu dans le Sinaï, le long de la frontière israélienne – l'État hébreu ayant refusé un déploiement sur son territoire.

Malgré sa défaite militaire, l'épisode renforce la position égyptienne dans la région. Nasser fait dès lors figure de héros du nationalisme arabe. De 1958 à 1961, il réunit ainsi l'Égypte, la Syrie et le Yémen au sein de la République arabe unie (RAU).

Cette union exacerbe les tensions confessionnelles et politiques dans les pays voisins. Le 14 juillet 1958, un coup d'État mené par des nationalistes irakiens, inspirés par Nasser, renverse la monarchie jugée trop proche des Britanniques. Au Liban, le président Camille Chamoun, chrétien maronite pro-occidental, fait face à une forte contestation soutenue par l'Égypte. Le mouvement réclame le rattachement du pays à la RAU. Mais, le 15 juillet 1958, quatorze mille militaires américains débarquent à Beyrouth afin de mettre fin aux violences entre communautés.

LA DOMENICA DEL CORRIERE

Supplemento settimanale illustrato del nuovo CORRIERE DELLA SERA - Abbonamenti: Italia, anno L. 1400, semestre L. 750 - Estero, anno L. 2350, semestre L. 1250

Anno 58 — N. 33 12 Agosto 1956 L. 30.—

La nazionalizzazione del Canale di Suez. Per reagire al rifiuto inglese e nordamericano di finanziare la diga di Assuan sul Nilo, il Presidente egiziano, colonnello Nasser, ha nazionalizzato la Società del Canale di Suez (ente internazionale le cui azioni appartenevano in maggioranza all'Inghilterra e alla Francia) dodici anni prima che scadesse la concessione. Il territorio del Canale è stato dichiarato zona militare egiziana. Gli uomini di Nasser hanno occupato gli impianti e gli uffici della Società, mentre i soldati egiziani vigilano sul transito delle navi. (Dis. di R. Ferrari)

Le 12 août 1956, Nasser nationalise le stratégique canal de Suez.

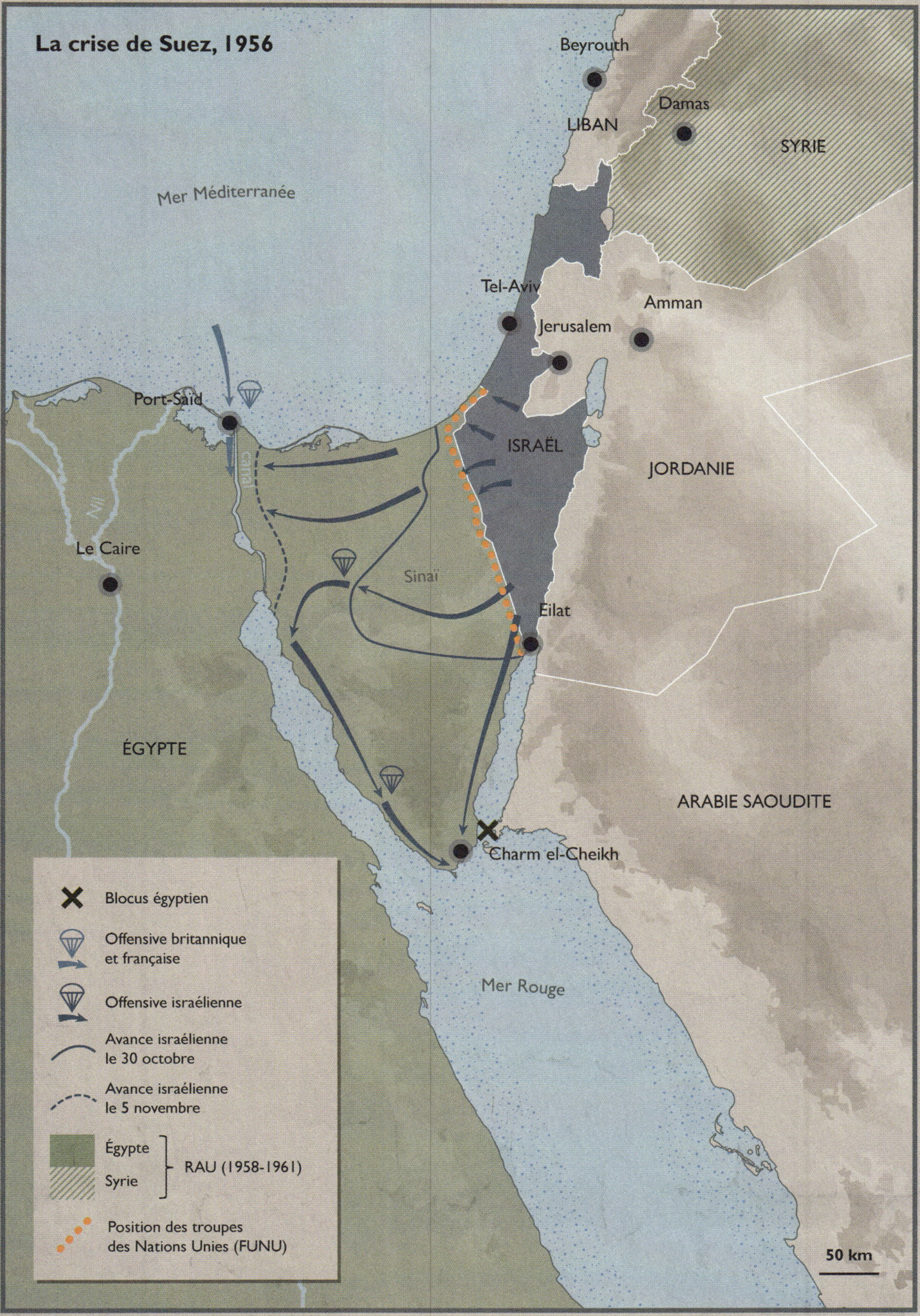
La crise de Suez, 1956
Beyrouth
Damas
LIBAN
SYRIE
Mer Méditerranée
Tel-Aviv
Amman
Jerusalem
Port-Saïd
canal
Nil
ISRAËL
JORDANIE
Le Caire
Sinaï
Eilat
ÉGYPTE
ARABIE SAOUDITE
Charm el-Cheikh
Mer Rouge
Blocus égyptien
Offensive britannique et française
Offensive israélienne
Avance israélienne le 30 octobre
Avance israélienne le 5 novembre
Égypte
Syrie
RAU (1958-1961)
Position des troupes des Nations Unies (FUNU)
50 km

Le 23 octobre 1956, les Hongrois manifestent contre la mainmise soviétique.

- 1956 -

LA RÉVOLUTION HONGROISE

À l'automne 1956, une révolte éclate en Hongrie, dans la capitale Budapest, contre le régime communiste au pouvoir. Cette insurrection, qui ébranle le bloc de l'Est, est réprimée dans le sang par les chars soviétiques.

La Hongrie sous régime autoritaire

La Hongrie est occupée par l'Armée rouge en 1945. Le pays entre alors dans la sphère d'influence de l'Union soviétique. Progressivement, le Parti communiste élimine ses concurrents et s'empare du pouvoir. La République populaire de Hongrie est proclamée en 1949. Un stalinien autoritaire, Mátyás Rákosi, se retrouve à la tête de l'État. Le dirigeant s'appuie sur une police secrète redoutable, l'Autorité de protection de l'État (ÁVH). Le régime aligne alors sa politique sur celle du grand frère soviétique.

Rákosi se lance donc dans des purges. Dès 1949, il se sépare ainsi d'un rival gênant, László Rajk, ministre de l'Intérieur, puis des Affaires étrangères. Accusé de « titisme », ce dernier est arrêté, torturé et exécuté en octobre 1949. Sur le plan économique, l'adoption de la planification ainsi que la mise en œuvre, à marche forcée, de l'industrialisation et de la collectivisation des terres déstabilisent les structures sociales et les conditions de vie de la population.

Les prémices révolutionnaires

À partir de 1953, plusieurs évolutions nourrissent cependant les espoirs des Hongrois de voir le régime s'assouplir. Tout d'abord, la mort de Staline, en mars 1953, entraîne un changement à la tête du pays. Rákosi perd son poste de Premier ministre au profit d'Imre Nagy, un réformateur modéré. Rákosi conserve néanmoins la tête du Parti communiste. La politique mise en œuvre par Nagy constitue un défi pour les caciques staliniens. Nagy est finalement évincé en 1955.

Cette même année, un traité d'État est pourtant signé à Vienne permettant de lever l'occupation de l'Autriche, désormais démocratique et indépendante, en contrepartie d'un statut de neutralité. L'exemple du voisin autrichien inspire les Hongrois partisans d'un changement. En outre, le rapport Khrouchtchev, présenté en février 1956 lors du XXe congrès du Parti communiste, provoque des remous dans les États satellites, notamment en Pologne, où des grèves et des manifestations aboutissent à l'élection d'un nouveau premier secrétaire du parti, Władysław Gomułka, partisan d'une libéralisation mesurée.

L'insurrection

Si Rákosi est destitué en juin 1956, l'agitation grandit en Hongrie. Encouragés par les émissions de Radio Free Europe, intellectuels et étudiants multiplient les réunions publiques. Le 6 octobre, les obsèques solennelles de László Rajk, organisées sept ans après son exécution, rassemblent plusieurs milliers de personnes. Le 23 octobre, une manifestation pacifique en soutien aux grévistes polonais se tient à Budapest. Très vite, les participants dénoncent la présence soviétique et réclament des réformes.

Tout au long de la journée, le cortège ne cesse de grossir. Il se dirige vers le Parlement. La situation bascule dans la soirée après une déclaration du premier secrétaire du parti, Ernő Gerő, partisan d'une ligne dure. Une statue de Staline est déboulonnée. Lorsque les manifestants tentent de faire diffuser leurs revendications à la radio nationale, la police secrète tire sur la foule. L'insurrection prend rapidement de l'ampleur. Des milices populaires se forment et s'arment pour combattre les forces de l'ÁVH.

L'écrasement

Les dirigeants du parti demandent de l'aide aux Soviétiques. Dès le 24 octobre, leurs chars convergent donc vers Budapest. La situation est tendue, la population armée s'en prend aux partisans du régime. Le 25 octobre, les opposants se rassemblent devant le Parlement. Des échanges de tirs ont lieu entre les manifestants et l'ÁVH. Finalement, sous la pression populaire, le gouvernement hongrois s'effondre. Imre Nagy revient au pouvoir comme Premier ministre, tandis que János Kádár prend la tête du Parti communiste. Entre le 28 octobre et le 4 novembre, une relative accalmie s'installe. Les unités soviétiques se replient. Toutefois, Nagy promet des réformes profondes, notamment la dissolution de l'ÁVH, la restauration du multipartisme ainsi que le retrait hongrois du pacte de Varsovie. Alors que la crise de Suez accapare l'attention internationale, l'Union soviétique décide de rétablir son influence. La révolte fragilise en effet la position de Khrouchtchev face aux éléments conservateurs du Politburo.

Le 4 novembre, les chars soviétiques sont de retour à Budapest. Le 10, la révolution est écrasée. Le bilan est de deux mille cinq cents morts. Des milliers de Hongrois s'exilent en Autriche. Imre Nagy, après avoir tenté de négocier, se réfugie à l'ambassade de Yougoslavie. Pris au piège, il obtient un sauf-conduit et quitte le bâtiment le 22 novembre. Il est immédiatement arrêté. Jugé en secret pour « conduite contre-révolutionnaire », Imre Nagy est exécuté en juin 1958.

Moscou place János Kádár aux commandes d'un nouveau gouvernement prosoviétique. Premier ministre jusqu'en 1965, et chef du parti jusqu'en 1988, Kádár inspire, pendant deux ans, une dure répression, avant de modérer quelque peu sa politique.

Le 24 octobre, les chars soviétiques entrent dans Budapest.

L'invasion de la Hongrie, octobre-novembre 1956

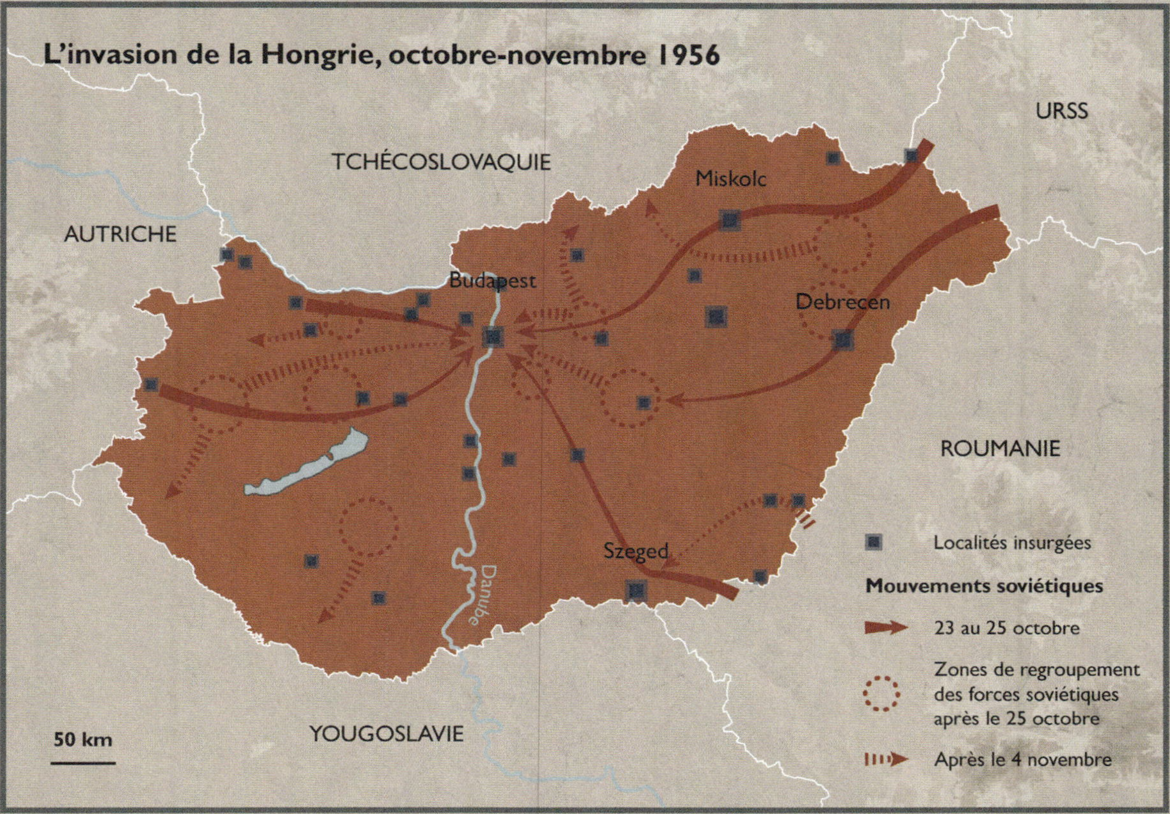

Budapest

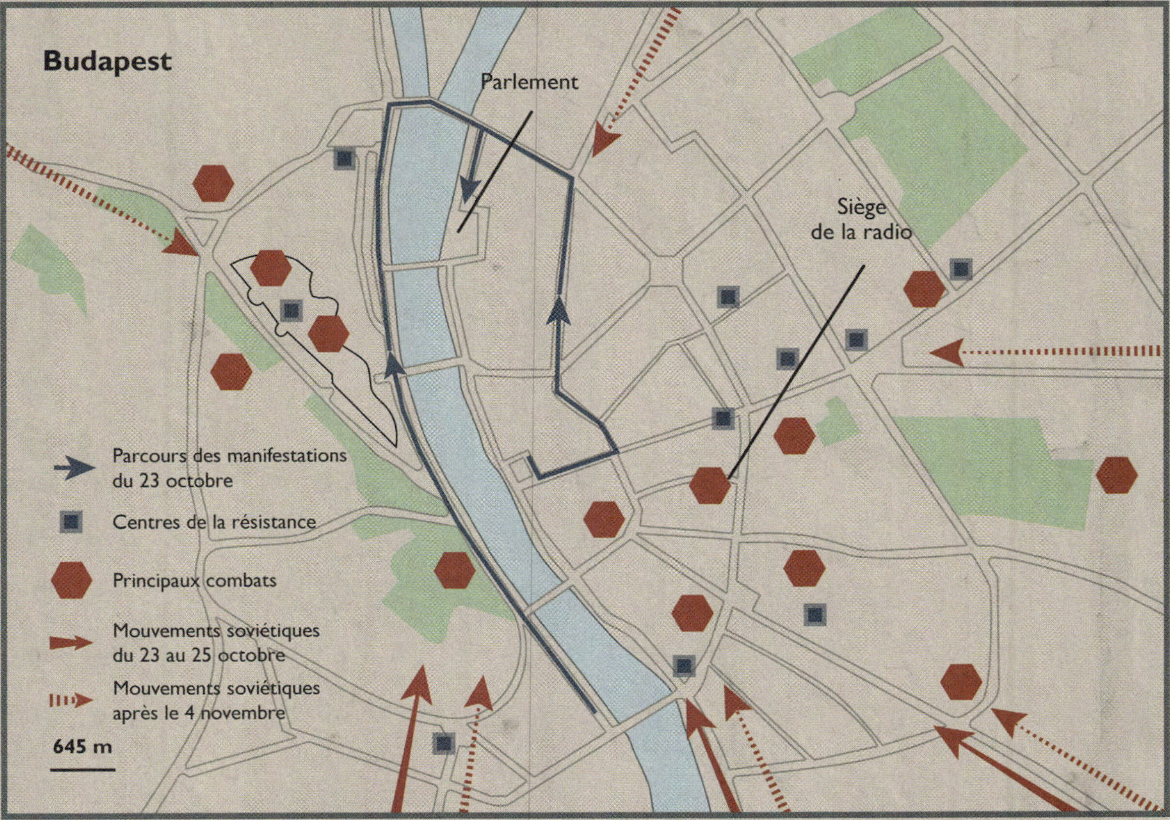

Avion americain Lockheed U-2, mis en service en 1957.

- 1960 -

L'AVION ESPION U-2

Le 1er mai 1960, un avion espion américain est abattu au-dessus de l'Union soviétique. L'affaire place les États-Unis dans une situation délicate, avec de réelles répercussions diplomatiques.

Mission espionnage

Durant les années 1950, les États-Unis développent un programme d'avion de reconnaissance, le Lockheed U-2, capable de voler à plus de vingt-et-un mille mètres d'altitude, c'est-à-dire en théorie bien au-dessus des systèmes soviétiques de défense antiaérienne. S'il vole à une vitesse relativement faible, l'U-2 dispose d'un long rayon d'action de près de cinq mille kilomètres. Il est donc utilisé par les Américains pour photographier les installations stratégiques en URSS, notamment des sites nucléaires ou des installations liées à l'industrie spatiale.

En juillet 1957, l'administration Eisenhower obtient du Pakistan l'autorisation d'utiliser la base aérienne de Badaber, à dix-huit kilomètres de Peshawar. Alors en conflit avec son voisin indien au sujet du Cachemire, le Pakistan cherche en effet à s'attirer les bonnes grâces américaines. Badaber est idéalement située pour y stationner des avions U-2 puisque le site se trouve à proximité des républiques soviétiques d'Asie centrale où l'URSS dispose de nombreux sites militaires sensibles.

Dans le ciel soviétique

Le 1er mai 1960, un U-2 piloté par Francis Gary Powers décolle du Pakistan pour une mission au-dessus de l'Union soviétique. Les ordres sont de photographier les sites de lancement de missiles intercontinentaux dans la région de Sverdlovsk – aujourd'hui Iekaterinbourg –, des sites d'essais de missiles, des aérodromes militaires et des installations spatiales. Une fois ses objectifs réalisés, Powers doit suivre son plan de vol vers le nord, jusqu'à la péninsule de Kola, puis obliquer vers l'ouest pour atterrir en Norvège. L'U-2 est pourtant rapidement repéré par la défense antiaérienne soviétique. D'après le récit officiel, l'appareil est abattu au-dessus de l'Oural par des missiles sol-air. Powers réussit à s'éjecter mais il est capturé. Son avion n'a pas été détruit, ce qui permet aux Soviétiques d'étudier en détail les débris et les équipements de reconnaissance qu'ils récupèrent.

En eaux troubles

Aussitôt, Khrouchtchev rend public l'incident sans préciser pour autant qu'il dispose de Powers et de son matériel. Il tend ainsi un piège à la Maison-Blanche qui, dans un premier temps, affirme que la NASA a perdu un avion au nord de la Turquie, durant une mission de relevés météorologiques. Le 6 mai, pour appuyer cette version, les Américains diffusent des photographies d'un U-2 maquillé aux couleurs de l'agence spatiale. Mais, le lendemain, devant le Soviet suprême, Khrouchtchev consacre l'essentiel de son discours à l'affaire. Appuyant son propos avec de grandes reproductions photographiques, le dirigeant soviétique révèle que l'URSS a non seulement mis la main sur le pilote, mais a aussi récupéré des débris de l'appareil et du matériel photographique. Les preuves saisies sur Powers ne laissent pas beaucoup de doutes sur la finalité de la mission : une importante somme en roubles et des cartes en soie de l'Union soviétique, soit la parfaite panoplie de l'agent égaré derrière les lignes ennemies.

Un grave incident diplomatique

Les États-Unis sont dans l'embarras. L'incident survient quelques jours seulement avant le sommet des quatre nations (États-Unis, Royaume-Uni, France et URSS) programmé à Paris. La conférence doit notamment régler le sort de Berlin-Ouest à la suite de l'ultimatum présenté par Khrouchtchev aux Occidentaux en 1958. Le leader soviétique exige que le président Eisenhower présente des excuses, mais celui-ci refuse, mettant ainsi fin aux négociations.

Le 13 mai, l'Union soviétique remet à l'ambassadeur de Norvège une note accusant son pays de complicité dans les opérations d'espionnage du territoire soviétique et le menaçant de représailles si sa coopération avec les États-Unis ne cesse pas. Le 27 mai, lors d'une réunion du Conseil de sécurité, l'URSS obtient le vote d'une résolution demandant « le respect par tous les pays du principe de la souveraineté des États ». Or, le 1er juillet, un bombardier américain est abattu au-dessus de la mer de Barents, à proximité de la péninsule de Kola. Le 20 août, dans une lettre adressée au secrétaire général des Nations unies, le ministre soviétique des Affaires étrangères explique que « la violation par les avions américains de l'espace aérien soviétique » constitue une atteinte « aux normes universellement admises du droit international et [aux] principes élevés de la Charte de l'ONU, au bas de laquelle figure la signature des États-Unis d'Amérique ».

Le procès de Francis Gary Powers s'ouvre à Moscou le 19 août. Jugé pour espionnage, il risque la peine de mort mais, le 20 août, le tribunal le condamne à dix ans de privation de liberté, dont deux ans de prison. Powers est toutefois échangé en 1962 contre Rudolf Abel, alias William Fischer, un espion soviétique, officier du KGB, capturé aux États-Unis en 1957. Négociée par l'avocat américain, James B. Donovan, la libération des deux hommes est organisée à Berlin au pont de Glienicke, en février 1962.

Francis Gary Powers et l'ingénieur Clarence Johnson, en 1962.

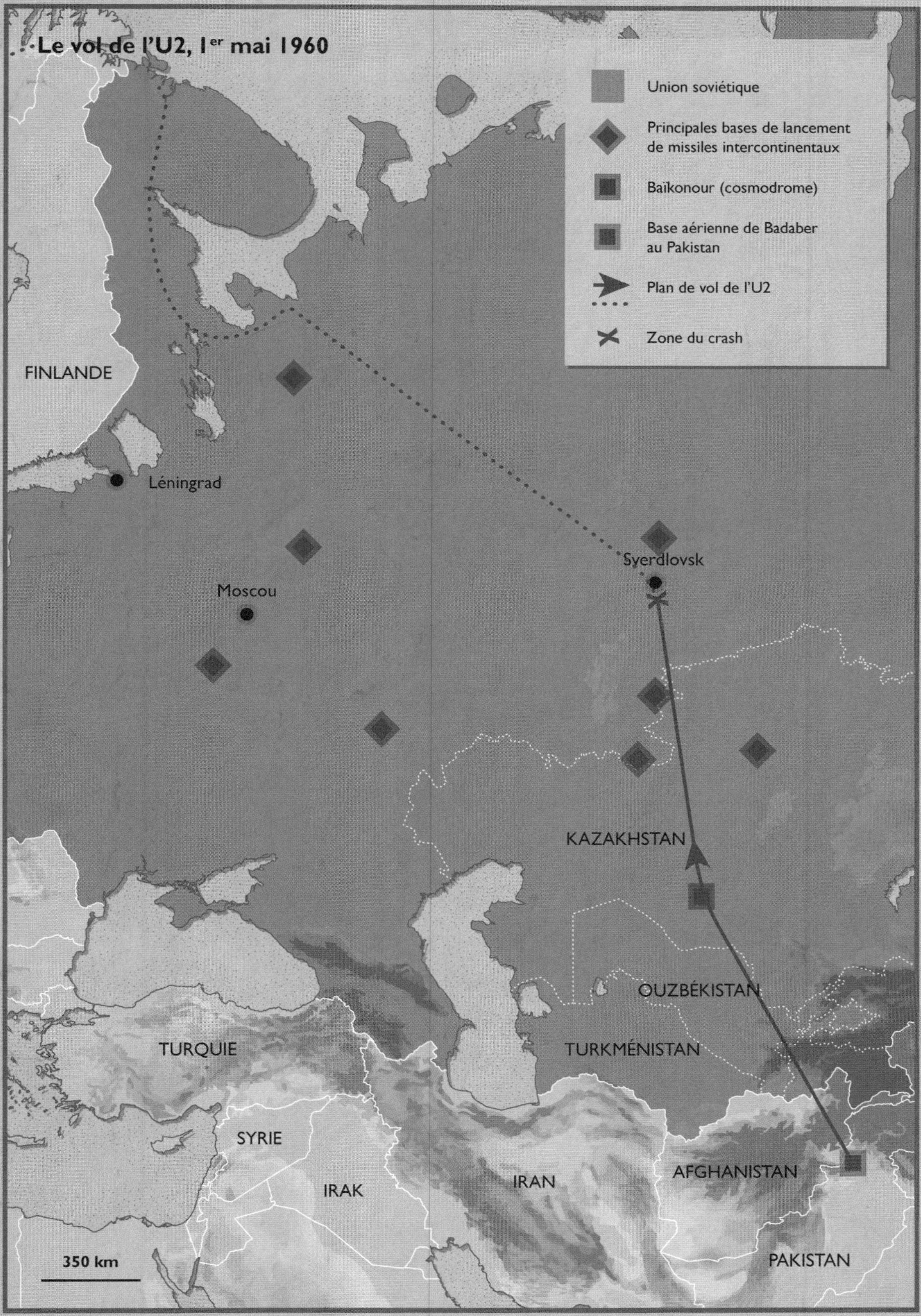
Le vol de l'U2, 1er mai 1960
Union soviétique
Principales bases de lancement de missiles intercontinentaux
Baïkonour (cosmodrome)
Base aérienne de Badaber au Pakistan
Plan de vol de l'U2
Zone du crash
FINLANDE
Léningrad
Moscou
Sverdlovsk
KAZAKHSTAN
OUZBÉKISTAN
TURKMÉNISTAN
TURQUIE
SYRIE
IRAK
IRAN
AFGHANISTAN
PAKISTAN
350 km

Le mur de Berlin, en octobre 1962.

- 1961 -

LE MUR DE BERLIN

Dans la nuit du 12 au 13 août 1961, les autorités est-allemandes isolent Berlin-Est des quartiers situés à l'ouest. À partir de cette date, la ville est coupée en deux par un mur qui est, depuis, devenu le plus grand symbole de la guerre froide.

Exil massif

La crise est l'aboutissement d'un long contentieux entre les deux blocs au sujet de la métropole allemande. En novembre 1958, Khrouchtchev exige des Occidentaux le retrait de leurs troupes de Berlin-Ouest ainsi qu'un statut de neutralité pour la ville. La manœuvre vise d'abord à renforcer la République démocratique allemande (RDA), non reconnue par les démocraties occidentales et qui connaît une émigration massive de ses ressortissants vers l'ouest. Les Alliés rejettent l'ultimatum, mais laissent la porte ouverte à des négociations. Après une conférence à Genève, une visite de Khrouchtchev aux États-Unis, en 1959, et un nouveau sommet à Paris, en 1960, aucun compromis n'est trouvé.

En juin 1961, le nouveau président américain, John F. Kennedy, rencontre Khrouchtchev à Vienne. Les Soviétiques offrent aux Américains de signer un traité de paix avec les deux Allemagne et de transformer Berlin-Ouest en ville libre, c'est-à-dire sans troupes occidentales. Le 17 juillet, les Alliés refusent la proposition. Lors d'une déclaration télévisée, Kennedy s'engage à défendre Berlin-Ouest. Pendant ce temps, l'exode des citoyens est-allemands continue : depuis 1949, près de trois millions six cent mille personnes – sur une population de seize millions d'habitants – ont déjà fui à l'ouest, menaçant la stabilité économique et politique de la RDA.

Un mur infranchissable, Berlin coupée en deux

Sous pression du leader de la RDA, Walter Ulbricht, et soucieux de ne pas perdre sa crédibilité alors que deux ans ont passé depuis son ultimatum, Khrouchtchev autorise donc le lancement de l'opération visant à isoler Berlin-Ouest. Le 12 août 1961, des milliers de policiers et de

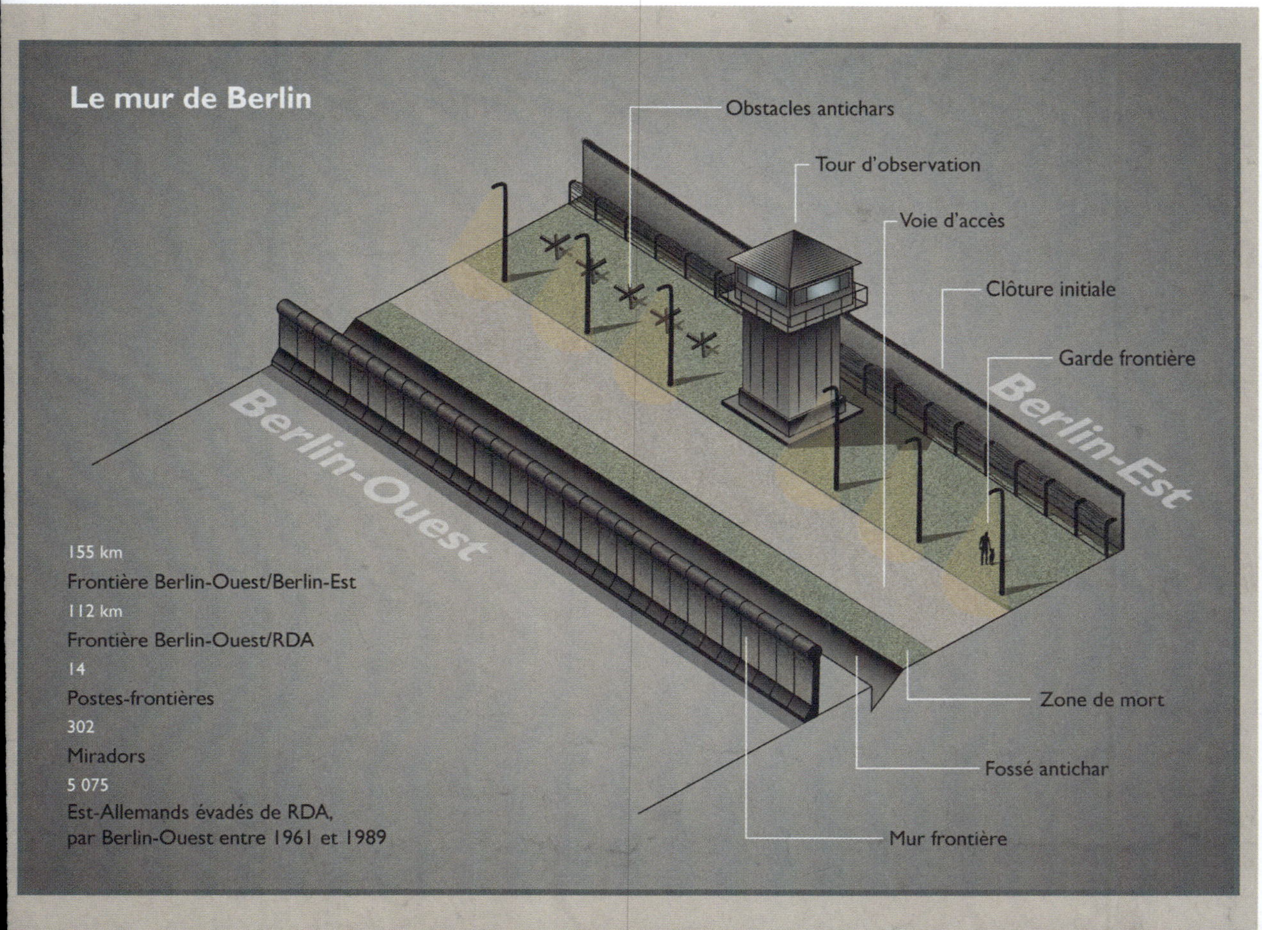

La construction du « mur de la honte » par l'armée soviétique commence en 1961.

miliciens bloquent tous les points de passage. La population berlinoise ne peut plus passer librement d'un secteur à un autre. Des familles se retrouvent déchirées. Près de cinquante mille travailleurs frontaliers, qui traversaient quotidiennement la ligne de démarcation, perdent leur emploi du jour au lendemain. Les barbelés sont vite remplacés par un mur en béton long de cent cinquante-cinq kilomètres qui isole totalement Berlin-Ouest. Seuls huit points de passages sont encore ouverts entre les deux parties de la ville. Cinq autres checkpoints permettent à Berlin-Ouest de communiquer avec la RDA. La frontière évolue encore par la suite avec la construction de deux murs parallèles de trois mètres soixante de hauteur, gardés par des gardes-frontières, jalonnés de miradors et renforcés par des fossés antichars, des barbelés ou des détecteurs de mouvements.

5000 Évasions

Pour la propagande est-allemande, cette séparation est un « mur de protection antifasciste ». Mais pour le bloc de l'Ouest, il révèle surtout l'incapacité de la RDA à retenir ses ressortissants attirés à l'ouest par de meilleures conditions de vie et une plus grande liberté. Le franchissement du mur peut entraîner des conséquences dramatiques, mais il n'empêche pas les évasions, parfois spectaculaires.

Dès sa construction, le mur est franchi par des Berlinois souhaitant passer à l'ouest. Le 15 août, le soldat Hans Conrad Schumann est immortalisé par le photographe Peter Leibing alors qu'il saute les barbelés. En 1964, des étudiants de Berlin-Ouest creusent un tunnel sous le mur pendant plusieurs mois. En deux jours, les 3 et 4 octobre, ils parviennent à faire passer cinquante-sept personnes à l'ouest. Au total, jusqu'à la chute du mur en 1989, plus de cinq mille Est-Allemands s'évadent de la RDA via Berlin.

Très vite en 1962, deux murs parallèles sont construits.

« *Ich bin ein Berliner* »

À Berlin-Ouest, des milliers de manifestants se rassemblent le 16 août derrière leur maire, Willy Brandt, pour protester contre ce qui devient vite dans la terminologie ouest-allemande le « mur de la honte ». Le 21 août, Lyndon Johnson, vice-président américain, et le général Lucius Clay, héros du blocus de 1948, effectuent un voyage à Berlin où ils rencontrent Willy Brandt et inspectent des troupes américaines. La crise atteint son paroxysme les 27 et 28 octobre lorsque des chars américains et soviétiques se font face, durant seize longues heures, à checkpoint Charlie. Pourtant, la situation s'apaise car, pour Kennedy, si le « mur n'est pas une bonne solution » il est « diablement mieux qu'une guerre ». De fait, à aucun moment les Américains n'envisagent de forcer le passage. Berlin-Ouest devient alors une vitrine du capitalisme et un symbole pour le monde occidental. Ainsi, le 26 juin 1963, en visite dans la ville, le président américain proclame : « Tous les hommes libres, où qu'ils vivent, sont citoyens [...] de Berlin-Ouest, et pour cette raison, en ma qualité d'homme libre, je dis : *Ich bin ein Berliner* [Je suis un berlinois] ». Le statut quo est finalement entériné, car les deux grands ont alors d'autres préoccupations que Berlin.

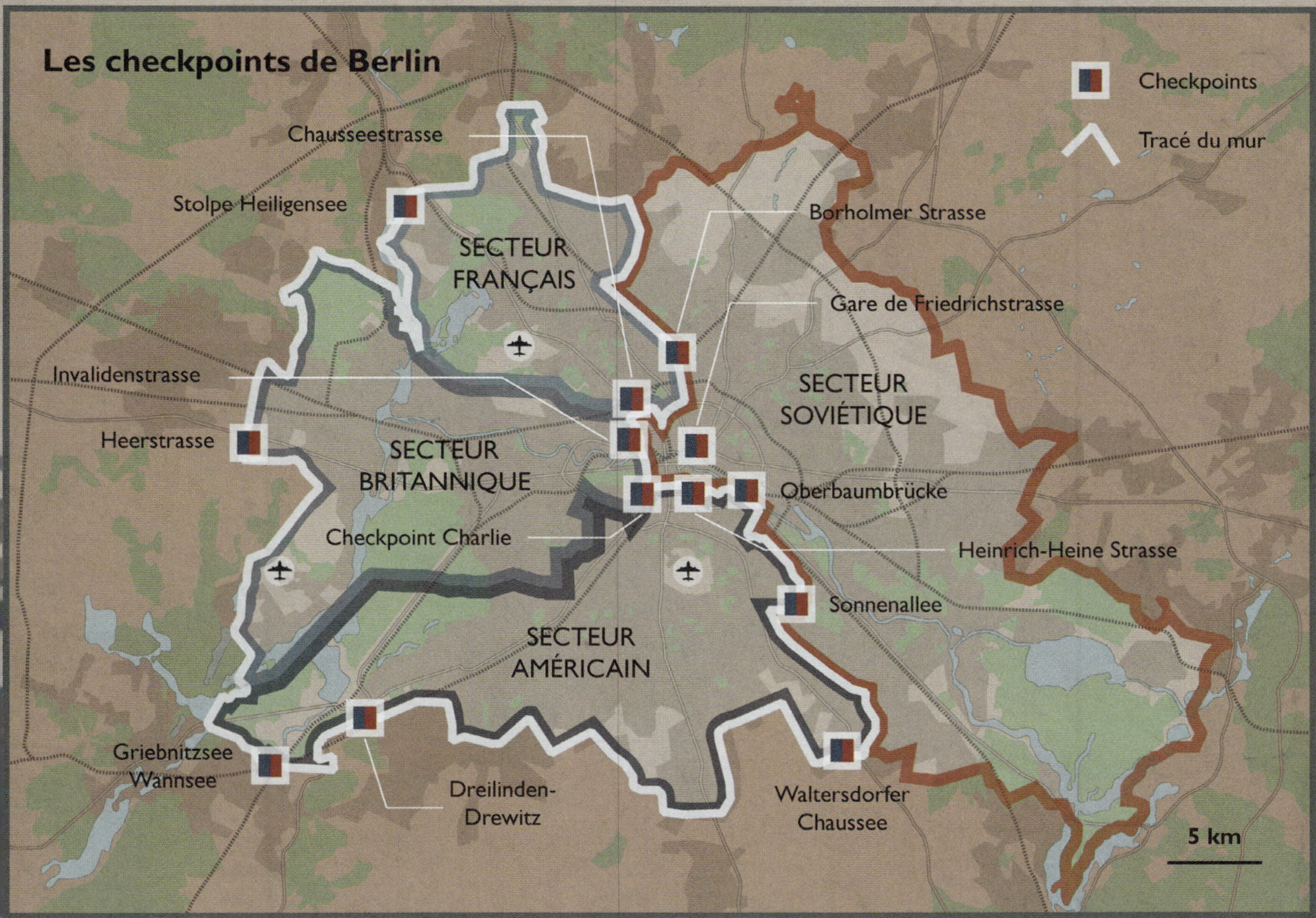

Localisation de l'arsenal nucléaire soviétique à Cuba.

- 1962 -

LA CRISE DE CUBA

En octobre 1962, les deux grandes puissances sont au bord de l'affrontement direct après la découverte par les Américains d'installations soviétiques destinées à accueillir des missiles nucléaires sur le sol cubain.

Révolution cubaine

En 1959, Fidel Castro renverse la dictature de Fulgencio Batista. Depuis 1956, les castristes, réfugiés dans la Sierra Maestra, menaient une guérilla contre le régime.

Si, dans un premier temps, les États-Unis reconnaissent le nouveau gouvernement cubain, les relations se détériorent rapidement. Les réformes envisagées par Castro, la redistribution des terres ainsi que la nationalisation de l'industrie et du secteur touristique heurtent directement les intérêts américains. Les mesures de rétorsion décidées par l'administration Eisenhower conduisent les Cubains à se rapprocher de l'URSS dès 1960.

Le fiasco de la baie des Cochons

Du 17 au 19 avril 1961, la CIA organise un débarquement anticastriste dans la baie des Cochons. Près de mille cinq cents exilés, équipés et entraînés par les Américains au Guatemala, tentent de prendre pied sur l'île, mais sont repoussés par les forces cubaines. Après cet échec, les Cubains redoutent davantage une invasion de leur île par les troupes américaines. Ils se rapprochent donc un peu plus des Soviétiques. Khrouchtchev comprend que la dégradation des rapports entre Washington et La Havane lui offre une opportunité stratégique.

Après l'échec du sommet de Vienne en juin 1961 et la construction du mur de Berlin en août, le président Kennedy a en effet durci sa posture. En novembre 1961, les Américains déploient des missiles Jupiter – missiles nucléaires de moyenne portée – en Italie, mais surtout en Turquie, pays frontalier de l'URSS. Le leader soviétique propose donc aux Cubains d'installer sur l'île des armes nucléaires, à seulement cent cinquante kilomètres des côtes de la Floride.

Fin mai 1962, les Soviétiques lancent l'opération Anadyr – plan pour le déploiement de troupes à Cuba. De juin à octobre, plusieurs convois maritimes

Le 23 octobre 1962, le président américain John Fitzgerald Kennedy signe l'interdiction de livraison d'armes offensives à Cuba.

acheminent près de cinquante mille hommes : le personnel servant les missiles nucléaires, des unités antiaériennes, un escadron d'avions de chasse et des bataillons de blindés. L'arsenal nucléaire envoyé par les Soviétiques à Cuba se compose de trente-six missiles R-12 – ou SS-4 selon le code OTAN – d'une portée de deux mille kilomètres, six missiles R-14 – ou SS-5 – d'une portée de quatre mille cinq cents kilomètres, et quatre-vingts missiles de croisière FKR-1, des armes nucléaires tactiques.

Les sites de lancement soviétiques à Cuba sont photographiés en octobre 1962 par des avions espions U-2. Cette découverte plonge aussitôt l'administration Kennedy dans l'effroi. Après plusieurs jours de discussions avec ses conseillers, le président décide d'imposer un blocus naval afin d'empêcher l'arrivée de nouvelles armes. Le 22 octobre, à l'occasion d'une allocution télévisée, il déclare que tout navire soviétique tentant de pénétrer dans la zone de quarantaine serait intercepté. Le président exige le retrait immédiat des missiles déjà présents sur le sol cubain. Le 24 octobre, une trentaine de cargos soviétiques se dirige vers Cuba. La tension monte encore d'un cran le 27 octobre, lorsqu'un avion espion américain est abattu au-dessus de l'île.

La voie diplomatique

Néanmoins, parallèlement à cette escalade, des échanges diplomatiques ont lieu entre Robert Kennedy, le frère du président américain, qui occupe les fonctions de ministre de la Justice, et l'ambassadeur soviétique aux États-Unis, Anatoli Dobrynine. Le 26, Khrouchtchev envoie à Kennedy une lettre afin de lui proposer de retirer les missiles en échange de la promesse de ne pas envahir Cuba. Dans une seconde lettre envoyée le lendemain, il conditionne également son retrait à celui des missiles Jupiter de Turquie. Le 28, Khrouchtchev annonce publiquement renoncer au déploiement d'armes nucléaires à Cuba. La fermeté de Kennedy contribue à rehausser son image. Le prestige de Khrouchtchev, en revanche, sort affaibli de ce bras de fer, car beaucoup dans son camp, notamment en Chine, y voient un signe de faiblesse. Si Castro a obtenu une promesse de non-intervention américaine contre son régime, il comprend qu'il n'a été qu'un pion dans le jeu diplomatique mené par Khrouchtchev.

Le téléphone rouge

La séquence constitue un tournant dans les relations entre les deux superpuissances, car elle ouvre une période de détente symbolisée par l'ouverture du « téléphone rouge », c'est-à-dire une ligne de communication directe entre Washington et Moscou.

Une autre conséquence non négligeable de cet épisode est la chute de Khrouchtchev en 1964. En effet, les opposants à sa politique ont pu s'appuyer sur sa gestion de la crise et les difficultés économiques pour obtenir sa destitution. Léonid Brejnev, le nouveau maître de l'URSS, le remplace à la tête du Parti communiste, tandis qu'Alexis Kossyguine est nommé à la présidence du Conseil des ministres.

La crise de Cuba, 16-29 octobre 1962

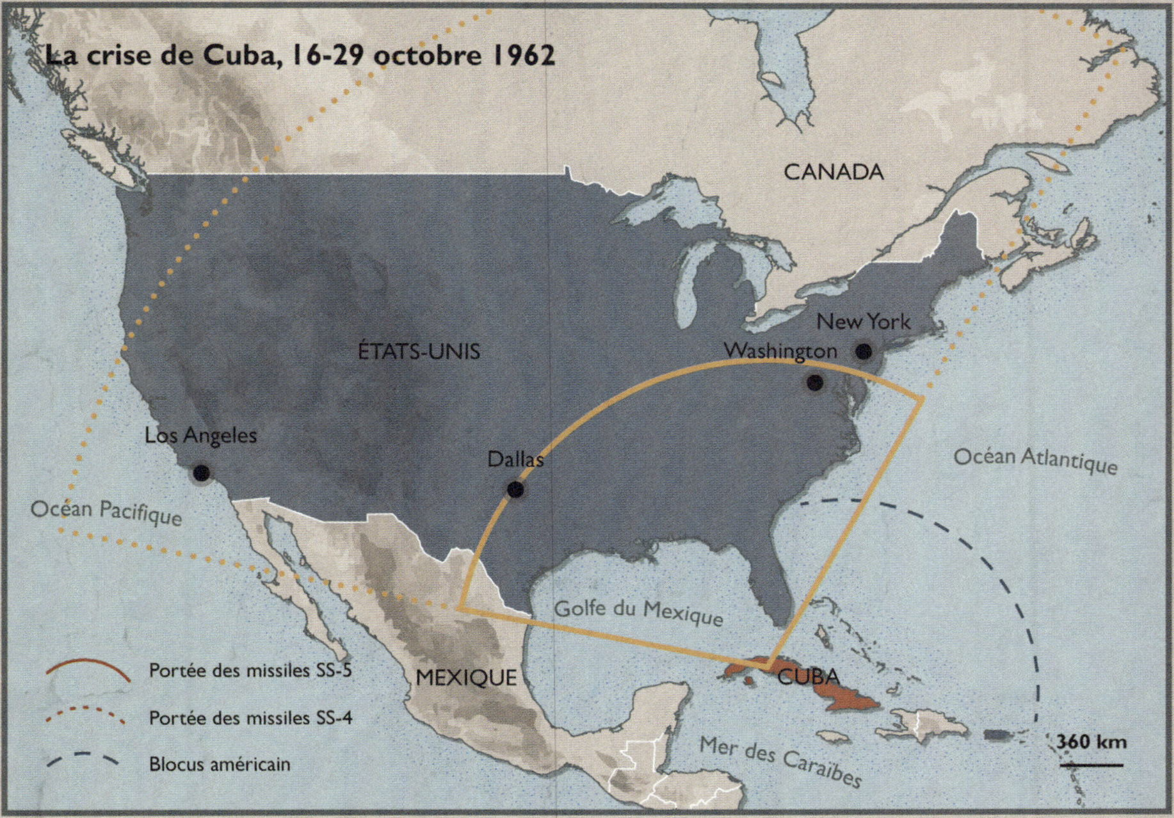

Le champignon de Baker, deuxième essai nucléaire sur l'atoll Bikini aux Îles Marshall, par les États-Unis, le 25 juillet 1946.

- ANNÉES 1960 -

LA COURSE À L'ARMEMENT NUCLÉAIRE

La surenchère nucléaire entre les États-Unis et l'URSS est l'un des traits majeurs de la guerre froide. Cette rivalité amène plusieurs fois les deux puissances au bord d'un affrontement potentiellement destructeur pour le monde.

Bombe H

Après les bombardements atomiques d'Hiroshima et Nagasaki les 6 et 9 août 1945, les États-Unis deviennent la première puissance nucléaire de l'histoire. Il s'agit là d'un avantage stratégique certain qui joue notamment un rôle lors du blocus de Berlin en 1948. Cependant, à partir de 1949, les Soviétiques se dotent également d'un arsenal atomique. Cette nouvelle est un véritable choc pour l'opinion américaine. Une course à l'armement débute alors, car, dans les deux camps, il s'agit de dissuader l'adversaire d'attaquer le premier en conservant l'avantage par le nombre d'armes détenues, mais aussi par la puissance qu'elles peuvent libérer.

Le 1er novembre 1952, dans le Pacifique sud, sur l'atoll d'Eniwetok, près de l'atoll de Bikini, les Américains testent leur première bombe H, aussi appelée bombe à hydrogène ou thermonucléaire, d'une puissance de 10,4 mégatonnes. Un an plus tard, le 12 août 1953, les Soviétiques font à leur tour exploser une bombe H. En 1961, ils provoquent la plus grosse explosion nucléaire jamais réalisée. La Tsar Bomba libère cinquante-cinq mégatonnes, soit une énergie trois mille fois supérieure à celle de Hiroshima.

Une course à l'armement

Les bombardiers stratégiques sont les premiers vecteurs de la bombe atomique. Cependant, ils se révèlent vulnérables face à des systèmes de défense antiaérienne de plus en plus sophistiqués. Les puissances nucléaires développent donc des missiles balistiques intercontinentaux (*Intercontinental Ballistic Missile*, ICBM).

Les Américains conçoivent des modèles de plus en plus perfectionnés : les lanceurs Atlas, Titan et Minuteman, tirés à partir de silos aménagés sur des sites militaires aux États-Unis, mais aussi des missiles embarqués à bord de sous-marins à propulsion nucléaire lanceurs d'engins (SNLE) : les Polaris, puis les Trident (*Submarine-Launched Ballistic Missile*, SLBM). Les années 1970 voient l'apparition des missiles à têtes multiples emportant plusieurs ogives capables de toucher des cibles différentes préprogrammées (*Multiple independently targetable reentry vehicle*, MIRV). Les armées se dotent également d'armes tactiques, de missiles de croisière tirés d'avions, de véhicules terrestres ou de navires.

« Au bord du gouffre »

Les stratégies de dissuasion évoluent concomitamment. Durant la guerre de Corée, les États-Unis envisagent un temps d'utiliser des armes tactiques afin de contrer l'intervention chinoise. En 1953, l'administration Eisenhower élabore la doctrine des

Affiche soviétique tournant en dérision l'impérialisme américain et la menace nucléaire américaine, au début des années 1950.

représailles massives selon laquelle toute attaque contre les États-Unis ou un allié de l'OTAN entraînerait une réponse nucléaire contre l'URSS.

Khrouchtchev, quant à lui, pratique une diplomatie « au bord du gouffre » en menaçant d'utiliser son arsenal lors de la crise de Suez, en 1956, ou au moment de la construction du mur de Berlin, en 1961. Cette politique mène à la crise des missiles de Cuba, en 1962, et fait prendre conscience aux deux blocs du danger d'une confrontation directe.

Riposte graduée

Après la crise de Cuba, les Américains changent de paradigme en adoptant la doctrine de la riposte graduée, ou doctrine McNamara – du nom du secrétaire à la Défense, Robert McNamara, durant les présidences Kennedy et Johnson. En effet, depuis 1957 et l'envoi du premier satellite soviétique en orbite (Spoutnik), il apparaît qu'en cas d'attaque massive de l'URSS, les États-Unis seraient aussi détruits. C'est l'équilibre de la terreur ou la destruction mutuelle assurée (MAD). Il serait peu probable, dès lors, que les Américains mettent en péril leur territoire national pour défendre un allié de l'OTAN. La doctrine McNamara prône donc, en cas d'attaque d'un pays européen par les troupes du pacte de Varsovie, l'emploi d'armes tactiques qui stopperaient l'offensive tout en préservant le territoire soviétique.

Des traités de non-prolifération efficaces ?

Les Britanniques (1952), les Français (1960), puis les Chinois (1964) développent à leur tour des arsenaux nucléaires. Dans les années 1970, le club des puissances atomiques s'élargit à plusieurs États : l'Inde, le Pakistan – deux nations antagonistes depuis l'indépendance en 1947 –, Israël et l'Afrique du Sud. Le risque est grand d'une prolifération, c'est-à-dire l'acquisition d'armes nucléaires par des États de plus en plus nombreux, voire par des acteurs privés. Un premier traité est donc conclu en 1963 pour interdire les essais atmosphériques. La France et la Chine n'y adhèrent pas.

En 1968, quarante pays signent le premier traité de non-prolifération. Celui-ci permet aux États non dotés d'accéder à l'énergie nucléaire civile. En revanche, sous le contrôle de l'ONU et de son Agence internationale de l'énergie atomique (AIEA), ils s'engagent à ne pas constituer d'arsenaux atomiques.

Toutefois, à la fin des années 1980, et malgré les traités de limitation entre les deux grandes puissances – *Strategic Arms Limitation Talks* –, SALT I (1972) et SALT II (1979), les Soviétiques détiennent plus de quarante mille ogives nucléaires, les Américains, près de vingt-cinq mille.

Armes nucléaires soviétiques, dans les années 1960.

La course à l'armement nucléaire, 1945-1990

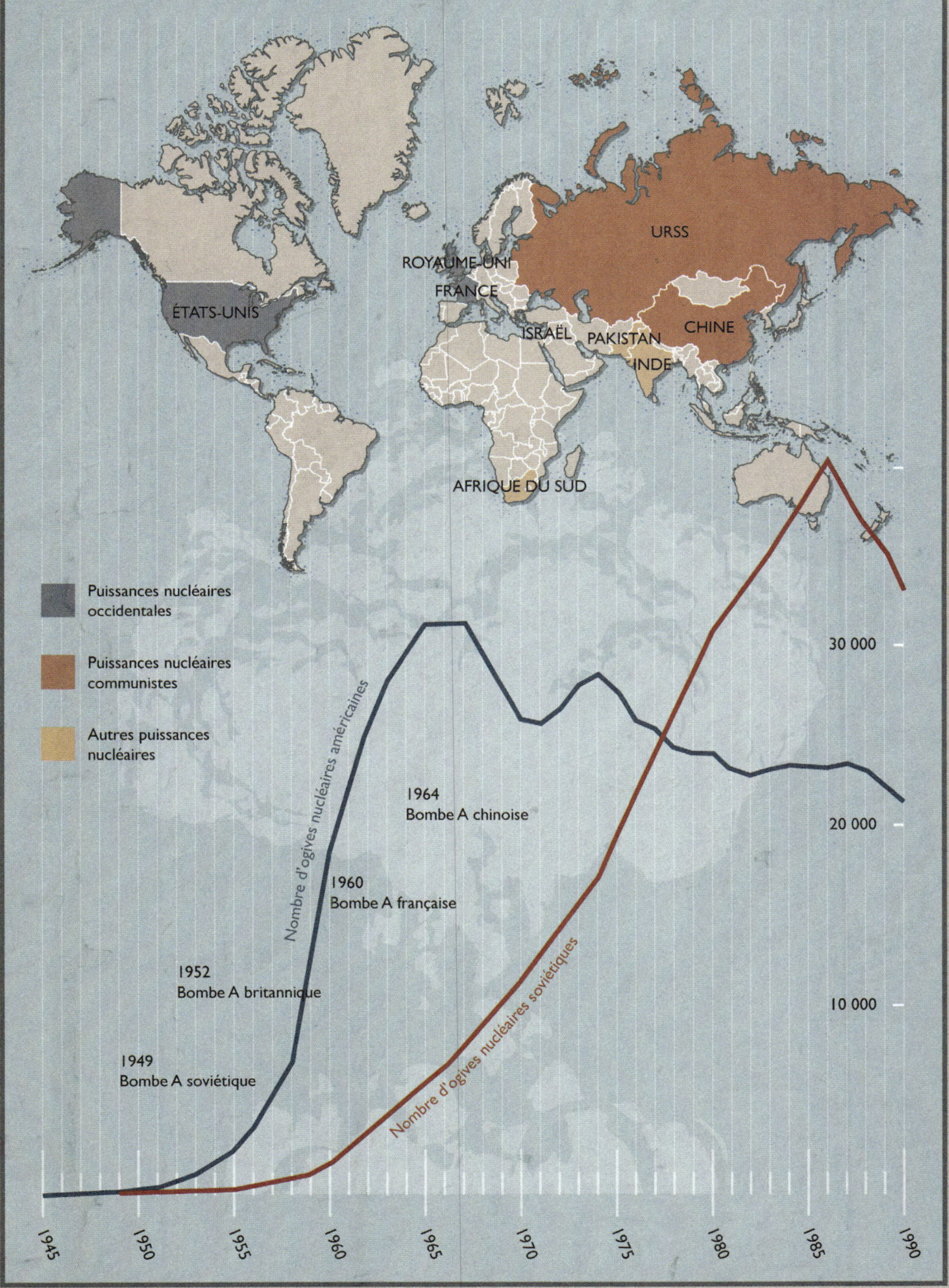

L'astronaute Edwin E. Aldrin plante sur le sol lunaire le drapeau américain lors du vol Apollo 11, en 1969.

- ANNÉES 1960 -

LA COMPÉTITION SPATIALE

Durant la guerre froide, la course à l'espace prend la forme d'une rivalité acharnée entre les États-Unis et l'Union soviétique. Les fusées ont des applications très concrètes dans le domaine militaire, puisqu'elles peuvent emporter des ogives nucléaires. La conquête spatiale est aussi pour chaque camp un moyen de démontrer la supériorité de son modèle.

La bataille de l'espace

Après 1945, les États-Unis et les Soviétiques recrutent à eux des scientifiques allemands ayant participé aux programmes des fusées V1 et V2. La maîtrise des technologies en lien avec l'astronautique est en effet une nécessité militaire, car, avec la mise au point de la bombe atomique, les fusées peuvent potentiellement être des vecteurs intercontinentaux de l'arme nucléaire.

Le 4 octobre 1957, les Soviétiques placent en orbite terrestre le Spoutnik 1, premier satellite artificiel créé par l'homme. Un mois plus tard, ils réitèrent l'exploit avec le Spoutnik 2. Pour la première fois, un astronef emmène dans l'espace un être vivant, la chienne Laïka. Malgré le décès de l'animal, l'expérience est un succès soviétique, largement relayé par la propagande communiste.

Aux États-Unis, la nouvelle provoque un choc dans l'opinion publique. L'administration Eisenhower réagit en créant, en 1958, la *National Aeronautics and Space Administration*, la célèbre NASA. Pourtant, trois ans plus tard, le 12 avril 1961, c'est l'Union soviétique qui réalise un nouvel exploit en envoyant dans l'espace un cosmonaute. À bord de son vaisseau Vostok, Youri Gagarine est ainsi le premier être humain à réaliser un vol habité autour de la Terre. À son retour, Gagarine est reçu triomphalement par les dirigeants soviétiques sur la place Rouge. Devenu une célébrité mondiale, et de ce fait un symbole pour le pouvoir communiste, il entame dès 1961 une tournée internationale, y compris dans des États occidentaux.

Maquette du premier satellite artificiel Spoutnik 1, *le 4 octobre 1957.*

Programme Apollo

Une fois encore, les Américains se sont fait devancer. Pourtant, cette même année, le programme Mercury leur permet d'envoyer Alan Shepard dans l'espace et, un an plus tard, de mettre John Glenn en orbite. En mai 1961, John F. Kennedy annonce au Congrès le lancement de l'ambitieux programme Apollo qui prévoit d'emmener sur la Lune des Américains avant la fin de la décennie. Le président, qui est arrivé à la Maison-Blanche en janvier 1961, a besoin de redorer le blason de l'Amérique après l'échec du débarquement dans la baie des Cochons et le vol de Gagarine. En outre, l'objectif se marie avec le programme de politique intérieure annoncée par Kennedy lors de la campagne présidentielle : un projet baptisé Nouvelle frontière, supposé apporter un nouvel âge d'or aux États-Unis. D'énormes ressources humaines, techniques et financières sont mobilisées pour atteindre le but fixé par l'administration Kennedy. En attendant, les Soviétiques continuent de marquer des points. La première cosmonaute, Valentina Terechkova, est envoyée dans l'espace en 1963. En 1965, Alexeï Leonov réussit à effectuer une sortie extravéhiculaire.

Toutefois, les États-Unis rattrapent peu à peu leur retard. Ainsi, grâce au programme Gemini, la NASA développe des procédures et des technologies indispensables à l'alunissage, telles que l'amarrage entre vaisseaux ou le vol spatial prolongé. En 1966, une sonde américaine atteint la Lune. Le 20 juillet 1969, la mission Apollo 11 permet à Neil

Armstrong et à Buzz Aldrin de marcher sur l'astre lunaire. Armstrong prononce alors des mots qui sont restés dans l'Histoire : « C'est un petit pas pour l'homme, mais un bond de géant pour l'humanité ». Ses paroles ont effectivement une portée mondiale, car l'événement est retransmis en direct à la télévision. Le coût du programme Apollo – près de vingt-quatre milliards de dollars – permet aux États-Unis de planter leur drapeau à trois cent quatre-vingt-quatre mille kilomètres de Washington.

Heurts et malheurs d'une aventure hors normes

Bien qu'elle soit suivie de cinq autres alunissages, la mission Apollo 11 constitue l'apogée de la conquête spatiale. En effet, à partir des années 1970, les difficultés économiques et budgétaires entraînent un ralentissement de l'aventure spatiale. La détente permet en 1975 une mission commune Apollo-Soyouz qui consiste en un rendez-vous orbital entre les deux vaisseaux. Mais l'apaisement des tensions Est-Ouest met un frein à la rivalité des deux grands dans l'espace.

L'aventure spatiale suscite en outre une certaine désaffection auprès de l'opinion américaine préoccupée par d'autres questions et marquée par des défaillances techniques, comme celle d'Apollo 13 en 1970, et, surtout, l'explosion de la navette *Challenger* en 1986. Une catastrophe qui cause le décès des sept membres d'équipage. L'exploration se poursuit néanmoins avec la mise en orbite de plus en plus de satellites militaires ou de communication, le lancement de la station spatiale internationale en 1998, mais aussi l'envoi de sondes scientifiques d'exploration dans le système solaire et au-delà.

La station spatiale internationale.

La mission Apollo 11, 16-24 juillet 1969

1

16 juillet, 13h32
La fusée Saturn V décolle depuis le centre spatial Kennedy en Floride avec les astronautes Neil Armstrong, Buzz Aldrin et Michael Collins à bord.

2

16 juillet, 16h43
Après la séparation des premiers étages de la fusée, la mission atteint une orbite terrestre basse à environ 190 km d'altitude.

3

19 juillet
Apollo 11 entre en orbite lunaire. Les astronautes préparent la descente du module lunaire (Eagle) piloté par Buzz Aldrin et Neil Armstrong.

4

21 juillet, 02h56
Dans la mer de la Tranquilité, où s'est posé le module lunaire, Armstrong prononce la célèbre phrase : « C'est un petit pas pour l'homme, un grand pas pour l'humanité ».

5

21 juillet, 17h54
Après 21 heures sur la Lune, le module Eagle quitte la surface lunaire pour rejoindre en orbite le vaisseau de contrôle Columbia.

6

24 juillet, 16h50
Le voyage retour dure trois jours. Apollo 11 amerrit dans l'océan Pacifique, où les astronautes sont récupérés par le porte-avions *USS Hornet.*

029
27
10-2

1962-1975

LA DÉTENTE

Soldats israéliens dans la bande de Gaza, le 7 juin 1967.

- 1967 -

LA GUERRE DES SIX-JOURS

Le conflit qui oppose Israël à ses voisins arabes, du 5 au 10 juin 1967, remodèle profondément les frontières du Moyen-Orient et la géopolitique de la région.

Un nouvel État

En novembre 1947, l'Organisation des Nations unies vote un plan de partage de la Palestine entre deux États, l'un juif et l'autre arabe. En effet, le Royaume-Uni, alors puissance mandataire, souhaite se retirer, car chaque jour le conflit entre les populations juives et arabes s'envenime un peu plus.

Le 14 mai 1948, David Ben Gourion proclame l'indépendance de l'État d'Israël. Aussitôt, ses voisins arabes, l'Égypte, l'Irak, la Syrie et la Transjordanie, lui déclarent la guerre. Cette première guerre aboutit à la victoire d'Israël en 1949. Près de sept cent cinquante mille Palestiniens fuient alors vers la Cisjordanie, la bande de Gaza, la Jordanie, le Liban et la Syrie. En 1956, lors de la crise de Suez, Israël s'allie avec la France et le Royaume-Uni contre l'Égypte. L'État juif est une fois encore victorieux militairement.

Des tensions constantes

Après 1956, les tensions entre Israël et ses voisins ne s'apaisent pas. Les pays arabes ne reconnaissent pas l'existence de l'État hébreu. En janvier 1964, à l'occasion du sommet de la Ligue arabe, organisé au Caire, les délégués fondent l'Organisation de libération de la Palestine (OLP). Les incidents de frontières se multiplient avec la Syrie et la Jordanie. Encouragée par ses alliés arabes, la Syrie lance des travaux de dérivation des eaux du Jourdain pour contrer un projet d'aqueduc israélien reliant le lac de Tibériade au sud du pays. L'artillerie syrienne, installée sur les hauteurs du plateau du Golan, bombarde fréquemment les populations du nord-est d'Israël. Début avril 1967, une bataille oppose d'ailleurs dans ce secteur des avions de chasse israéliens et syriens.

Dans le même temps, la politique menée par le colonel Nasser, champion de la cause arabe depuis 1956, nourrit les tensions. En 1967, l'Égypte impose la remilitarisation du Sinaï et exige pour cela le retrait de la force des Nations unies qui occupait la région depuis 1957. Le 23 mai, Nasser ordonne le blocus du détroit de Tiran, seule voie d'accès pour Israël à la mer Rouge.

Un acte de guerre

Pour Israël, ce blocus est un acte de guerre. En conséquence, le 5 juin 1967, l'État hébreu lance une attaque préventive. Son armée de l'air mène une offensive qui détruit, en quelques heures, plus de 90 % des forces aériennes de l'Égypte, de la Syrie et de la Jordanie (opération Focus). Au sud, Tsahal envahit le Sinaï et bouscule les unités égyptiennes. Il faut quelques jours seulement aux chars israéliens pour atteindre le canal de Suez. Nasser accepte un cessez-le-feu le 8 juin. Le lendemain, il annonce à son peuple la défaite et démissionne le soir même – avant de revenir très vite sur sa décision. Israël occupe désormais la bande de Gaza et le Sinaï.

À l'est, la situation est tout aussi favorable à l'État hébreu. Le 7 juin, les Israéliens prennent le contrôle de Jérusalem-Est. La portée de cet événement est immense, notamment lorsque les soldats juifs atteignent le mur des Lamentations, parmi les sites les plus sacrés du judaïsme. La Cisjordanie, administrée depuis 1948 par le royaume de Jordanie, est alors occupée. Au nord, Israël passe également à l'offensive contre la Syrie. Le 9 juin, le plateau du Golan est pris. Après deux jours de combats, les hostilités prennent fin.

Un désir de revanche et un nationalisme exacerbé

En novembre 1967, les Nations unies adoptent une résolution exigeant un retrait israélien des territoires occupés en échange de la paix avec les pays arabes. En six jours seulement, la carte du Moyen-Orient a pourtant changé. Grâce à ses victoires, l'État hébreu occupe des territoires stratégiques : la péninsule du Sinaï et la bande de Gaza, la Cisjordanie, Jérusalem-Est et le plateau du Golan.

Israël triple ainsi sa superficie et sécurise ses positions. Du côté arabe, la défaite nourrit un fort désir de revanche. Elle favorise la montée en puissance de l'OLP dont Yasser Arafat prend la tête en 1969. Les incursions en Israël de fedayin – les combattants palestiniens – à partir de la Jordanie s'intensifient. Les 20 et 21 mars 1968, l'armée israélienne attaque le camp palestinien de Karameh, situé en territoire jordanien, à trois kilomètres de la frontière. Tsahal atteint ses objectifs, mais au prix de lourdes pertes qui permettent à l'OLP de revendiquer une victoire symbolique. En septembre 1970, toutefois, les risques de déstabilisation sont tels pour le royaume jordanien que le roi Hussein II ordonne à son armée de désarmer les combattants de l'OLP. Les combats de Septembre noir font des centaines de victimes parmi les réfugiés palestiniens, entre trois mille et dix mille morts selon les estimations. Le mouvement se radicalise un peu plus.

Les actions terroristes menées par l'OLP sont nombreuses à cette période : des détournements d'avions, des attentats dans les aéroports (Athènes, Zurich), mais surtout la prise d'otages et l'exécution de onze athlètes israéliens aux Jeux olympiques de Munich, en septembre 1972.

Photographies rappelant l'entrée de l'armée israélienne dans Jérusalem-Est.

La guerre des Six-Jours, 5-10 juin 1967

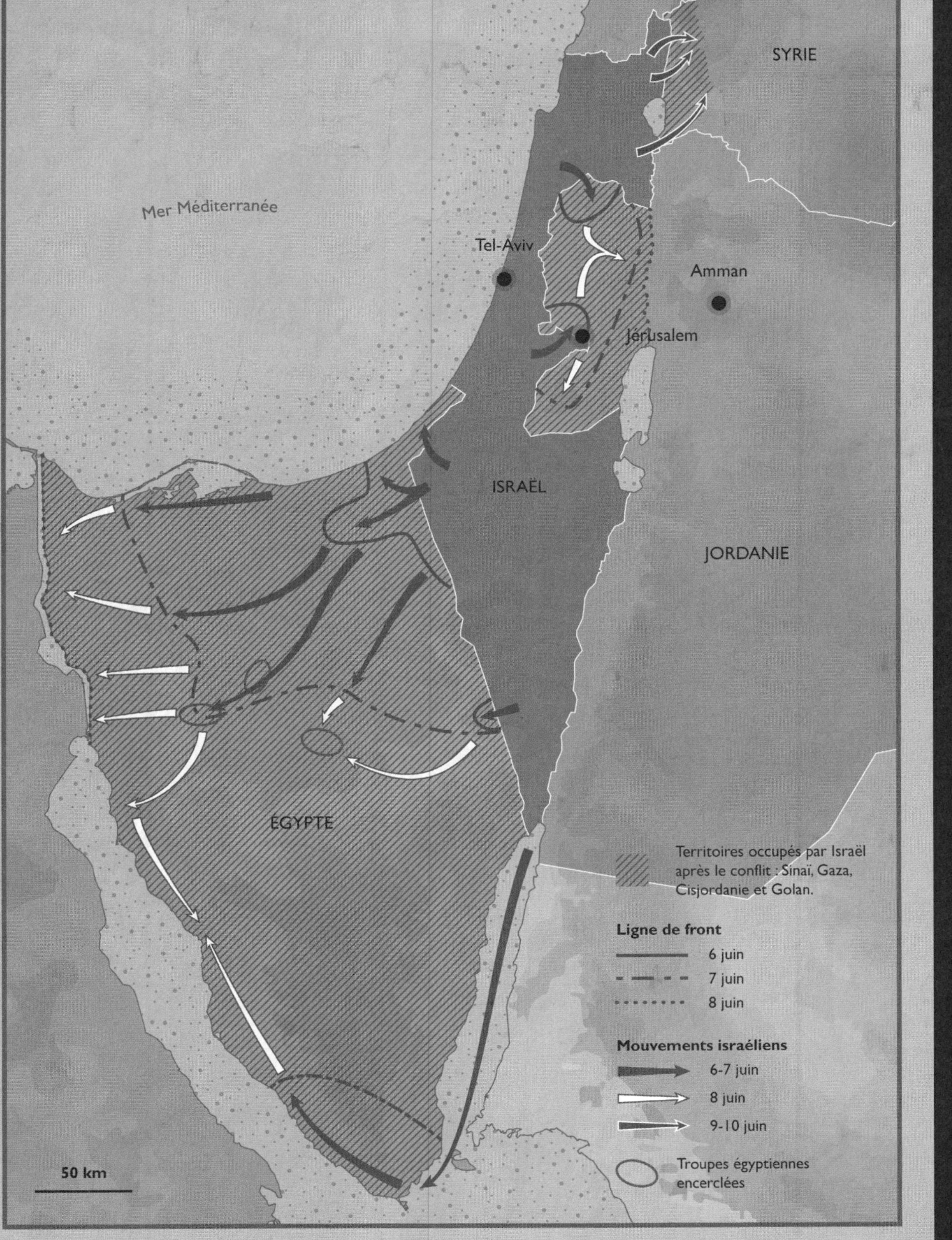

Manifestation étudiante à Prague, en août 1968.

- 1968 -
LE PRINTEMPS DE PRAGUE

À partir de janvier 1968, le gouvernement tchécoslovaque initie un processus de réformes politiques, économiques et sociales qui répond aux aspirations de la population. Toutefois, cette parenthèse de liberté tourne court car elle heurte les fondements du système soviétique en Europe de l'Est.

Un vent de liberté

Durant l'année 1968, le monde est secoué par un souffle de liberté et de révolte porté par la jeune génération née après la Seconde Guerre mondiale. Aux États-Unis, le mouvement pour les droits civiques, l'opposition à la guerre au Viêt Nam, le développement de la contre-culture nourrissent les contestations. Les valeurs traditionnelles de l'*American way of life* sont remises en question dans de nombreux domaines, particulièrement dans les arts.

L'Italie, la RFA, le Royaume-Uni, le Mexique, le Japon et la France connaissent d'importantes grèves étudiantes qui donnent lieu à des affrontements avec les forces de l'ordre. En Europe de l'Est, les régimes autoritaires dissuadent toute manifestation, à l'exception toutefois de la Pologne agitée, en mars 1968, par des rassemblements étudiants.

« Socialisme à visage humain »

En Tchécoslovaquie, la jeunesse aspire également aux changements. En effet, le mécontentement est grand face à la centralisation des institutions, le manque de liberté, la censure et la répression policière. Sur le plan économique, le pays a connu une certaine croissance dans les années 1950, mais la planification ne répond plus aux besoins des Tchécoslovaques. Les bases d'une réforme sont d'ailleurs mises en place à partir de 1965 et suscitent de grands espoirs parmi la population, notamment dans les milieux intellectuels, en pointe dans l'opposition.

C'est dans ce contexte qu'Alexander Dubček, leader des réformistes, est élu, en janvier 1968, à la tête du Parti communiste tchécoslovaque. Aussitôt, celui-ci annonce un programme, le « socialisme à visage humain », qui vise à préserver les bases du régime tout en introduisant plus de libertés politiques et économiques. Concrètement, les réformes envisagées portent sur les libertés fondamentales, la démocratisation de la vie publique, une limitation de la répression et la reconnaissance des particularismes tchèques et slovaques. En matière de politique extérieure, Dubček prône l'établissement de bonnes relations avec les pays occidentaux, mais se garde bien d'annoncer un retrait du pacte de Varsovie – comme a pu le faire Nagy en Hongrie en 1956.

Un désir de liberté

Cependant, en Union soviétique, et dans les autres pays du bloc de l'Est, ces évolutions inquiètent. Les cadres communistes craignent une contagion qui bousculerait l'ordre établi. L'une des réformes les plus redoutées est la libéralisation de la presse et des idées. En juin 1968, par exemple, l'écrivain tchécoslovaque Ludvík Vaculík publie son manifeste, *Les deux mille mots*, dans lequel il critique le conservatisme du parti communiste et exige plus de libertés. En conséquence,

Affiche éditée par les étudiants pendant les grèves de mai 1968 à Paris.

en août, au cours de la conférence de Bratislava, les dirigeants tchécoslovaques offrent des gages aux Soviétiques. Ils proclament ainsi leur attachement au marxisme-léninisme et, surtout, « leur vigilance » face aux « menées de l'impérialisme et de toutes les autres forces anticommunistes qui visent à affaiblir le rôle dirigeant de la classe ouvrière et des partis communistes ». Mais pour Brejnev, le « socialisme à visage humain » est trop dangereux, car porteur de dissidence au sein des pays satellites.

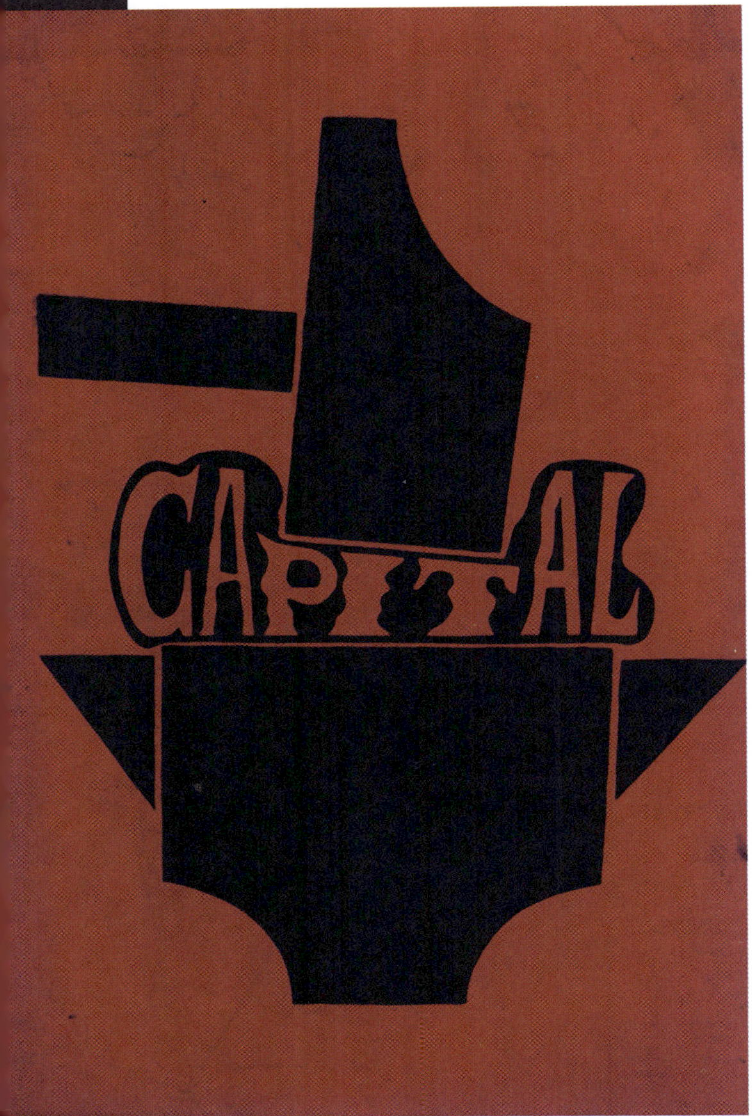

Affiche éditée en mai 1968 en France.

Une féroce répression

Dans la nuit du 20 au 21 août 1968, cinq cent mille soldats et six mille chars pénètrent en Tchécoslovaquie (opération *Danube*). Les unités sont pour la plupart soviétiques, mais quatre autres pays du pacte de Varsovie fournissent également des troupes : la Bulgarie, la Hongrie, la Pologne et la RDA. En revanche, la Roumanie et l'Albanie s'abstiennent. En quelques heures seulement, les troupes du pacte contrôlent Prague et les lieux de pouvoir. La résistance est essentiellement le fait de la population civile qui manifeste pacifiquement, notamment à Prague. En avril 1969, Alexander Dubček est remplacé par Gustáv Husák, marquant le début de la « normalisation », c'est-à-dire la fin des réformes libérales.

Dans les mois qui suivent l'invasion, nombreux sont les Tchécoslovaques à quitter le pays. En janvier 1969, un étudiant, Jan Palach, s'immole par le feu à Prague en signe de protestation. Son exemple est suivi, quelques semaines plus tard, par deux autres compatriotes, Jan Zajíc et Evžen Plocek.

La répression soviétique inspire le romancier Milan Kundera qui publie, en 1982, *L'insoutenable légèreté de l'être*. À l'étranger, les partis communistes occidentaux, en France et en Italie, condamnent l'intervention. Pour les dirigeants soviétiques, la répression se justifie par l'adoption de la doctrine Brejnev, selon laquelle l'URSS est autorisée à interférer dans les affaires intérieures des pays du pacte de Varsovie où se feraient jour des velléités de multipartisme et de libéralisation. Dit autrement, les États satellites sont souverains, à la condition qu'ils ne dévient pas de la ligne fixée par l'Union soviétique.

Opération Danube, 20-21 août 1968

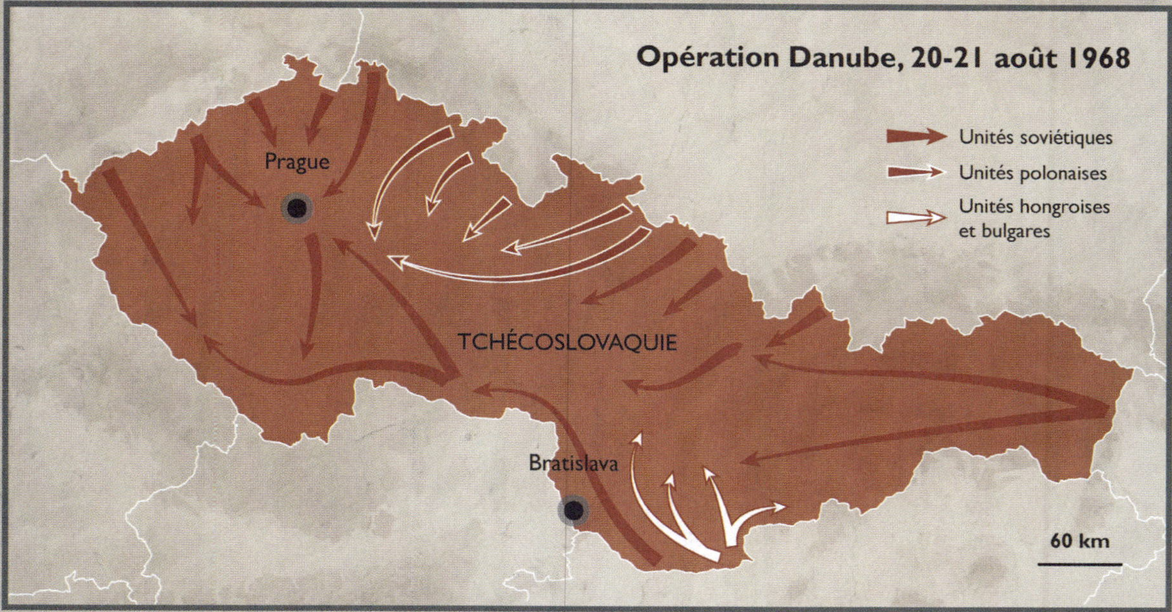

Un des premiers bombardements sur le Nord Viêt Nam par l'armée américaine, le 14 juin 1966.

- 1955-1975 -

LA GUERRE DU VIÊT NAM

Fidèles à leur politique d'endiguement du communisme en Asie du Sud-Est, les États-Unis s'enlisent, entre 1955 et 1975, dans un terrible conflit au Sud Viêt Nam qui aboutit à leur retrait et à la réunification du pays.

Un pays coupé en deux

Après la défaite de la France à Diên Biên Phu en mai 1954, les accords de Genève divisent le Viêt Nam en deux entités distinctes de part et d'autre du 17e parallèle. Au nord, la République démocratique du Viêt Nam est dirigée par le communiste Hô Chi Minh, le leader historique de l'indépendance. Cet État bénéficie du soutien de la Chine et de l'Union soviétique. Au sud, à partir de 1955, la république du Viêt Nam est aux mains du président Ngô Đinh Diệm. Soutenu par les États-Unis, ce dernier instaure un régime autoritaire dans lequel les élections ne sont pas libres et les oppositions systématiquement réprimées. Issu de la minorité catholique dans un pays majoritairement bouddhiste, Diệm pratique le népotisme en confiant à son frère et à sa belle-sœur des postes clés. Le 11 juin 1963, un moine bouddhiste, Thích Quảng Đức, soixante-six ans, s'immole au centre de Saïgon. Cet acte de protestation contre les persécutions religieuses est photographié par Malcolm Browne, correspondant de l'agence Associated Press.

La théorie des dominos

Dès 1957, le Front national de libération du Sud Viêt Nam, aussi appelé Viet-Cong, prend les armes contre le gouvernement de Diệm. Le mouvement insurrectionnel est soutenu et armé par le Nord Viêt Nam via la piste Hô Chi Minh – un réseau de chemins traversant la jungle du Laos et du Cambodge. À partir de 1960, il peut aussi compter sur la bienveillance politique du Cambodge. À la tête de ce royaume, Norodom Sihanouk se rapproche en effet de la Chine et rompt progressivement avec Washington. Selon la logique d'endiguement et la théorie des dominos, les États-Unis commencent alors à soutenir militairement la république du Sud Viêt Nam afin d'éviter une expansion du communisme en Asie du Sud-Est. En novembre 1963, un coup d'État militaire renverse le président Diệm, mais le nouveau régime ne parvient pas à contenir la rébellion.

Une guérilla sans merci

Aux États-Unis, après l'assassinat du président John F. Kennedy à Dallas le 22 novembre 1963, Lyndon B. Johnson accède au Bureau ovale peu de temps après la chute de Diệm. À cette date, plus de seize mille conseillers militaires américains sont déjà présents au Sud Viêt Nam.

Dès le 26 novembre, Johnson signe le *National Security Action Memoranda 273*. Le document annule une décision de Kennedy ordonnant le rapatriement d'un millier de soldats américains, première étape d'un désengagement d'Asie du Sud-Est. Au début du mois d'août 1964, des torpilleurs nord-vietnamiens et des destroyers américains échangent des tirs dans le golfe du Tonkin. Cet incident autorise le Congrès des États-Unis à voter une résolution donnant au président Lyndon B. Johnson les pleins pouvoirs afin de déclarer la guerre au Nord Viêt Nam. L'engagement américain franchit un nouveau degré.

La 7e flotte est déployée en mer de Chine. Les troupes au sol passent de quelque vingt mille hommes à plus de cent quatre-vingt mille militaires. L'*Air Force*, quant à elle, entame une campagne de bombardements massifs sur le Nord Viêt Nam et la piste Hô Chi Minh au Laos (opération Rolling Thunder). Par la suite, les forces américaines ne cessent de croître : trois cent quatre-vingt-dix mille hommes en décembre 1966, cinq cent dix mille à la fin 1967.

Un conflit de plus en plus dénoncé

Aux États-Unis, et dans le monde, les critiques sont toujours plus nombreuses contre cet engagement qui prend de plus en plus l'allure d'un enlisement. Car, malgré les déclarations de l'administration Johnson et du haut commandement, la résistance du Nord Viêt Nam et du Viet-Cong ne semble pas faiblir alors que les pertes américaines ne cessent d'augmenter. En janvier 1968,

Affiche allemande dénonçant l'engagement des États-Unis dans la guerre.

l'offensive du Têt – le Nouvel An vietnamien –, menée par les communistes dans tout le pays, abasourdit les Américains.

La vietnamisation

L'arrivée au pouvoir de Richard Nixon en janvier 1969 ouvre une nouvelle ère. Consciente que la guerre est une source de division de l'opinion américaine, la Maison-Blanche opte pour une autre stratégie : la vietnamisation du conflit, c'est-à-dire le renforcement de l'armée du Sud Viêt Nam et le retrait progressif des troupes américaines.

Nixon ordonne également l'élargissement des bombardements au Cambodge et au Laos afin de détruire les bases arrière du Viêt-Cong. Il s'agit en effet de renforcer la position américaine, d'autant que des pourparlers de paix sont ouverts à Paris depuis 1968. Ces derniers aboutissent en 1973 à la signature d'accords qui permettent aux États-Unis de sortir du conflit. Les hostilités entre le Nord et le Sud Viêt Nam continuent néanmoins.

Le 30 avril 1975, alors que les hélicoptères évacuent le personnel de l'ambassade américaine, les troupes communistes investissent Saïgon. Le pays est réunifié, mais il est dévasté par des années de guerre. Plus de trois millions de Vietnamiens sont morts. Les États-Unis ont perdu près de cinquante-huit mille soldats et sortent traumatisés du conflit, comme en témoignent les nombreuses œuvres de fictions, notamment cinématographiques, qui ont été consacrées au conflit.

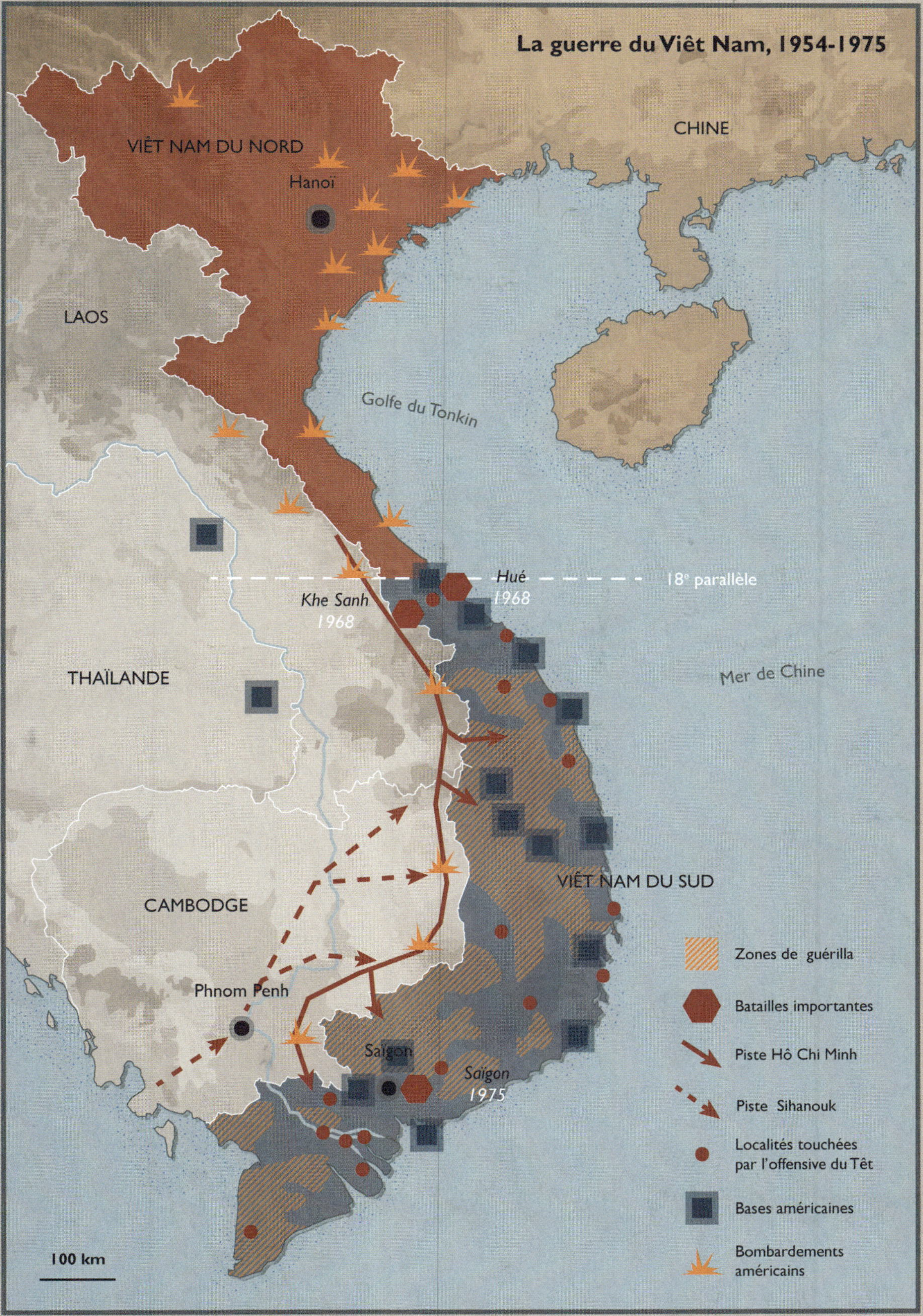
La guerre du Viêt Nam, 1954-1975
CHINE
VIÊT NAM DU NORD
Hanoï
LAOS
Golfe du Tonkin
18e parallèle
Hué
1968
Khe Sanh
1968
THAÏLANDE
Mer de Chine
VIÊT NAM DU SUD
CAMBODGE
Phnom Penh
Saïgon
Saïgon
1975
Zones de guérilla
Batailles importantes
Piste Hô Chi Minh
Piste Sihanouk
Localités touchées par l'offensive du Têt
Bases américaines
Bombardements américains
100 km

Le mur de Berlin dans les années 1970.

- 1969 -

L'*OSTPOLITIK* DE WILLY BRANDT

Entre 1969 et 1974, sous l'impulsion de son chancelier Willy Brandt, la République fédérale d'Allemagne entame un virage diplomatique en normalisant ses relations avec les pays du bloc de l'Est, et notamment la RDA.

Un pas vers l'Est

La République fédérale est solidement ancrée dans le bloc occidental via son adhésion à l'OTAN et à la CEE. S'estimant le seul gouvernement allemand légitime, et donc la seule entité à représenter l'ensemble de la nation allemande, la RFA a toujours refusé de dialoguer avec les représentants est-allemands. La doctrine Hallstein, du nom du secrétaire d'État aux Affaires étrangères du chancelier Konrad Adenauer, stipule que l'État ouest-allemand romprait tous liens avec un pays qui reconnaîtrait la RDA, à l'exception de l'URSS. Les choses évoluent à partir de 1969 et l'accession à la chancellerie de Willy Brandt.

Personnalité politique issue du Parti social-démocrate (SPD), Willy Brandt a été président de la Chambre des députés de Berlin, puis bourgmestre-gouverneur de la ville, de 1957 à 1966. Il est donc en poste lors de la construction du mur en août 1961. Président du SPD, il est nommé vice-chancelier et ministre fédéral des Affaires étrangères en 1966. En octobre 1969, Willy Brandt est élu à la tête du gouvernement fédéral. Le chancelier initie alors une *Ostpolitik* – ou « politique vers l'Est » – qui constitue pour la diplomatie ouest-allemande une révolution, car elle normalise les relations avec les pays du bloc de l'Est, en particulier avec la RDA, l'Union soviétique, la Tchécoslovaquie et la Pologne.

Une nouvelle idée de l'Europe ?

L'objectif de Willy Brandt est d'apaiser le climat diplomatique en Europe, et ainsi de jeter les bases d'une paix à long terme. Cette ouverture à l'Est se traduit par la signature d'une série de traités bilatéraux, à Moscou et à Varsovie, en août et décembre 1970, ainsi qu'à Prague, en décembre 1973. Ces textes reconnaissent les frontières issues de la Seconde Guerre mondiale, notamment la ligne Oder-Neisse séparant l'Allemagne et la Pologne. À cela s'ajoutent des gestes symboliques, comme la visite de Willy Brandt au mémorial du ghetto de Varsovie en décembre 1970 afin de demander pardon pour les crimes perpétrés par l'Allemagne nazie durant la guerre.

En parallèle des accords bilatéraux, des négociations multilatérales sur la sécurité européenne, en particulier autour de la question de Berlin, sont menées. Ces discussions débouchent sur l'accord quadripartite concernant Berlin en 1971. Celui-ci permet de garantir l'accès à Berlin-Ouest. En outre, l'*Ostpolitik* influence la Conférence sur la sécurité et la coopération en Europe (CSCE), qui se conclut par les accords d'Helsinki en 1975.

« Deux États, une nation »

Surtout, grâce à l'*Ostpolitik*, les deux Allemagnes opèrent un indéniable rapprochement. Brandt déclare que les deux États allemands, bien que distincts, appartiennent à la même nation, d'où la célèbre formule : « deux États, une nation ». En 1972, les deux gouvernements signent le Traité fondamental dans lequel ils se reconnaissent mutuellement sans pour autant fermer la porte à une éventuelle réunification. Ce texte marque un tournant dans les relations intra-allemandes, facilitant les échanges économiques entre les deux entités.

En 1988, la RFA est le premier fournisseur de la RDA (12 % du commerce extérieur), mais les échanges interallemands représentent moins de 2 % du commerce de la République fédérale. La balance commerciale est donc largement favorable à la RFA. Les échanges culturels se développent également. Or ces derniers influencent l'opinion est-allemande. Dans les années 1970, les autorités estiment que 85 % de la population de la RDA capte les chaînes de télévision occidentales. Les régions de Dresde et de Rostock ne pouvant recevoir les émissions de l'ouest sont surnommées les « vallées des innocents ». La Stasi s'inquiète des effets sur les mentalités est-allemandes et le système socialiste, car ces programmes sont une fenêtre, au-delà du mur, sur les libertés dont jouissent les Occidentaux.

« Sans la paix, rien n'a de valeur » (Willy Brandt)

Finalement, l'*Ostpolitik* permet à la République fédérale d'Allemagne de se positionner sur la scène diplomatique européenne, et cela malgré les critiques des partis de centre-droit, la CDU/CSU, qui craignent un renoncement à l'objectif de réunification allemande.

En 1971, Willy Brandt est récompensé par le prix Nobel de la paix pour sa politique. Le chancelier est pourtant contraint de démissionner en mai 1974, peu de temps après l'arrestation de son conseiller personnel, Günter Guillaume, et de sa femme, Christel Guillaume, deux espions est-allemands infiltrés au plus près du pouvoir. L'*Ostpolitik* n'en demeure pas moins un succès : elle vient de poser les bases d'un dialogue entre les deux Allemagnes.

Le chancelier Willy Brandt au début des années 1970.

L'*Ostpolitik* de Willy Brandt, 1969-1974

Richard Nixon et Zhou Enlai à Pékin, en 1972.

- 1972 -

LA VISITE DE NIXON EN CHINE

En 1972, la visite en République populaire de Chine du président des États-Unis, Richard Nixon, normalise les relations entre Washington et Pékin. Prenant à revers les Soviétiques, ce rapprochement acte la rupture sino-soviétique.

Chine-URSS : le point de rupture

En 1949, la victoire de Mao fait basculer la Chine dans le camp soviétique. Le régime chinois devient un puissant moteur de la progression communiste en Asie. Il soutient l'invasion de la Corée du Sud par le Nord et la lutte du Viêt Nam contre les Français, puis contre les Américains. Après la mort de Staline, Mao prend toutefois ses distances avec l'URSS de Nikita Khrouchtchev, qu'il critique pour sa politique de déstalinisation et de coexistence pacifique. La rupture survient au début des années 1960.

En 1962, alors que la Chine et l'Inde s'affrontent à cause d'un différend frontalier, l'URSS soutient publiquement l'État indien. La chute de Khrouchtchev en 1964 et l'arrivée au pouvoir de Léonid Brejnev n'améliorent pas les relations sino-soviétiques. Le Parti communiste chinois rompt tous ses liens avec son homologue. En 1969, Chinois et Soviétiques s'affrontent directement à l'occasion d'une série d'incidents sur leur frontière commune.

« Un voyage pour la paix »

Richard Nixon, pourtant connu pour ses positions anticommunistes depuis la chasse aux sorcières lancées dans les années 1950 par le sénateur McCarthy, est le premier homme politique américain à déceler dans cette rupture une opportunité. Arrivé à la Maison-Blanche en janvier 1969, le président américain opère un virage diplomatique. En novembre 1970, Mao et son Premier ministre, Zhou Enlai, l'invitent officieusement. Henry Kissinger, le conseiller présidentiel à la sécurité nationale, relatera dans ses mémoires que le président juge alors la proposition prématurée. Mais, en février 1971, la Maison-Blanche fait un pas vers la Chine.

Dans un rapport sur la politique étrangère présenté au Congrès, Nixon évoque en effet la « République populaire de Chine », et non la « Chine rouge », comme cela était auparavant l'usage dans l'administration américaine. Surtout, il affirme : « Au cours de cette décennie, le défi le plus important sera [...] d'amener la République populaire de Chine à nouer des relations constructives avec la communauté internationale. » En mars 1971, à l'occasion des championnats du monde de tennis de table au Japon, les Chinois invitent leurs homologues américains à venir dans leur pays. À une époque où les voyages de citoyens américains en Chine continentale sont peu nombreux, il faut seulement une semaine pour que les athlètes américains honorent l'invitation. La « diplomatie du ping-pong » permet à Nixon d'annoncer le 15 juillet son attention de se rendre à son tour à Pékin pour ce qu'il qualifie être « un voyage pour la paix ». De retour d'un déplacement au Pakistan, Henry Kissinger fait alors secrètement une escale en Chine afin de préparer ce rapprochement. En octobre, le conseiller effectue un second voyage qui, cette fois, est rendu public. Au même moment, la République populaire est admise à l'ONU où elle remplace Taïwan au Conseil de sécurité.

Le président Nixon et Mao Zedong, en Chine, en 1972.

Statu quo taïwanais

Le 21 février 1972, l'avion présidentiel américain atterrit à Pékin. Nixon est accueilli par Zhou Enlai, puis présenté à Mao Zedong. Pendant sept jours, Américains et Chinois discutent des futures relations diplomatiques et économiques entre les deux pays. Et surtout de Taïwan, dont les États-Unis demeurent le principal soutien. Nixon visite ensuite plusieurs sites emblématiques : la grande muraille et la Cité interdite à Pékin, les villes de Hangzhou et de Shanghai, où un communiqué officiel est publié afin d'exposer les positions respectives des deux puissances. Si elles reconnaissent leurs divergences, les parties s'engagent à dialoguer et à développer leurs échanges diplomatiques, culturels et économiques, dans un objectif de paix. Les Américains prennent acte que « tous les Chinois considèrent que Taïwan fait partie de la Chine ». Le communiqué entérine donc un statu quo quant au rattachement de l'île à la République populaire.

Des relations diplomatiques durables ?

Les deux nations déclarent enfin leur opposition à toute forme d'hégémonie, visant ainsi implicitement l'Union soviétique. Ce rapprochement permet aux États-Unis de rééquilibrer leur position en Asie alors qu'ils cherchent à sortir du conflit au Viêt Nam. L'image de Nixon sur le plan intérieur sort grandie de ce retournement d'alliance.

En 1974, George H. W. Bush devient le représentant officiel américain à Pékin. Le 1er janvier 1979, les deux pays établissent des relations diplomatiques officielles qui jettent les bases de l'ouverture progressive de la Chine au monde ; ouverture qui s'accélère après la mort de Mao en 1976. Arrivé au pouvoir en 1978, Deng Xiaoping engage en effet d'importantes réformes qui ouvrent le pays aux investissements étrangers et à l'économie de marché. En 1980, les premières zones économiques spéciales sont ainsi créées.

Richard Nixon et le président Chinois, en 1972.

La Chine, conflits et ouverture, 1950-1980
URSS
MONGOLIE
CHINE
TIBET
INDE
Pékin
Shanghai
Hong-Kong
CORÉE DU NORD
CORÉE DU SUD
JAPON
TAÏWAN
480 km
A
B
C
D
D
E
E
F
Les conflits de la Chine à ses frontières
A Guerre de Corée, 1950-1953
B Invasion du Tibet, 1950-1951
C Crises de Taïwan, 1954-1955, 1958
D Guerre sino-indienne, 1962
E Guerre sino-soviétique, 1969
F Guerre sino-vietnamienne, 1979
Premières zones économiques spéciales
Bases américaines
États alliés des États-Unis
Chine
URSS
États communistes

Le président américain Jimmy Carter et le dirigeant soviétique Leonid Brejnev lors de la signature des accords SALT II à Vienne, le 18 juin 1979.

- 1972-1979 -
LES TRAITÉS SALT

Au cours de la décennie 1970, la détente diplomatique entre les deux blocs permet la signature des traités SALT (*Strategic Arms Limitation Talks*). Ces accords constituent une tentative de limitation de la course à l'armement nucléaire entre les États-Unis et l'URSS.

Contrôler l'arsenal nucléaire

En octobre 1962, au cours de la crise de Cuba, et après plusieurs années de surenchère dans la constitution d'un arsenal atomique, Américains et Soviétiques se retrouvent au bord d'un affrontement direct. Il s'en suit un réchauffement dans les relations diplomatiques, mais les deux puissances continuent de renforcer leurs forces nucléaires. Au tournant des années 1960 et 1970, le nombre d'ogives dans les deux camps atteint la parité.

Cette compétition pèse lourd dans les budgets nationaux. Or la période se caractérise par des difficultés financières et budgétaires. Aux États-Unis, la guerre du Viêt Nam creuse le budget fédéral. En 1971, Nixon met fin à la convertibilité du dollar en or, mettant ainsi un terme au système monétaire créé en 1944 à Bretton Woods. En 1973, l'économie américaine, comme celles de l'ensemble du monde occidental, est frappée par le choc pétrolier qui marque la fin d'une longue période de croissance, les Trente Glorieuses. En URSS, l'importance des dépenses militaires pose également des problèmes dans un pays qui connaît une baisse de la productivité et des pénuries. En outre, l'escalade nucléaire est potentiellement dangereuse pour la stabilité mondiale, une paix à laquelle aspirent alors aussi bien les dirigeants soviétiques qu'américains. En juin 1967, le président Johnson et le Premier ministre Kossyguine se rencontrent donc à Glassboro, dans le New Jersey. Ils posent les premiers jalons des négociations concernant le contrôle des arsenaux atomiques.

SALT I

Le premier traité, SALT I, est signé le 26 mai 1972 à Moscou par le président américain Richard Nixon et le dirigeant soviétique Léonid Brejnev. Il comprend deux volets principaux : un accord provisoire sur la limitation des systèmes stratégiques et le traité ABM (*Anti-Ballistic Missiles*). Ce dernier encadre la défense antimissile. Soviétiques et Américains reconnaissent en effet que la multiplication de systèmes antimissiles ne peut que pousser l'adversaire à produire toujours plus d'armes offensives.

Pour enrayer ce cercle vicieux, il faut donc garantir des capacités mutuelles de représailles, c'est là le fondement de l'équilibre de la terreur, ou *Mutual assured destruction* (MAD). Autrement dit, la peur de la destruction est un facteur de paix. Un plafond est fixé pour les missiles balistiques

Affiche en faveur des accords SALT, en 1972.

intercontinentaux (ICBM) et les engins embarqués sur des sous-marins (SLBM) : respectivement mille cinquante-quatre et six cent cinquante-six pour les Américains, mille six cent dix-huit et sept cent quarante pour les Soviétiques.

L'URSS obtient donc un avantage numérique, mais c'est là sans compter les vecteurs américains déployés en Europe et au Japon ainsi que les forces nucléaires des pays alliés, la France et le Royaume-Uni. Il faut noter que les quotas ne concernent pas le nombre d'ogives, or chaque missile peut emporter plusieurs têtes nucléaires. SALT I entre en vigueur le 3 octobre 1972 pour une durée de cinq ans.

SALT II à l'épreuve

Durant l'intervalle, les discussions se poursuivent. SALT II est conclu le 18 juin 1979 à Vienne. Jimmy Carter a remplacé Richard Nixon. Léonid Brejnev représente toujours l'Union soviétique. Ce nouvel accord établit des limitations plus strictes que le précédent, notamment en ce qui concerne les missiles intercontinentaux et les armes portées par des bombardiers.

Les plafonds pour les systèmes de lancement sont fixés, pour chaque camp, à deux mille deux cent cinquante unités avec des limites à ne pas dépasser pour les missiles balistiques intercontinentaux dotés de têtes multiples (MIRV) : huit cent vingt ICBM, mille deux cents SLBM et mille trois cent vingt missiles de croisière. Le texte introduit également des restrictions quant au développement de nouveaux systèmes d'armes, notamment les MIRV ou l'envoi d'armes nucléaires dans l'espace.

Cependant, la mise en œuvre de SALT II est compromise par la détérioration des relations entre les deux superpuissances. En effet, l'Union soviétique envahit l'Afghanistan en 1979. Et cette intervention est utilisée par le Sénat américain pour justifier son refus de ratifier l'accord.

START

La course à l'armement nucléaire reprend donc de plus belle. Toutefois, les accords SALT permettent de poser les bases de la maîtrise des arsenaux.

En novembre 1985, la rencontre à Genève du président Ronald Reagan et de Mikhaïl Gorbatchev, secrétaire général du Parti communiste de l'URSS, relance le processus. Les négociations aboutissent, dans les années 1990, aux traités START (*Strategic Arms Reduction Treaty*), qui vont plus loin que la limitation des arsenaux, puisqu'il s'agit alors de réduire le nombre d'armes détenues par les États.

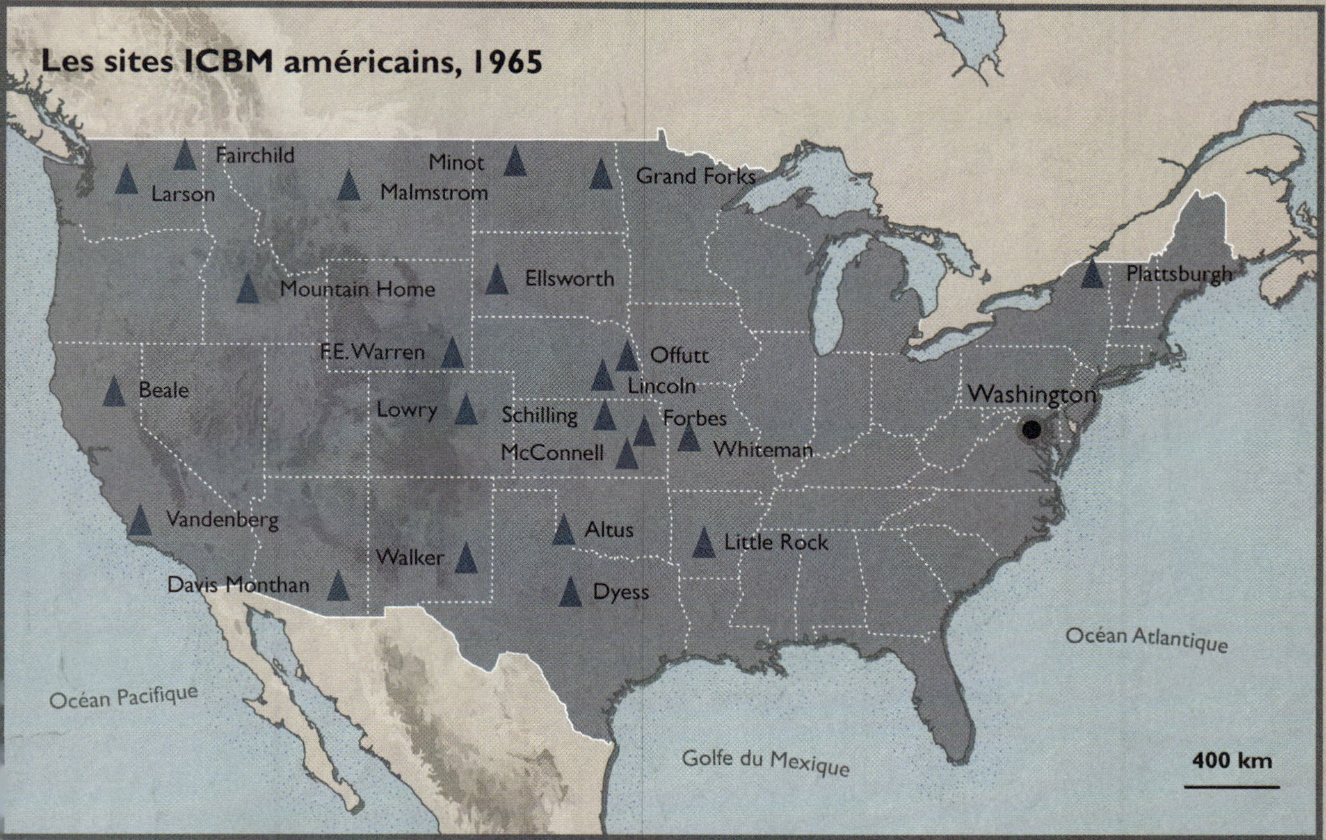
Les sites ICBM américains, 1965
Fairchild
Larson
Minot
Malmstrom
Grand Forks
Mountain Home
Ellsworth
Plattsburgh
F.E. Warren
Offutt
Lincoln
Beale
Lowry
Schilling
Forbes
McConnell
Whiteman
Washington
Vandenberg
Altus
Little Rock
Walker
Davis Monthan
Dyess
Océan Atlantique
Océan Pacifique
Golfe du Mexique
400 km

Les sites ICBM soviétiques, 1965
Mer de Barents
Mer des Laptev
Plessetsk
Yedrovo
Moscou
Yur'ya
Kozelsk
Verkhnyaya Salda
Tyumen
Itatka
Gladkaya
Mer d'Okhotsk
Teykovo
Novosibirsk
Svobodny
Omsk
Kostroma
Drovyanaya
Olovyannaya
Shadrinsk
Perm
Yoshkar-Ola
450 km

Le désert du Sinaï, à la frontière entre Israël et l'Égypte.

- 1973 -

LA GUERRE DU KIPPOUR

Le 6 octobre 1973, l'Égypte attaque par surprise les forces israéliennes positionnées sur le canal de Suez. Cette offensive constitue le premier acte de la guerre du Kippour – ou guerre du ramadan pour les pays arabes – entre Israël et une coalition menée par l'Égypte et la Syrie

Le bras de fer

Depuis 1967, les Israéliens occupent le plateau du Golan, au nord de leur territoire, et le Sinaï égyptien, au sud. Tsahal a fortifié une ligne de défense le long du canal de Suez, la ligne Bar-Lev. En Égypte, la mort de Nasser en septembre 1970 a amené Anouar el-Sadate au pouvoir. Plus modéré, Sadate est malgré tout résolu à restaurer la souveraineté égyptienne sur le Sinaï. L'Égypte envoie donc des signaux à l'administration Nixon. Mais les Américains et les Israéliens maintiennent un statu quo favorable à la sécurité de l'État hébreu. Le conseiller à la sécurité nationale, puis secrétaire d'État Henry Kissinger espère en outre que l'Égypte rejoigne le camp occidental en échange d'une intercession américaine. En effet, en mai 1971, l'Égypte a signé un traité d'amitié avec l'Union soviétique qui équipe et entraîne son armée.

L'Égypte à l'offensive

Dans l'objectif de faire bouger les lignes, mais aussi pour répondre aux demandes des militaires qui réclament une revanche, Sadate forme une alliance avec Hafez el-Assad, le leader syrien. Ce dernier, arrivé aux affaires en 1971, souhaite en effet reprendre le Golan aux Israéliens. La Jordanie reste en dehors de la coalition. Le royaume est affaibli par les événements du Septembre noir de 1970 qui ont opposé son armée aux *fedayin* palestiniens réfugiés sur son territoire. Quant à l'URSS, elle est engagée dans une politique de détente avec les États-Unis et craint qu'un conflit n'éclate dans la région. Pour avoir les mains libres, Sadate expulse les conseillers militaires soviétiques en juillet 1972.

Le 6 octobre 1973 – jour de la fête juive du Yom Kippour, et pendant le mois du ramadan pour les musulmans –, l'aviation égyptienne attaque par surprise les positions israéliennes sur le canal de Suez. Des unités s'infiltrent derrière la ligne Bar-Lev pour préparer la traversée du canal. Au soir du 6 octobre, protégés par leurs missiles antiaériens, les Égyptiens contrôlent une zone qui s'étend à quinze kilomètres au-delà du canal. Dans le Golan, l'attaque initiale syrienne remporte des succès face à des forces israéliennes en sous-effectif. Cependant, Tsahal se reprend et, le 10, les Syriens sont en difficulté. Le lendemain, les chars israéliens avancent en direction de Damas. Seul l'envoi de renforts par d'autres pays arabes empêche Israël de continuer sa progression.

Le 14, dans le Sinaï, Sadate ordonne à ses généraux de reprendre l'offensive. L'attaque a cependant affaibli le dispositif égyptien, car les forces d'assaut s'éloignent de leurs bases d'approvisionnement. À la tête d'une division, le général Ariel Sharon – futur ministre des Affaires étrangères et Premier ministre d'Israël – profite de cette opportunité. Il enfonce les lignes ennemies et traverse le canal. Les blindés de Tsahal s'engouffrent dans la brèche, puis détruisent des batteries antiaériennes égyptiennes qui menaçaient l'aviation israélienne. Les unités de Sharon se dirigent vers Ismaïlia, au nord. En quelques jours, elles sont parvenues à une centaine de kilomètres du Caire. Une autre division commandée par le général Avraham Adan atteint Suez et isole ainsi la 3e armée égyptienne.

Le chemin vers la paix

Le 22 octobre, le Conseil de sécurité adopte une résolution appelant les parties à un cessez-le-feu. Toutefois, en l'absence de moyens pour imposer la trêve, les Israéliens maintiennent leur tentative d'encerclement de la 3e armée égyptienne à l'est de Suez. Sadate fait alors appel aux Soviétiques afin qu'ils s'adressent aux États-Unis. Le message de Brejnev y est reçu comme un ultimatum. Les Américains se mettent en état d'alerte nucléaire. Il s'agit peut-être d'une tentative de Nixon pour détourner l'attention de l'opinion publique, alors qu'il est englué dans l'affaire du Watergate. Le 26, les armes se taisent.

Le conflit provoque le premier choc pétrolier – une hausse conséquente du prix du baril décidée par les pays arabes en réponse au soutien occidental à Israël. Le 17 septembre 1978, après treize jours de négociations dirigées par le président des

États-Unis, Jimmy Carter, à Camp David, Anouar el-Sadate et le Premier ministre israélien, Menahem Begin, signent à la Maison-Blanche deux accords-cadres afin de normaliser les relations entre les anciens ennemis. Les deux dirigeants reçoivent conjointement le prix Nobel de la paix 1978. Le 26 mars 1979, conformément au protocole arrêté six mois auparavant, l'Égypte et Israël concluent un traité de paix.

Le dirigeant égyptien Anouar el-Sadate et le Premier ministre israélien, Menahem Begin, lors des Accords de Camp David, à Washington, en 1978.

Reconnaître l'État hébreu

En échange de la restitution du Sinaï – effective en 1982 –, l'État hébreu obtient des garanties quant à la libre circulation de ses navires dans le détroit de Tiran. Surtout, après trente années d'existence – et de conflits –, Israël est reconnu par un pays frontalier. Beaucoup, dans le monde arabe, vivent ce rapprochement comme une trahison. Sadate sera assassiné en 1981 par un groupe islamiste en raison, notamment, de sa politique de paix.

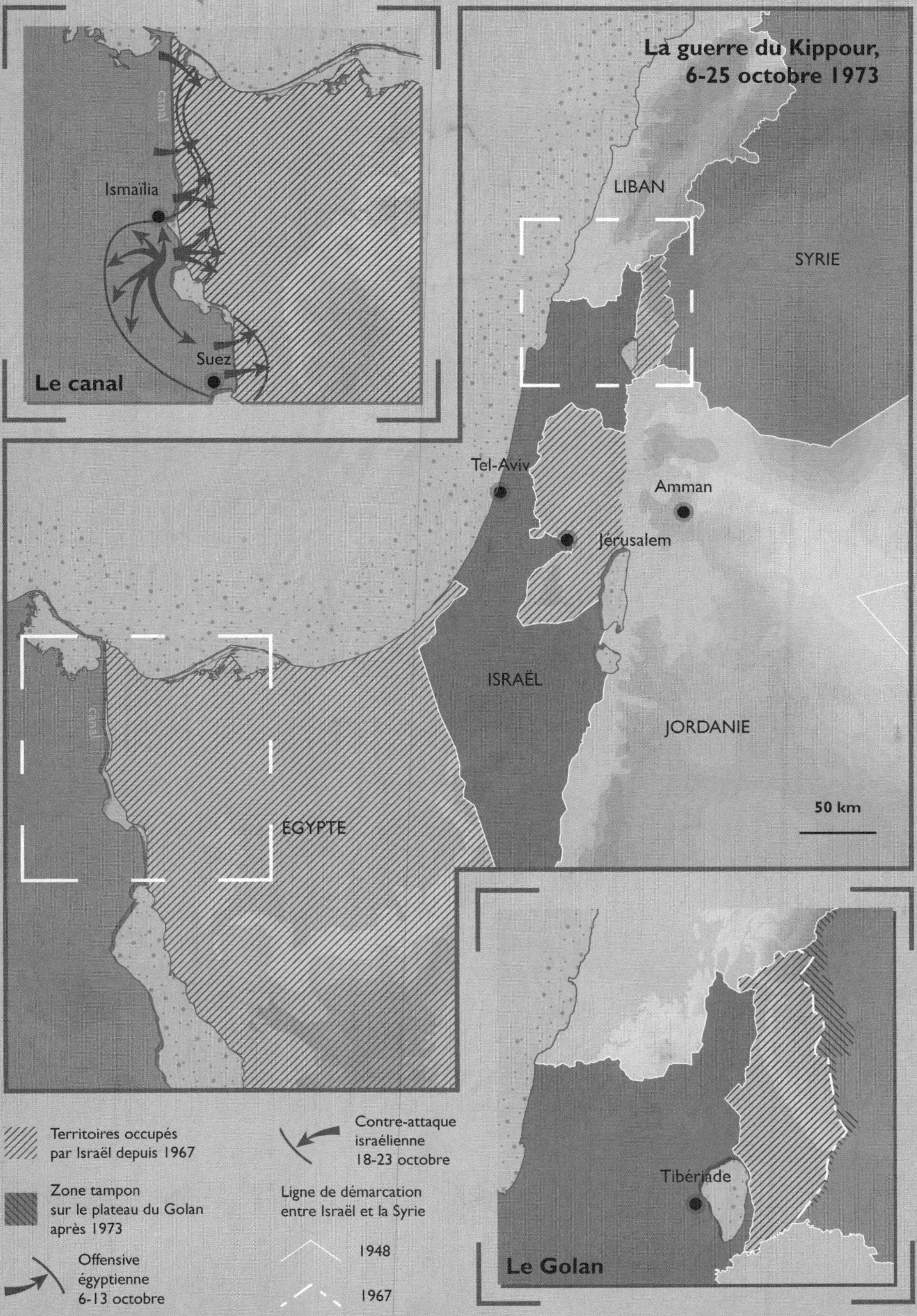
La guerre du Kippour, 6-25 octobre 1973
Le canal
canal
Ismaïlia
Suez
LIBAN
SYRIE
Tel-Aviv
Amman
Jérusalem
ISRAËL
JORDANIE
EGYPTE
canal
50 km
Le Golan
Tibériade
Territoires occupés par Israël depuis 1967
Zone tampon sur le plateau du Golan après 1973
Offensive égyptienne 6-13 octobre
Contre-attaque israélienne 18-23 octobre
Ligne de démarcation entre Israël et la Syrie
1948
1967

Manifestation en soutien à Salvador Allende, en septembre 1973.

- 1973 -

COUP D' ÉTAT AU CHILI

Le 11 septembre 1973, le président chilien élu de façon démocratique, Salvador Allende, est renversé par un coup d'État militaire soutenu par les États-Unis.

L'endiguement ou l'ambivalente stratégie américaine

Depuis le XIXe siècle, les États-Unis considèrent l'Amérique du Sud comme leur arrière-cour. Leur politique en la matière est théorisée dès 1823 (doctrine Monroe). Elle engendre, en 1898, un conflit contre l'Espagne qui leur permet de prendre le contrôle de Porto Rico et de Cuba. En 1903, Washington impose un protectorat au Panamá afin de terminer le projet de creusement du canal devant relier la mer des Caraïbes à l'océan Pacifique. Durant la guerre froide, les Américains sont attentifs à ne pas laisser des régimes communistes s'installer dans leur zone d'influence. La politique d'endiguement justifie ainsi le renversement, en 1954, de Jacobo Árbenz Guzmán au Guatemala, puis, à partir de 1959, les tentatives de déstabilisation du régime cubain. Elle explique également l'appui américain aux forces conservatrices, voire réactionnaires, ainsi que le soutien apporté à de nombreux coups d'État en Amérique latine, comme au Brésil, en 1964, ou en Bolivie, en 1971.

En 1970, Salvador Allende est élu démocratiquement président du Chili. Il porte le programme de l'Union populaire, une alliance des partis de gauche. Le nouveau dirigeant lance ainsi des réformes profondes : redistribution des terres, nationalisation des mines de cuivre, et d'une partie du secteur bancaire.

En réaction à la victoire d'Allende, les États-Unis réduisent alors leur aide au Chili. Le président chilien cherche d'autres soutiens. Il se tourne vers Cuba et l'Union soviétique. En novembre 1971, Fidel Castro effectue une visite officielle au Chili. En décembre 1972, c'est au tour d'Allende d'être reçu à Moscou. Ce rapprochement nourrit encore un peu plus l'hostilité des Américains envers un gouvernement qui, par ailleurs, heurte leurs intérêts économiques. En 1970, le conseiller du président Nixon, Henry Kissinger, déclare à propos de la situation au Chili : « Je ne vois pas pourquoi il faudrait s'arrêter et regarder un pays devenir communiste à cause de l'irresponsabilité de son peuple. » Sur le plan intérieur, Allende doit faire face à la défiance des milieux conservateurs, mais aussi à celle d'une part de plus en plus grande de la classe moyenne qui souffre de l'inflation galopante et des pénuries. Le climat social se détériore. Les grèves se multiplient. La CIA appuie au moins financièrement les partis et les journaux hostiles à Allende.

La CIA contre Allende

En mars 1973, l'opposition remporte la majorité des sièges au parlement chilien. Trois mois plus tard, les violences obligent le gouvernement à proclamer l'état d'urgence. À la fin du mois de juin, un régiment de blindés se soulève, mais la tentative de coup d'État est réprimée par des forces loyalistes. Durant l'été, une grève des camionneurs soutenue par la CIA paralyse le pays. En août, le général Augusto Pinochet est nommé commandant en chef des forces armées. Son prédécesseur, le général Prats, loyaliste, a été poussé à la démission par l'opposition en raison de sa gestion des grèves. Le début du mois de septembre est marqué par de grandes manifestations à Santiago.

Le coup d'État militaire

Le 11 septembre, au petit matin, la ville de Valparaíso est investie par les troupes de la marine. Le général Pinochet supervise le coup d'État à Santiago. Les militaires assiègent le palais présidentiel de la Moneda où Allende s'est retranché. Après s'être adressé une dernière fois aux Chiliens à la radio, le président se suicide durant l'assaut du palais.

Aussitôt, la junte militaire, composée par les chefs des quatre corps d'armée, confisque le pouvoir, instaure un couvre-feu, dissout le parlement et fait arrêter les principaux dirigeants des partis de gauche. Les libertés fondamentales, notamment la liberté de la presse, sont suspendues. Des milliers de personnes sont incarcérées, torturées ou exécutées. Les opposants sont détenus dans des centres d'internement, comme le Stade national de Santiago.

Un régime violent et brutal

Le régime adopte une politique économique néolibérale, influencée par les « Chicago Boys », un groupe d'économistes chiliens formés à l'Université de Chicago. Inspirés par Milton Friedman, ceux-ci prônent des privatisations massives et la mise en place d'une déréglementation stricte. Si ces mesures permettent de stabiliser l'inflation, elles creusent les inégalités et affaiblissent le tissu social du pays. Les oppositions ne peuvent cependant s'exprimer en raison de la répression maintenue par la dictature.

En 1980, Pinochet fait adopter une nouvelle constitution qui lui permet de se maintenir au pouvoir jusqu'en 1988. Lors d'un référendum national organisé à l'issue de son mandat, la majorité des Chiliens se prononce pour son départ. Pinochet demeure toutefois chef des forces armées jusqu'en 1998. Son régime se caractérise pourtant par la violence et une violation systématique des droits de l'Homme. Ainsi, le Rapport Rettig – ou « Rapport de la Commission nationale vérité et réconciliation » –, publié en 1991, estime que, durant la dictature, plus de deux mille deux cents personnes ont été tuées ou portées disparues, des centaines d'autres ont été torturées.

Augusto Pinochet, vers 1974.

Le coup d'État à Santiago du Chili, 11 septembre 1973

1

05h00
De retour d'un exercice avec l'*US Navy*, l'infanterie de marine se soulève à Valparaiso. Au petit matin, la ville est aux mains de l'armée.

2

07h30
Averti du coup de force, le président Salvador Allende organise la résistance, entouré de quelques fidèles, au palais présidentiel de La Moneda.

3

08h30
Les militaires proclament le couvre-feu et suspendent la liberté de la presse. Les collaborateurs d'Allende évacuent le palais présidentiel.

4

09h15
Le palais de La Moneda est encerclé par l'armée. Le président Allende s'adresse à la radio et déclare qu'il refuse de se rendre.

5

11h50
Le palais présidentiel est bombardé. Deux Hawker Hunter attaquent La Moneda par les airs. Salvador Allende se suicide.

6

14h00
Les militaires lancent l'assaut final sur le palais présidentiel. Durant plusieurs semaines, les opposants sont traqués, arrêtés et regroupés au Stade National. Au total, près de 40 000 personnes y auraient été détenues.

Stade National

Commémoration du coup d'État au Chili, à La Moneda, le 11 septembre 1973.

- 1973 -

L'OPÉRATION CONDOR

À partir de 1975, plusieurs pays d'Amérique du Sud, dirigés par des régimes dictatoriaux, mènent, avec le soutien des États-Unis, une lutte coordonnée contre leurs opposants politiques, une véritable campagne de répression qu'ils baptisent opération Condor.

L'Amérique des dictatures

Au milieu des années 1970, l'Amérique du Sud est dominée par des régimes conservateurs, autoritaires ou dictatoriaux, arrivés au pouvoir par des coups de force, souvent avec l'appui des Américains. Le Paraguay est ainsi dirigé depuis 1954 par le général Alfredo Stroessner. Au Brésil, les militaires sont au pouvoir depuis 1964. En Bolivie, le général Banzer a évincé le socialiste Juan José Torres en 1971. La dictature militaire s'installe en 1973 en Uruguay. Au Pérou, le régime de Juan Velasco Alvarado, plutôt hostile aux États-Unis, est remplacé par celui du général Francisco Morales Bermúdez, plus favorable au grand frère américain. Au Chili, un violent coup d'État militaire renverse le gouvernement socialiste en 1973. En Argentine, enfin, le général Videla instaure une dictature en 1976.

Traquer les opposants à tout prix

La plupart de ces régimes justifient le recours à la violence politique par l'existence sur leur territoire d'organisations armées d'obédiences socialistes, communistes ou marxistes. Il existe en effet une forte tradition de lutte armée en Amérique latine qui remonte à Simón Bolívar et qui s'inspire du succès de la révolution cubaine en 1959. Néanmoins, dans plusieurs pays (Venezuela, Guatemala, Pérou, Bolivie, Argentine, Uruguay et Brésil), les guérillas ont été durement réprimées à la fin des années 1960. En 1967, Ernesto Che Guevara, combattant révolutionnaire, héros de la révolution cubaine, meurt ainsi, les armes à la main, en Bolivie. Mais, aux yeux des dictatures, la définition des éléments subversifs dépasse largement le seul profil du guérilléro, puisque sont assimilés à des terroristes les syndicalistes, les responsables du monde associatif, les militants de gauche, les journalistes, les intellectuels ou autres libéraux.

Dans ce contexte, le Chili initie entre 1973 et 1975 une coopération des services de répression et de renseignements de plusieurs États : le Chili, l'Argentine, l'Uruguay, le Paraguay, la Bolivie et le Brésil, mais aussi, dans une moindre mesure, l'Équateur et le Pérou. Ce programme est baptisé opération Condor. Elle facilite la surveillance, les arrestations, les enlèvements, les détentions et les assassinats au-delà des frontières nationales. Aux yeux des régimes, cette coopération est d'autant nécessaire que l'établissement des dictatures a forcé à l'exil les opposants, souvent réfugiés dans les pays voisins.

Les Archives de la Terreur

En 1992, à la suite de la chute de la dictature au Paraguay (1989), un professeur et ancien opposant, Martín Almada, découvre des documents qui révèlent l'ampleur de cette campagne de répression transnationale. Ces « Archives de la Terreur » permettent d'identifier des milliers de victimes, mais surtout d'incriminer les pays impliqués et de

Ernesto Che Guevara, vers 1967.

documenter leurs crimes. Outre la torture systématique, l'opération a donné lieu à des méthodes brutales, comme les « vols de la mort » qui consistent à jeter des prisonniers vivants d'hélicoptères ou d'avions – afin de se débarrasser des corps – ou, comme en Argentine, l'enlèvement des enfants d'opposants, confiés à d'autres foyers.

En 1974, le général Prats, le prédécesseur de Pinochet resté fidèle au gouvernement démocratiquement élu, est assassiné en Argentine par la DINA, la police secrète de la dictature chilienne. La répression ne se limite pas à l'Amérique du Sud, puisque des opérations ont lieu également aux États-Unis et en Europe. Elle touche aussi des ressortissants de pays tiers. En octobre 1974, Bernardo Leighton, ancien leader démocrate-chrétien chilien, est ainsi blessé lors d'un attentat qui le vise à Rome. En septembre 1976, Orlando Letelier, ancien ministre des Affaires étrangères du gouvernement d'Allende, est tué dans l'explosion de sa voiture à Washington.

En 1977, deux religieuses françaises, Alice Domon et Léonie Duquet, sont enlevées par les militaires argentins pour leur soutien au mouvement des Mères de la place de Mai, une association qui recherche les personnes disparues après leur arrestation. Les deux femmes sont torturées plusieurs jours avant d'être victimes d'un « vol de la mort ». Maintenir les familles des disparus dans l'ignorance du sort de leurs proches contribue ainsi à maintenir les sociétés dans un état de terreur.

Au service des dictatures

Il est probable que Washington ait été au courant de ce programme et que les services de renseignement américains lui ont, au moins, apporté une aide logistique.

L'opération Condor n'est pas sans rappeler la campagne d'assassinats ciblés menée par la CIA au Viêt Nam (opération *Phoenix*). D'ailleurs, un grand nombre d'officiers des services de contre-espionnage des régimes sud-américains sont passés par « l'École des Amériques », un centre de formation à la lutte anti-insurrectionnelle situé sur une base de l'*US Army*, Fort Benning, en Géorgie. Des sources affirment en outre que certains instructeurs y étaient d'anciens militaires français ayant pratiqué la torture lors de la guerre d'Algérie.

L'Amérique des dictatures, 1970-1980
CUBA
NICARAGUA
1937-1979
PANAMA
1968-1990
VENEZUELA
COLOMBIE
GUYANA
SURINAM
GUYANE (Fr.)
ÉQUATEUR
1976-1979
PÉROU
1975-1980
BRÉSIL
1965-1985
BOLIVIE
1971-1982
CHILI
1973-1990
PARAGUAY
1954-1989
URUGUAY
1973-1984
Siantago
ARGENTINE
1976-1983
MALOUINES (R.-U.)
1 GUATEMALA 1954-1984
2 BÉLIZE
3 SALVADOR 1931-1992
4 HONDURAS 1963-1982
5 COSTA RICA
6 HAÏTI 1957-1986
7 RÉP. DOMINICAINE 1963-1978
Guérilla communiste
Régime communiste
Régimes dictatoriaux
États partenaires de l'opération Condor
1957- Dates de la dictature
500 km

- 1975 -

LES ACCORDS D'HELSINKI

Les accords d'Helsinki sont conclus à l'issue de la Conférence sur la sécurité et la coopération en Europe (CSCE). Ils marquent un tournant puisqu'ils règlent les questions frontalières en suspens depuis 1945, affirment des principes fondamentaux en matière de droits de l'Homme et constituent, en pleine guerre froide, une tentative de coopération entre États des deux blocs.

Un monde plus apaisé ?

L'idée de tenir une grande conférence paneuropéenne afin de régler les conflits territoriaux hérités de la Seconde Guerre mondiale est initialement proposée, dès les années 1950, par les Soviétiques. Mais ce projet est systématiquement rejeté par les Occidentaux qui y voient une manœuvre afin d'affaiblir l'Alliance atlantique.

Il faut attendre la fin des années 1960 et la détente pour que se concrétise l'organisation d'un tel sommet. Le bloc occidental envisage en effet la tenue de ce congrès, mais sous certaines conditions, en particulier celles de la participation des États-Unis et du Canada, de la normalisation des relations entre les deux Allemagnes, du règlement du statut de Berlin et de l'ouverture de discussions concernant la réduction des forces militaires conventionnelles. Le lancement de l'*Ostpolitik* par le chancelier allemand Willy Brandt en 1969 et les accords qui en découlent, tout comme la signature du traité SALT I en 1972, permettent peu à peu de remplir l'ensemble de ces conditions.

L'idéal diplomatique

Les discussions débutent le 3 juillet 1973 à Helsinki, capitale de la Finlande. Depuis 1945, le pays jouit d'un statut particulier. Il n'a pas adopté le régime communiste, mais sa proximité avec son puissant voisin et son histoire durant la guerre l'obligent à maintenir une position de neutralité.

Les délégués envoyés à Helsinki représentent l'ensemble des États européens – à l'exception d'Andorre et de l'Albanie –, mais aussi l'Union soviétique, les États-Unis et le Canada. Entre 1973 et 1975, leurs travaux se déroulent au sein de trois commissions thématiques. Le premier groupe de travail se consacre à la question de la sécurité en Europe ainsi qu'aux règlements des différends frontaliers non réglés depuis 1945. Le deuxième a pour sujet la coopération entre les États dans les domaines économiques, scientifiques et environnementaux. La troisième commission travaille sur la question des droits de l'Homme et des libertés.

Un Acte final en forme d'espoir

L'*Acte final* d'Helsinki est signé le 1er août 1975 par les trente-cinq États participants. Il établit les principes fondamentaux qui doivent régir leurs relations : intangibilité du principe de souveraineté et des frontières, non-recours à la force ou à la menace, non-ingérence, respect des droits de l'homme et des libertés fondamentales, droit des peuples à disposer d'eux-mêmes, coopération entre les États et nécessité de chercher, pour chaque conflit, un règlement pacifique.

L'*Acte final* prévoit par ailleurs la mise en place de « [m]esures de confiance militaires » qui demandent aux États d'informer les autres pays lorsqu'ils organisent certaines manœuvres et d'accepter des observateurs. Sur le plan économique, il encourage les échanges et l'ouverture des marchés nationaux aux capitaux étrangers ainsi que la coopération dans de nombreux domaines : le commerce, l'industrie, la science, l'humanitaire, l'éducation et la culture. Il affirme, enfin, que « la protection et l'amélioration de l'environnement ainsi que la protection de la nature et l'utilisation rationnelle de ses ressources » sont des conditions indispensables pour « le bien-être des peuples ».

Vers la naissance de l'OSCE

Le texte n'a cependant pas de valeur juridique. Il n'est donc pas contraignant pour les États signataires. Cependant, son poids moral est indéniable. Dans les régimes du bloc de l'Est, il fournit des arguments précieux aux dissidents qui aspirent à plus de liberté et de démocratie. En Tchécoslovaquie, par exemple, des opposants s'appuient, dès 1976, sur l'*Acte final* pour protester contre la politique de censure menée par le gouvernement de Gustáv Husák. Le collectif d'intellectuels, auteur d'une pétition, la *Charte 77*, rappelle ainsi au régime les principes qu'il a ratifiés à Helsinki. Au même moment, en Pologne, les membres du Comité de défense des ouvriers (KOR) réclament que les clauses relatives aux droits de l'Homme soient appliquées dans leur pays. En URSS, les physiciens et dissidents Yuri Orlov et Andrei Sakharov fondent le Groupe Helsinki de Moscou. L'organisation se fixe pour mission de faire connaître à l'ouest les atteintes aux libertés perpétrées en Union soviétique.

Les discussions se poursuivent jusqu'en 1994 à travers plusieurs conférences organisées à Belgrade (1977-1978), à Madrid (1980-1983), à Vienne (1986-1989) et à nouveau à Helsinki (1992). Trois sommets majeurs marquent la fin de la guerre froide : Paris (1990), Helsinki (1992) et Budapest (1994). Cette dernière conférence acte la transformation de la CSCE en une institution permanente, l'OSCE (Organisation pour la sécurité et la coopération en Europe).

La conférence d'Helsinki réunit des pays des deux blocs, en août 1975.

Les États signataires des accords d'Helsinki, 1975

1975-1991

VERS LA CHUTE DE L'UNION SOVIÉTIQUE

Mur en hommage aux 500 000 morts de la Terreur rouge en Éthiopie.

- 1974-1991 -

LES DÉCHIREMENTS DE L'ÉTHIOPIE

La chute du négus en 1974 ouvre une période de troubles en Éthiopie. Le pays connaît des violences politiques, des difficultés économiques, mais aussi des conflits séparatistes et frontaliers qui l'amènent à se rapprocher de l'URSS et de Cuba.

Le basculement

Le 12 septembre 1974, l'empereur éthiopien, Hailé Sélassié, est renversé par un coup d'État militaire. En effet, le royaume traverse une grave crise depuis le milieu des années 1960. La situation économique est difficile en raison d'une forte inflation et du développement de la corruption. Les campagnes souffrent de famines, notamment en 1973 après une grave sécheresse.

Le négus est confronté à des oppositions croissantes : mécontentements dans l'armée, aristocratie opposée aux réformes fiscales et agraires, mouvements progressistes (principalement dans les villes) et guérilla indépendantiste en Érythrée. La junte, ou Derg – terme amharique signifiant « comité » –, met en place un gouvernement militaire provisoire de l'Éthiopie socialiste. Celui-ci est soutenu par les États communistes alors que le négus était plutôt proche des Occidentaux. La monarchie est abolie en mars 1975. Après des purges au sein du Derg, le major Mengistu Hailé Mariam s'impose comme l'homme fort du régime en février 1977. Le nouveau dirigeant s'engage alors dans une politique inspirée par les régimes communistes : nationalisation de l'industrie et du secteur bancaire, redistribution des terres et formation d'un parti unique.

La Terreur rouge

Cette orientation implique l'élimination violente des oppositions, voire de certaines factions du Derg. Les adversaires politiques de Mengistu couvrent un large spectre : du parti de l'Union démocratique d'Éthiopie – organisation conservatrice et monarchiste –, au Parti révolutionnaire du peuple éthiopien (PRPE) en passant par le Mouvement socialiste pan-éthiopien (MEISON), pourtant d'obédience marxiste.

En mars 1977,annonce lors d'un discours public à Addis-Abeba le début d'une « Terreur rouge » : une campagne de répression sanglante qui vise à éradiquer ses opposants. Les partisans du PRPE, ou supposés être des sympathisants, sont traqués et exécutés. En deux ans, les exactions font entre quarante mille et cent mille victimes et constituent, selon *Human Rights Watch*, « l'une des utilisations les plus systématiques du massacre de masse qu'un État n'ait jamais employé en Afrique » – avant le génocide des Tutsis au Rwanda, en 1994.

L'Afrique, fracture de la guerre froide

L'Éthiopie connaît par ailleurs de véritables conflits armés, car le Derg lutte parallèlement contre des mouvements séparatistes en Érythrée, au Tigré et dans l'Ogaden. Dans cette dernière province, le régime doit repousser une invasion opérée par son voisin, la Somalie. Mengistu Hailé Mariam cherche alors le soutien d'autres pays communistes.

Le 12 septembre 1978, pour le quatrième anniversaire de la révolution, Fidel Castro est en visite à Addis-Abeba. Le leader cubain a en effet trouvé en Afrique un terrain favorable afin d'affirmer une politique étrangère indépendante entre l'ennemi américain et un parrain soviétique parfois encombrant. En 1977, Castro aurait ainsi déclaré à Erich Honecker, le dirigeant est-allemand : « En Afrique, nous pouvons infliger une lourde défaite à toute la politique des impérialistes. »

Les Cubains apportent ainsi leur aide à des mouvements de libération au Zimbabwe, au Mozambique ou encore à l'ANC en Afrique du Sud. Ils interviennent directement en Angola et envoient des conseillers militaires en Guinée-Bissau, au Congo-Brazzaville, au Zaïre, au Bénin et en Éthiopie. Grâce à un pont aérien, l'URSS dépêche également des conseillers militaires, des armes et du matériel. En février 1978, on compterait sur le sol éthiopien quatre mille Soviétiques, auxquels il faut ajouter entre douze mille et dix-huit mille Cubains. Cette intervention permet aux Éthiopiens de repousser les Somaliens en mars 1978.

La tragédie éthiopienne

À partir de l'automne 1984, dans ce contexte de violences politiques, de guerres civiles et de chutes de la production agricole, deux années de sécheresse provoquent des famines dans tout le pays. Jusqu'en 1985, la catastrophe fait entre quatre cent mille et un million de morts. Ce terrible bilan est aussi dû à la gestion du Derg qui répond à la situation en organisant des déplacements forcés de population.

La catastrophe, une fois médiatisée, suscite beaucoup d'émotions dans l'opinion mondiale. L'ONU, les ONG, mais aussi plusieurs gouvernements occidentaux et des collectifs d'artistes se mobilisent pour lever des fonds et acheminer l'aide humanitaire. En 1987, le Derg proclame officiellement la République démocratique populaire d'Éthiopie. Mengistu Hailé Mariam reste au pouvoir. Le régime perd néanmoins le soutien de l'Union soviétique accaparée par d'autres problèmes. Mengistu quitte le pouvoir en 1991, chassé par la progression d'une coalition d'opposants, le Front démocratique révolutionnaire du peuple éthiopien.

Fidel Castro à Addis-Adeba, en 1978.

La guerre froide en Afrique, 1970-1990

Monument à la gloire d'Agostinho Neto dans la capitale angolaise.

- 1975 -

GUERRE CIVILE EN ANGOLA

L'indépendance de l'Angola, en 1975, a pour conséquence le début d'une guerre civile qui, très vite, s'inscrit dans le conflit plus large de la guerre froide en raison de l'implication, d'une part, de l'URSS et de Cuba, mais aussi, des États-Unis et de l'Afrique du Sud.

L'Angola dans la guerre d'indépendance

Dans les années 1960, la plupart des pays africains accèdent à l'indépendance. Les anciennes puissances coloniales se retirent du continent, à l'exception du Portugal alors sous le régime dictatorial d'António de Oliveira Salazar. Celui-ci refuse d'accorder l'indépendance à ses possessions d'outre-mer, en particulier à l'Angola, en lutte pour son émancipation depuis 1961. Durant treize ans, la métropole s'essouffle dans le combat qui l'oppose aux indépendantistes. Ceux-ci se répartissent entre trois groupes principaux : le Mouvement populaire de libération de l'Angola (MPLA), organisation marxiste soutenue par l'URSS et Cuba, le Front national de libération (FNLA), plutôt pro-occidental, proche du Zaïre de Joseph Mobutu, et l'Union nationale pour l'indépendance totale (UNITA), à l'origine maoïste, mais qui se rapproche finalement de l'Afrique du Sud et des États-Unis. Un dernier mouvement combat au nord pour la libération d'un territoire séparé par le Zaïre, le Front de libération de l'enclave de Cabinda (FLEC).

Révolution et guerre civile

En avril 1974, la révolution des Œillets met fin à la dictature au Portugal. Le nouveau gouvernement s'engage à accorder l'indépendance à ses colonies africaines, principalement la Guinée-Bissau, le Mozambique et l'Angola. Les accords d'Alvor – du nom d'un village d'Algarve au Portugal – de janvier 1975 tentent d'instaurer une transition pacifique avec un gouvernement d'union nationale, mais les rivalités entre factions sont trop fortes.

Dès mars 1975, des combats éclatent à Luanda, la capitale, entre le MPLA et le FNLA. Tous les mouvements souhaitent contrôler la ville pour le 11 novembre 1975, jour officiel du retrait portugais. Durant l'été 1975, le MPLA progresse partout, y compris en Cabinda. L'Afrique du Sud entre alors en scène. En effet, depuis 1967, les Sud-Africains sont engagés en Namibie contre un mouvement indépendantiste, l'Organisation du peuple du Sud-Ouest africain (SWAPO), alliée du MPLA. Les forces sud-africaines mènent plusieurs incursions dans le sud de l'Angola contre les camps du SWAPO. En octobre, soutenues par le FNLA au nord et l'UNITA au sud, elles lancent une offensive contre le MPLA (opération Savannah).

Camps de base révolutionnaires

L'intervention sud-africaine a pour conséquence l'engagement d'un nouvel acteur. Le dirigeant cubain, Fidel Castro, décide en effet d'envoyer des effectifs plus importants que les quelques conseillers militaires déjà présents. Bientôt, le nombre de soldats cubains en Angola dépasse les trente-six mille hommes (opération Carlota). En novembre, le FNLA est battu dans le nord à la bataille de Kifangondo. Le 11 novembre, jour de l'indépendance, le MPLA proclame la République populaire d'Angola. Son leader, Agostinho Neto, accède à la présidence. Début 1976, le MPLA chasse l'UNITA de sa capitale provisoire, Huambo, alors que les Sud-Africains se replient en Namibie. Castro retire également des unités, mais maintient une présence, car l'Angola est une base avancée de sa politique d'influence en Afrique.

Des médecins et des conseillers militaires cubains sont alors envoyés dans plusieurs pays du continent, notamment en Éthiopie où une guerre civile a éclaté en 1974. Les camps cubains en Angola servent de bases d'entraînement pour des mouvements révolutionnaires.

Une paix précaire

Dans les années 1980, le conflit perdure de manière endémique. L'UNITA continue de mener une guérilla contre le MPLA et les forces cubaines. Dans le même temps, l'Afrique du Sud opère de fréquentes opérations au-delà de la frontière contre le SWAPO. En mai 1978, elle bombarde deux camps à Cassinga et Chetequera, tuant six-cents civils. Le

23 août 1981, elle lance l'opération Protea : onze mille soldats pénètrent dans le sud-ouest de l'Angola, jusqu'à cent-vingt kilomètres au-delà de la frontière. Malgré le vote de l'amendement Clark, une disposition législative de 1976 conditionnant l'aide militaire américaine au respect des droits de l'Homme, les États-Unis envoient des armes à l'UNITA.

Ce soutien s'intensifie avec l'arrivée à la Maison-Blanche de Ronald Reagan en 1981 et l'abrogation des restrictions sur l'exportation des armes en 1985. À cette date, les belligérants se trouvent dans une impasse, aucune force en présence n'est en mesure de l'emporter. En janvier 1988, les troupes angolaises et cubaines lancent une grande offensive dans le sud-est du pays, à Cuito Cuanavale, contre les forces de l'UNITA et de l'Afrique du Sud. L'affrontement donne lieu à l'une des plus importantes batailles sur le sol africain depuis la Seconde Guerre mondiale.

Grâce aux armes soviétiques modernes, des chars T-55 et des hélicoptères de combat Mi-24, le MPLA sort victorieux de l'épreuve de force. Un processus de paix est alors enclenché sous l'égide de l'ONU. En 1991, les accords de Bicesse instaurent un cessez-le-feu qui s'avère néanmoins bien fragile.

Monument-mémorial pour Agostinho Neto, à Luanda, en Angola.

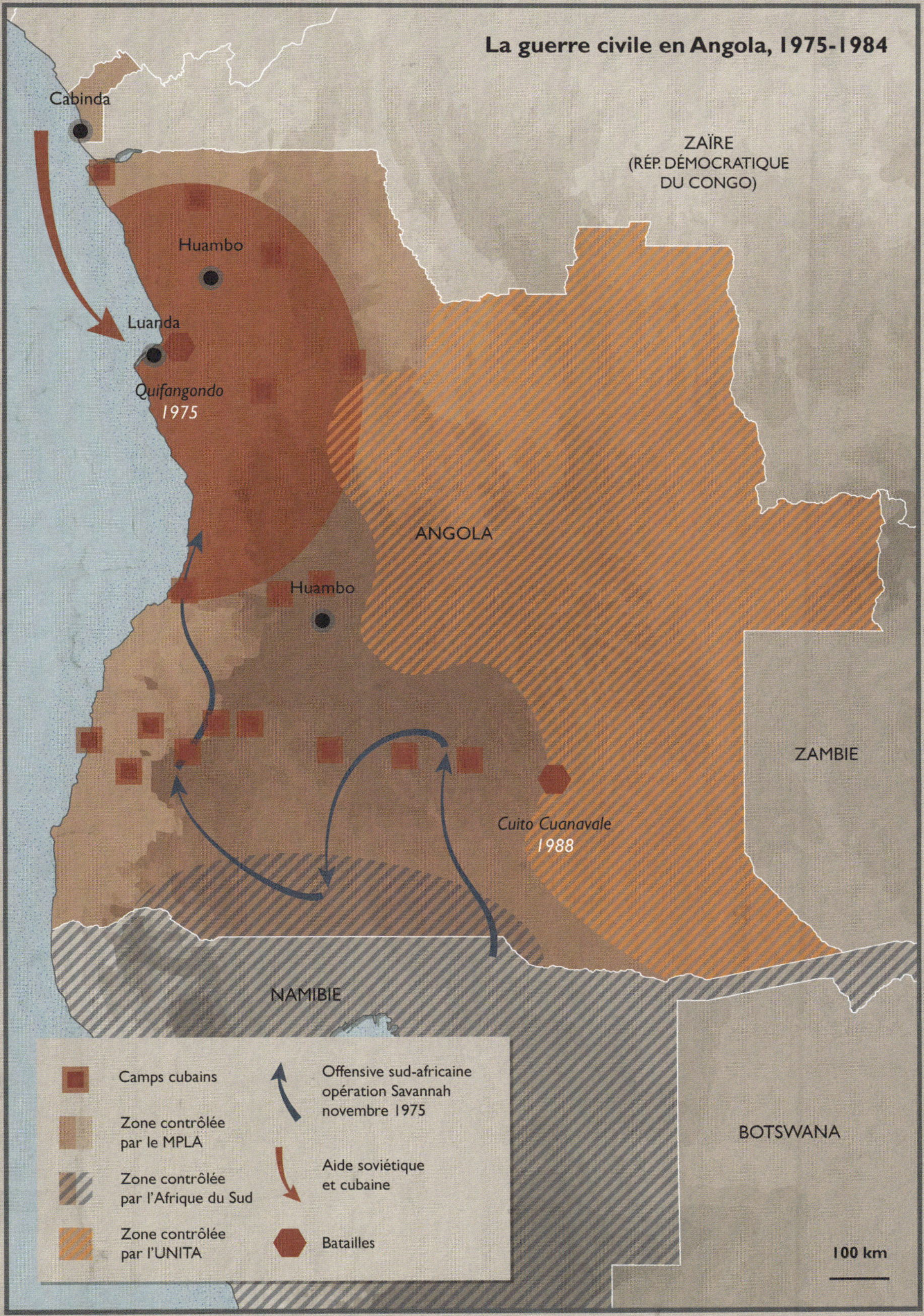
La guerre civile en Angola, 1975-1984
Cabinda
ZAÏRE
(RÉP. DÉMOCRATIQUE
DU CONGO)
Huambo
Luanda
Quifangondo
1975
ANGOLA
Huambo
ZAMBIE
Cuito Cuanavale
1988
NAMIBIE
BOTSWANA
Camps cubains
Zone contrôlée
par le MPLA
Zone contrôlée
par l'Afrique du Sud
Zone contrôlée
par l'UNITA
Offensive sud-africaine
opération Savannah
novembre 1975
Aide soviétique
et cubaine
Batailles
100 km

Beyrouth, 31 décembre 1982. Un cimetière détruit pendant la guerre civile libanaise (photographie de Luc Chessex).

- 1975-1990 -

GUERRE CIVILE AU LIBAN

De 1975 à 1990, le Liban est déchiré par une violente guerre civile qui oppose les communautés confessionnelles et ethniques du pays. Ce conflit a des répercussions sur les relations internationales, car il déborde du simple cadre régional. Il entraîne en effet l'intervention de puissances voisines, mais aussi de pays occidentaux dans le cadre de l'ONU.

Un pays fortement divisé

La guerre civile libanaise puise ses racines dans le système institutionnel mis en place en 1943 lors de l'indépendance. En effet, depuis cette date, l'État libanais repose sur un pacte national qui a instauré un partage confessionnel du pouvoir : la présidence de la République aux chrétiens, la fonction de Premier ministre aux sunnites et la présidence du Parlement aux chiites. Cette répartition, fondée sur le recensement de 1932, est contestée en raison des évolutions démographiques du pays, et notamment du poids de plus en plus grand des musulmans. Cette dernière communauté, majoritaire, mais divisée, est aussi plus pauvre. Or, depuis la fondation d'Israël, et les conflits qui en découlent, l'équilibre du Liban est fragilisé par l'afflux des réfugiés palestiniens. En 1971, après les événements de Septembre noir en Jordanie, l'Organisation de libération de la Palestine (OLP) installe son quartier général à Beyrouth. Les combattants palestiniens utilisent le Sud-Liban pour lancer des incursions contre Israël.

Beyrouth fracturée

C'est dans ce contexte particulièrement instable que la guerre civile éclate, le 13 avril 1975, lorsque des phalangistes chrétiens attaquent à Beyrouth un bus transportant des réfugiés palestiniens.

L'événement donne libre cours à un déchaînement de violences intercommunautaires qui conduit rapidement à l'effondrement de l'État libanais. Afin de protéger les membres de leur communauté, les milices prennent le contrôle des divers quartiers de la capitale, désormais coupée en deux : les chrétiens à l'est, les musulmans à l'ouest. La ville est ravagée par les affrontements. Ce mouvement de fragmentation territoriale s'étend bientôt à tout le pays.

Le nœud palestinien

La période de 1976 à 1982 est marquée par une internationalisation croissante du conflit. Le 31 mai 1976, la Syrie, dont l'aide a été sollicitée par les chrétiens, fait entrer ses troupes au Liban.

Se sentant menacé par les camps palestiniens du Sud-Liban, Israël s'engage à son tour dans le conflit en mars 1978 (opération Litani). Tsahal établit une zone de sécurité jusqu'au fleuve Litani, mais, sous la pression de l'ONU, doit se retirer pour céder la place à la Force intérimaire des Nations unies au Liban (FINUL). Toutefois, Israël s'assure le contrôle d'une zone de dix kilomètres de large au-delà de sa frontière où elle s'appuie sur une milice locale, l'armée du Liban Sud de Saad Haddad. En 1982, Israël lance une nouvelle invasion (opération Paix en Galilée) afin d'éradiquer l'OLP (Organisation de libération de la Palestine) et de favoriser l'élection de Bachir Gemayel à la présidence libanaise. Les Israéliens occupent le Sud-Liban puis repoussent les troupes syriennes au nord du pays. Ils atteignent Beyrouth le 14 juin et font leur jonction avec les Forces libanaises, les milices chrétiennes de Gemayel. En août, la FINUL évacue les combattants palestiniens de la capitale – mais pas les civils –, peu de temps avant son départ le 13 septembre. Le lendemain, Bachir Gemayel, qui vient juste d'être élu président, est assassiné. Les Forces libanaises pénètrent alors dans les quartiers ouest de Beyrouth et massacrent, sous les yeux des Israéliens, la population palestinienne des camps de Sabra et de Chatila, du 16 au 18 septembre 1982.

Une guerre sans fin

Entre 1983 et 1988, le Liban est plongé dans l'anarchie. Les communautés se fracturent en diverses factions qui arment autant de milices. À la recherche de soutiens à l'étranger ou de ressources, ces groupes armés multiplient les prises d'otages d'Occidentaux, notamment des journalistes venus couvrir le conflit.

En 1982, un mouvement chiite pro-iranien est fondé en réaction à l'intervention israélienne : le Hezbollah. En 1983, les Druzes, soutenus par les Syriens, combattent les Forces libanaises chrétiennes dans les montagnes du Chouf. Le 23 octobre 1983, deux cent quarante et un soldats américains et cinquante-huit militaires français sont tués dans deux attentats à Beyrouth revendiqués par le Jihad islamique qui reproche à la FINUL son soutien aux Forces libanaises. Américains et Français se retirent en 1984. Israël quitte également le Liban en 1985, mais conserve toujours une zone de sécurité sur le territoire de son voisin. Les combats entre les milices, parfois issues des mêmes communautés, connaissent alors une violente recrudescence.

La gangrène du terrorisme

Durant l'été 1988, le chrétien Michel Aoun prend la tête d'un gouvernement contesté par les musulmans. Aoun, qui veut restaurer l'État et la souveraineté libanaise, engage le combat contre les milices et l'armée syrienne. Il refuse les accords de Taëf, signés en Arabie saoudite en 1989 par diverses parties, y compris chrétiennes, afin de rétablir la paix par une réforme du système politique. Aoun s'exile finalement en octobre 1990 après la défaite de ses troupes face aux Syriens.

La guerre civile a fait environ cent cinquante mille morts. Elle laisse un pays ruiné et toujours fragile qui demeure sous la tutelle syrienne. Le Liban est, en outre, encore partiellement occupé par Israël qui combat le Hezbollah, soutenu et armé par la République islamique d'Iran.

Gemmayze, à Beyrouth.

Guerre civile et interventions étrangères au Liban, 1975-1990

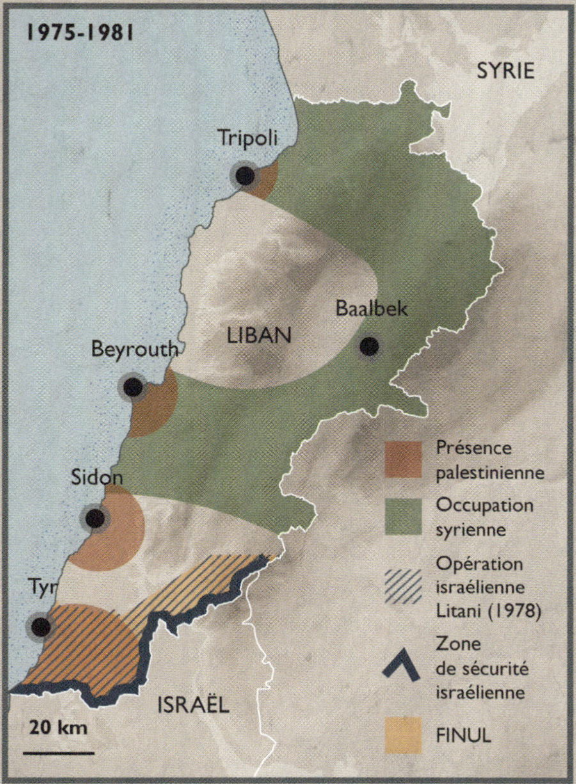

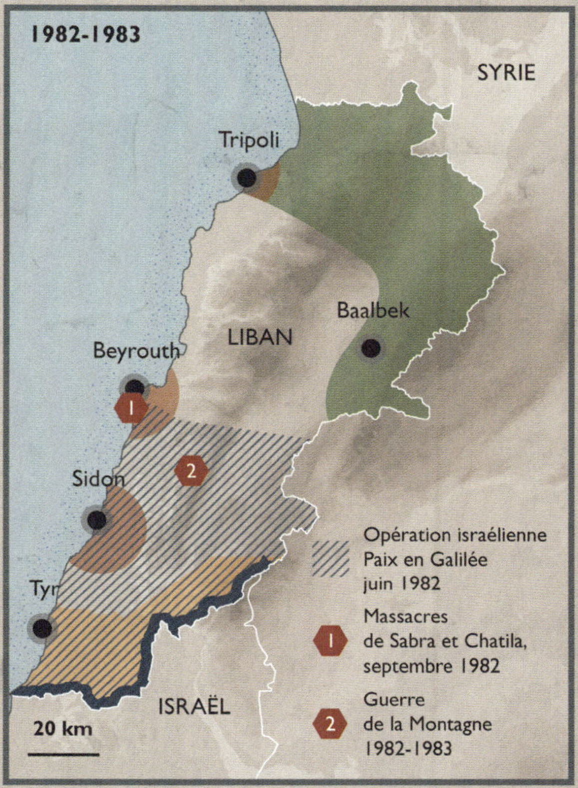

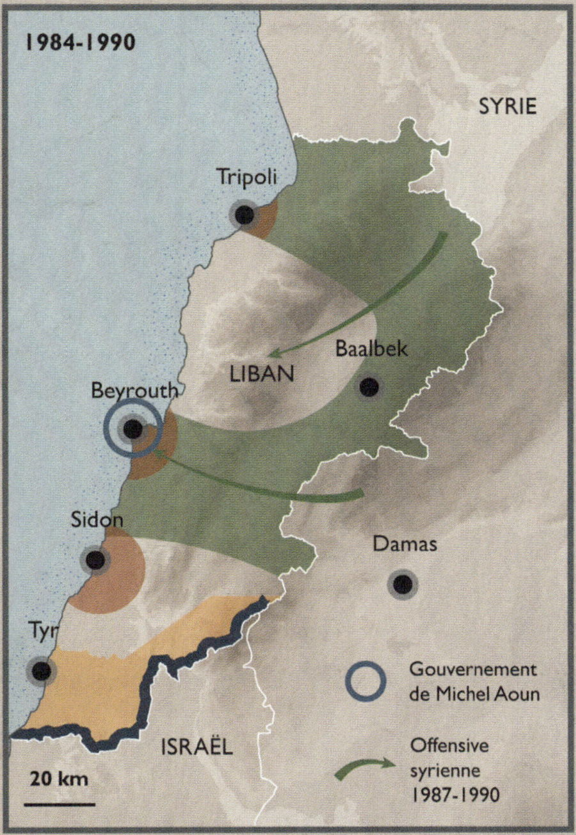

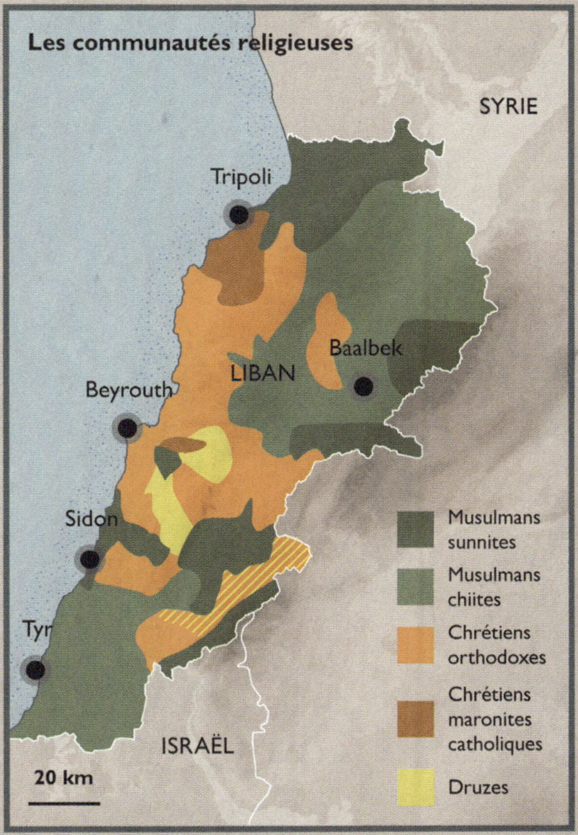

Manifestation en faveur de l'ayatollah Khomeini, en janvier 1979.

- 1979 -
LA RÉVOLUTION IRANIENNE

En 1979, la révolution met fin au règne du shah Mohammad Reza Pahlavi en Iran. Elle instaure, en lieu et place de l'ancien régime, une République islamique sous la direction de l'ayatollah Khomeini.

La Révolution blanche

Depuis 1941, et malgré l'intermède du gouvernement nationaliste de Mossadegh – renversé en 1953 par un coup d'État soutenu par la CIA –, la monarchie est proche des gouvernements occidentaux, notamment du Royaume-Uni et des États-Unis. Dans les années 1960, et grâce aux revenus générés par ses ressources pétrolières, le shah Mohammad Reza Pahlavi tente de moderniser son pays. Ainsi, son régime initie une politique, surnommée la « Révolution blanche », qui implique une redistribution des terres, la privatisation des grandes entreprises d'État, l'ouverture du droit de vote aux femmes, la participation des salariés aux bénéfices et la lutte contre l'analphabétisme.

Ce programme heurte les intérêts des grands propriétaires, mais aussi ceux du clergé chiite, deux groupes qui rejoignent les rangs des opposants au régime déjà constitués par les libéraux, les nationalistes et les marxistes. Le pouvoir du shah se maintient au prix d'une répression brutale menée par la police secrète, la SAVAK. Prônant un retour aux valeurs traditionnelles portées par l'Islam, et rejetant toute influence étrangère, l'ayatollah Rouhollah Khomeini est arrêté en 1963. Libéré, il est contraint à l'exil en 1964, d'abord en Turquie, puis en Irak et, enfin, en France, où il s'installe en 1978.

Un régime de plus en plus discrédité

Au cours des années 1970, la popularité du shah s'effrite de plus en plus. La croissance économique nourrit en effet les inégalités sociales. Elle entraîne de l'inflation et une hausse des loyers qui frappent les classes moyennes et populaires. De nombreux jeunes quittent les campagnes pour s'installer en ville, venant ainsi amplifier la pauvreté urbaine. Les conditions de vie de la population tranchent avec les fastes de la famille royale et la corruption qui sévit à tous les niveaux.

Pour combattre l'influence du clergé, le shah tente de réhabiliter son passé préislamique. En octobre 1971, en présence de nombreux chefs d'État étrangers, il organise des célébrations somptueuses à Persépolis à l'occasion des deux mille cinq cents ans de l'Empire perse. En 1976, le calendrier islamique est remplacé par un calendrier impérial. Le mécontentement à l'égard du régime ne fait que croître au sein de la population, mais aussi à l'étranger. En effet, après la guerre du Kippour (1973), à cause de son rôle dans l'augmentation du prix de pétrole, le shah perd beaucoup de son aura auprès des Occidentaux.

Le retour du guide suprême

En janvier 1978, des manifestations éclatent dans la ville de Qom après la publication par la presse officielle de rumeurs au sujet de Khomeini. La réponse du régime est violente. Le pays entre alors dans un cycle de protestations et de répressions. Le 8 septembre 1978, un « vendredi noir », des milliers de manifestants sont tués par l'armée à Téhéran. En octobre, une grève générale paralyse le pays. Les exportations de pétrole s'effondrent, initiant un second choc pétrolier.

Affaibli politiquement, atteint d'un cancer, le shah s'exile le 16 janvier 1979. Deux semaines plus tard, l'ayatollah Khomeini rentre triomphalement en Iran. Il s'empare du pouvoir et proclame la République islamique (décembre 1979). Le clergé chiite instaure un gouvernement théocratique.

Khomeini devient le premier guide suprême. Nommé pour une durée indéterminée par une assemblée de religieux, le titulaire de la fonction, véritable chef de l'État, détermine la politique du pays, arbitre les conflits entre les différents pouvoirs, dirige les armées et nomme aux principaux emplois. Il dispose surtout d'un groupe paramilitaire chargé de défendre le régime contre ses opposants : les gardiens de la révolution.

Une politique viscéralement antioccidentale

Ces événements entraînent une rupture avec les États-Unis qui ont accepté d'accueillir le shah en exil. Le 28 novembre, en réaction à cette décision du « grand Satan », Khomeini exhorte ses partisans à manifester devant les ambassades israélienne et américaine. Cette dernière est prise d'assaut. Les Iraniens retiennent cinquante-trois diplomates américains. Les 24 et 25 avril 1980, le président Carter ordonne le lancement de l'opération *Eagle Claw* afin de libérer ses compatriotes pris en otages. Mais la tentative tourne court à la suite de plusieurs incidents, dont un crash d'hélicoptère qui coûte la vie à huit membres des forces spéciales. Les otages sont finalement libérés grâce à des négociations après quatre cent quarante-quatre jours de détention.

Sur le plan régional, la révolution bouleverse les équilibres. En 1980, l'Iran est attaqué par l'Irak. Saddam Hussein espère ainsi profiter de l'affaiblissement de son voisin, dont il craint également un éventuel rapprochement avec la majorité chiite de son pays. Le conflit, sanglant, dure huit ans, mais permet paradoxalement au gouvernement des mollahs de renforcer son pouvoir. Rien ne vaut, en effet, un ennemi extérieur pour souder une population derrière son régime. La République islamique, ennemie d'Israël, se rapproche, enfin, des mouvements islamiques, notamment du Hezbollah fondé en 1982 au Liban.

Affiche en faveur de la Révolution islamique, éditée en 1979.

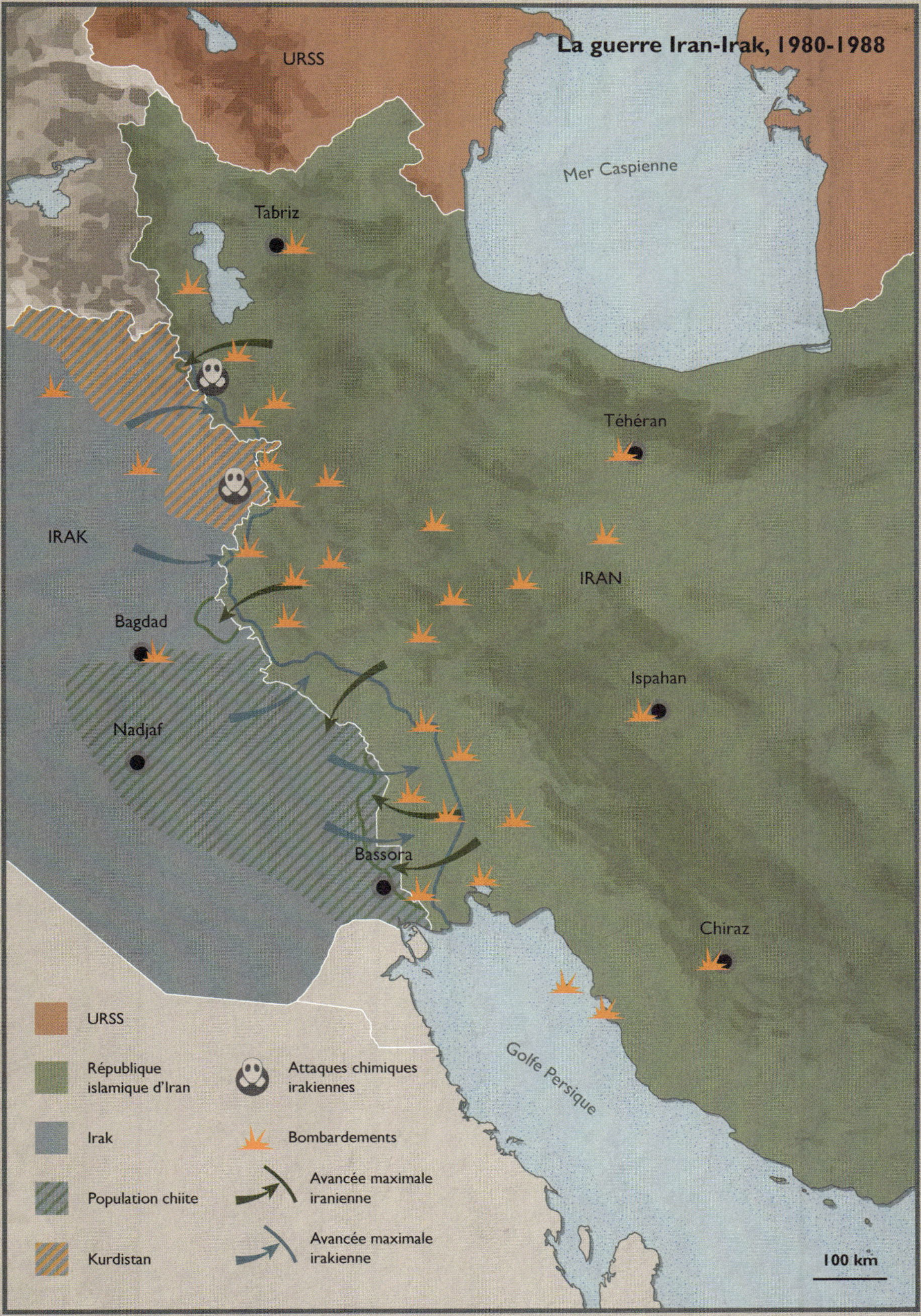

La guerre Iran-Irak, 1980-1988
URSS
Mer Caspienne
Tabriz
Téhéran
IRAK
IRAN
Bagdad
Ispahan
Nadjaf
Bassora
Chiraz
Golfe Persique
URSS
République islamique d'Iran
Irak
Population chiite
Kurdistan
Attaques chimiques irakiennes
Bombardements
Avancée maximale iranienne
Avancée maximale irakienne
100 km

Monument commémorant la révolution sandiniste, à Managua.

- 1979-1988 -

GUERRE DE L'OMBRE AU NICARAGUA

Au milieu des années 1980, le Nicaragua est le théâtre d'un conflit entre le gouvernement sandiniste, issu d'une révolution populaire, et les *contras*, une guérilla armée, contre-révolutionnaire, soutenue par les États-Unis.

« Reconstruction nationale »

Depuis la fin des années 1930, le Nicaragua est dominé par la famille Somoza. Cette dynastie a installé une dictature soutenue par les États-Unis. En juillet 1979, le régime est renversé par le Front sandiniste de libération nationale (FSLN). Ce mouvement marxiste, inspiré par la révolution cubaine, est l'héritier d'Augusto César Sandino, figure emblématique des indépendantistes nicaraguayens. Dès leur arrivée au pouvoir, les sandinistes mettent en place un gouvernement de « reconstruction nationale ».

Après l'adoption d'une nouvelle constitution, la liberté de la presse est restaurée, les oppositions sont autorisées et le gouvernement promet la tenue d'élections libres. Des réformes économiques sont aussitôt décidées : expropriation d'anciens dignitaires du régime de Somoza et de grands propriétaires, nationalisation des ressources naturelles et d'entreprises. Un programme d'alphabétisation est lancé.

Contre-révolution nicaraguayenne

Toutefois, dans les campagnes, l'instauration d'un service militaire obligatoire ainsi que le partage des terres fédèrent bientôt les oppositions aux sandinistes. Partisans de l'ancien régime, paysans mécontents et membres de tribus indigènes forment peu à peu les contras – forme abrégée du terme *contrarrevolucionarios*, contre-révolutionnaires.

Afin d'affaiblir le gouvernement, les *contras* mènent une guérilla armée et s'attaquent aux infrastructures économiques, aux coopératives agricoles, aux écoles et aux dispensaires. Les combats entre les *contras* et les sandinistes déstabilisent le pays. Sabotages, embuscades et attaques contre les villages font des milliers de morts et provoquent des déplacements de populations. Le régime sandiniste adopte alors une posture de plus en plus autoritaire et accepte l'aide de Cuba et de l'URSS.

L'Irangate

Les *contras* sont fortement soutenus par les États-Unis. L'administration Reagan, qui ne reconnaît pas les résultats des élections de novembre 1984, mène en effet plusieurs opérations contre le régime sandiniste : le minage des ports nicaraguayens, en mars 1984, et un embargo imposé au pays, en 1985. Ces mesures hostiles sont dénoncées par la communauté mondiale, dont la Cour internationale de justice devant laquelle le Nicaragua a déposé un recours en avril 1984. Mais les États-Unis refusent de reconnaître leur condamnation par cette juridiction. Surtout, la CIA finance et arme les *contras*.

Pourtant, de 1982 à 1986, une série d'amendements (*Boland Amendment*) est votée par le Congrès afin de limiter la possibilité pour l'administration Reagan de soutenir les *contras*. La majorité démocrate à la Chambre des représentants s'oppose en effet à la politique républicaine du président Reagan. Pour contourner cette législation, l'administration utilise donc des fonds provenant de ventes d'armes à des nations tierces. Durant l'été 1985, elle livre ainsi du matériel militaire à la République islamique d'Iran en guerre contre l'Irak. L'opération doit permettre d'aider à la libération d'otages américains au Liban, alors détenus par le Hezbollah, allié des Iraniens. Le produit de la vente des armes permet de financer les *contras*, au mépris de l'interdiction législative du Congrès. Révélé en 1986, l'Irangate – ou l'affaire Iran-Contra – fait chuter la popularité de Ronald Reagan. En 1989, le Congrès dévoile également que les contras ont financé leur combat par le trafic de drogues – notamment à destination des États-Unis – avec l'assentiment de la CIA et peut-être aussi de la Maison-Blanche.

Une lente transition démocratique

À la fin des années 1980, les parties en viennent néanmoins à négocier en raison de l'enlisement du conflit, des difficultés économiques croissantes et des pressions diplomatiques.

Le 23 mars 1988, l'accord de cessez-le-feu est signé entre le gouvernement et les *contras*. Le mouvement se fracture et permet à ses tendances plus libérales de réintégrer le jeu démocratique. Des élections libres sont organisées en 1990. Les sandinistes perdent le scrutin face à une coalition de quatorze partis d'opposition soutenue par les États-Unis et menée par Violeta Chamorro, candidate modérée. La guérilla est désarmée et le pays entre dans une période de transition démocratique.

En soutenant les *contras*, au nom de la lutte contre le communisme, les États-Unis ont ainsi contribué à prolonger une guerre civile coûteuse pour le Nicaragua, dont le bilan est, estime-t-on, de trente mille morts.

Augusto César Sandino, en 1928.

Le Niraragua et les contras, au centre de l'Irangate, 1985-1986

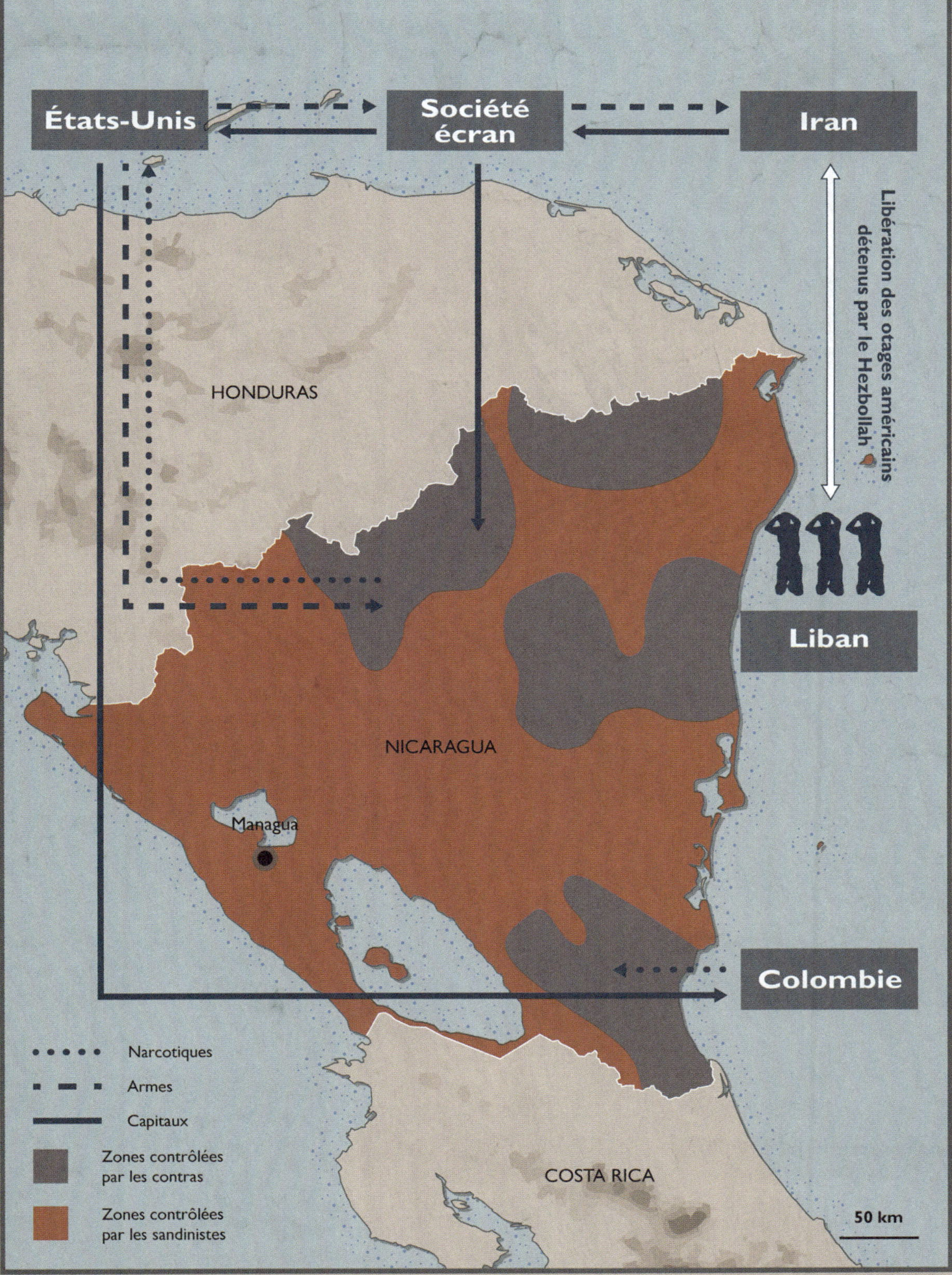

Départ des soldats britanniques pour les îles Malouines, le 17 mai 1982.

- 1982 -

LA GUERRE DES MALOUINES

Entre avril et juin 1982, le Royaume-Uni et l'Argentine s'affrontent militairement au sujet des Malouines, un archipel isolé dans l'Atlantique sud. Le conflit, qui donne lieu à la plus importante bataille navale depuis la Seconde Guerre mondiale, est atypique dans le contexte de la guerre froide, car il implique deux alliés des États-Unis.

Bataille de territoires

Petit archipel situé dans l'Atlantique sud, à environ cinq cents kilomètres des côtes argentines, les Malouines – *Falkland Islands*, pour les Britanniques ou *Islas Malvinas* pour les Argentins – sont sous la souveraineté du Royaume-Uni depuis 1833. Pourtant, de longue date, l'Argentine revendique ces terres en raison de leur proximité géographique avec son territoire.

Cet ancien différend sur la souveraineté des Malouines est ravivé avec l'instauration en 1976 d'une dictature militaire en Argentine. Pour la junte, les revendications territoriales sont un moyen de rassembler sa population autour d'un objectif nationaliste. Elles lui permettent aussi de renforcer sa légitimité et son image, toutes deux détériorées aux yeux de l'opinion publique en raison de graves problèmes économiques.

De leur côté, les Britanniques donnent quelques signes d'un désengagement outre-mer. Ainsi, en 1981, le ministère de la Défense propose-t-il, dans le cadre d'un programme de réductions navales, de déclasser, à l'horizon d'avril 1982, le *HMS Endurance*, seul navire de la *Royal Navy* présent dans la région.

Les Argentins qui, par ailleurs, ont considérablement renforcé leurs forces militaires, semblent tester la volonté britannique à travers une série de provocations et de manœuvres. Dès 1976, ils installent une station météorologique sur l'archipel des îles Sandwich du Sud. Le 16 mars 1982, un groupe de ferrailleurs débarque sans autorisation sur l'île de la Géorgie du Sud – une dépendance des Malouines. Les ouvriers hissent le drapeau argentin, mais le retirent une fois contactés par le représentant local du gouverneur britannique. Ce dernier envoie sur place un détachement d'une vingtaine de *Royal Marines*.

Le 26, les Argentins débarquent à leur tour une dizaine de militaires en Géorgie du Sud.

Garder les Malouines

L'incident marque le début de la crise diplomatique et convainc la junte d'envahir l'archipel des Malouines. Selon un plan préparé depuis plusieurs mois, une escadre rassemblée autour d'un porte-avions est ainsi constituée afin d'acheminer une force d'invasion de près de neuf cents hommes appuyés par des blindés. Le débarquement est opéré le 2 avril. Malgré la résistance du gouverneur et des soixante-dix *Royal Marines* stationnés dans l'archipel, Port Stanley, la capitale des îles, est rapidement occupée. Les Argentins prennent aussi le contrôle de la Géorgie du Sud.

Au Royaume-Uni, Margaret Thatcher décide d'envoyer un corps expéditionnaire pour reconquérir ces possessions de la couronne (opération Corporate). Une flotte de guerre, composée de porte-avions, de destroyers, de sous-marins et de milliers de soldats, est dépêchée dans l'Atlantique sud, à treize mille kilomètres de la Grande-Bretagne. La France, qui apporte presque immédiatement son soutien à Londres, envoie ses avions de chasse simuler des attaques sur la force navale afin de l'entraîner à riposter aux assauts des appareils argentins de modèle similaire. La position des États-Unis est plus délicate. En effet, si le Royaume-Uni est l'un de ses principaux alliés au sein de l'OTAN, l'Argentine est aussi un partenaire important en Amérique du Sud où Washington cherche à contrer l'influence soviétique. Toutefois, après l'échec d'une tentative de médiation menée par le secrétaire d'État Alexander Haig, les Américains apportent un soutien discret à Margaret Thatcher.

La victoire de la Couronne

Le 25 avril, la Géorgie du Sud est reprise. Le 1er mai, les appareils du porte-avions *HMS Hermes* opèrent le premier raid aérien sur les positions ennemies. Le 2 mai, le sous-marin *HMS Conqueror* torpille le croiseur argentin *General Belgrano*, tuant trois cent vingt-trois marins. Le lendemain, des avions argentins et britanniques s'affrontent au cours d'une bataille aéronavale qui n'est pas sans rappeler les combats des marines américaines et japonaises de la Seconde Guerre mondiale. Le 4 mai, le *HMS Sheffield* est coulé par un Exocet argentin – missile de fabrication française. Le 21 mai, quatre mille militaires britanniques débarquent à San Carlos, au nord de la Malouine orientale – l'île principale aussi appelée *East Falkland* ou *Isla Soledad*. Le 14 juin, après d'âpres combats, Port Stanley est libérée. Sept jours plus tard, la junte argentine reconnaît sa défaite.

Le bilan de ces soixante-quatorze jours de combats n'est pas anodin : six cent quarante-neuf Argentins et deux cent cinquante-cinq Britanniques morts. En Argentine, la défaite joue un rôle déterminant dans la chute de la dictature militaire. Le pays entame dès 1983 une transition démocratique. Le succès de ses troupes restaure l'image du Royaume-Uni sur la scène internationale. Son Premier ministre, Margaret Thatcher, peut parfaire un peu plus sa réputation de « dame de fer ». Elle est d'ailleurs réélue en 1983. Le patriotisme des Britanniques est ravivé, même si le conflit a aussi révélé les faiblesses logistiques de la marine et de l'armée.

Soldats argentins en guerre contre l'Angleterre aux Malouines.

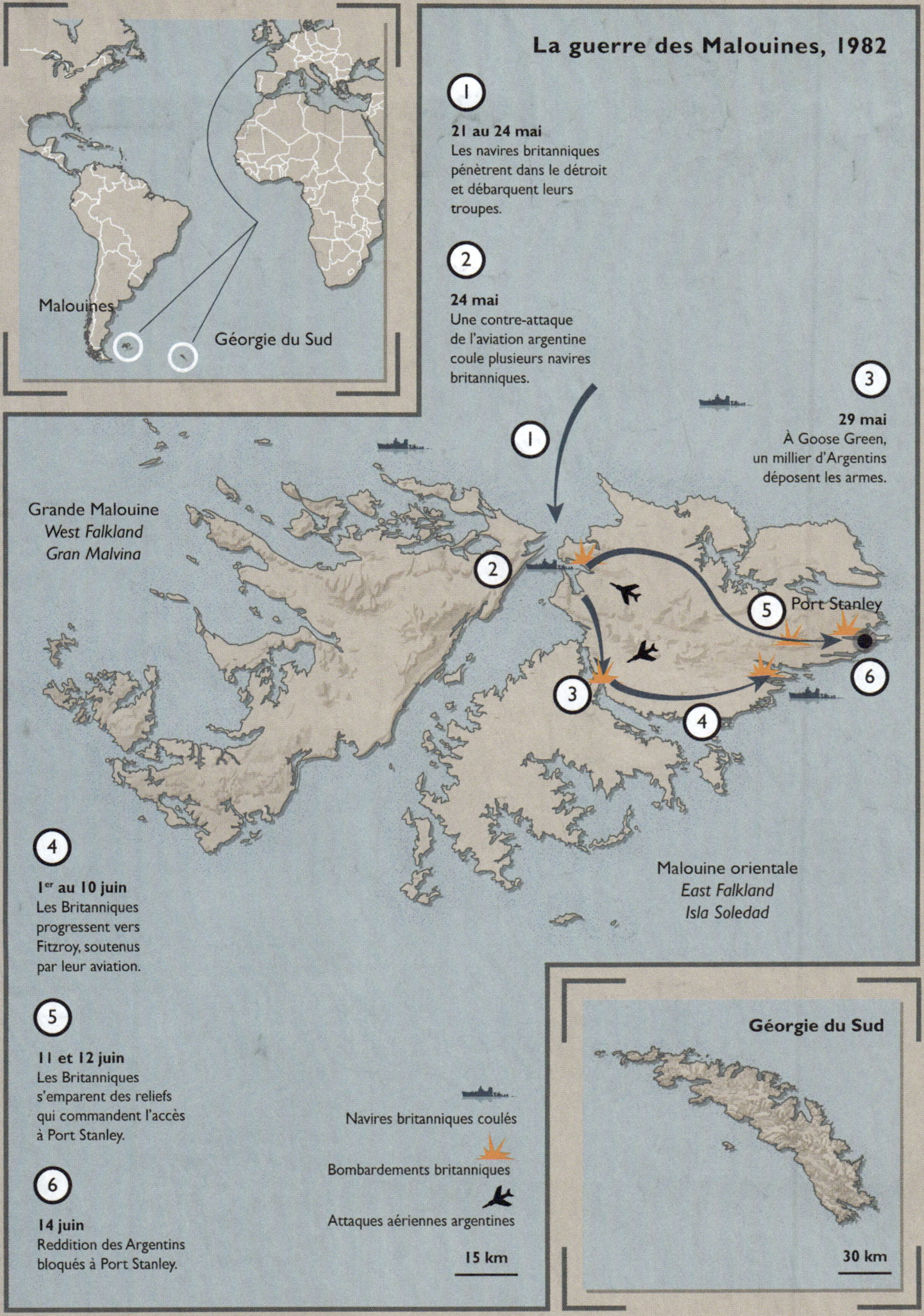

La guerre des Malouines, 1982
Malouines
Géorgie du Sud
1
21 au 24 mai
Les navires britanniques pénètrent dans le détroit et débarquent leurs troupes.
2
24 mai
Une contre-attaque de l'aviation argentine coule plusieurs navires britanniques.
3
29 mai
À Goose Green, un millier d'Argentins déposent les armes.
Grande Malouine
West Falkland
Gran Malvina
Port Stanley
Malouine orientale
East Falkland
Isla Soledad
4
1er au 10 juin
Les Britanniques progressent vers Fitzroy, soutenus par leur aviation.
5
11 et 12 juin
Les Britanniques s'emparent des reliefs qui commandent l'accès à Port Stanley.
6
14 juin
Reddition des Argentins bloqués à Port Stanley.
Navires britanniques coulés
Bombardements britanniques
Attaques aériennes argentines
15 km
Géorgie du Sud
30 km

1

Caricature parue dans les journaux français, en décembre 1979.

- 1983 -

LA CRISE DES EUROMISSILES

De nouveaux types de missiles

En 1977, l'Union soviétique annonce vouloir positionner des missiles SS-20 dans les pays du pacte de Varsovie. Ces missiles balistiques ont une portée de mille à cinq mille cinq cents kilomètres. Ils sont plus menaçants que leurs prédécesseurs, les SS-4 et SS-5 qui, en raison de leur imprécision et de leur puissance, auraient entraîné, en cas d'utilisation lors d'une première frappe, des retombées radioactives sur les États membres du pacte de Varsovie, les États baltes, la Biélorussie, l'Ukraine ou la Russie occidentale.

Avec des ogives moins destructrices, mais plus précises, les SS-20 peuvent éliminer préventivement toutes les armes de riposte nucléaire américaines stationnées en Europe de l'Ouest. Dans un tel scénario, une guerre conventionnelle serait possible contre les membres européens de l'OTAN sans que les États-Unis puissent réagir, sinon en utilisant leurs missiles stratégiques, ce qui risquerait d'entraîner une destruction mutuelle.

La riposte

La menace des SS-20 est l'un des sujets majeurs évoqués lors du sommet organisé en janvier 1979 à la Guadeloupe entre les dirigeants des États-Unis, du Royaume-Uni, de la France et de l'Allemagne fédérale. La conférence prépare le terrain à la « double décision » de l'OTAN de 1979. Celle-ci consiste à proposer des négociations aux Soviétiques sur les forces nucléaires intermédiaires (FNI). Dans le même temps, elle prévoit cependant l'installation d'armes de portée équivalente en Europe. Les Américains envisagent en effet de déployer des missiles Pershing II en République fédérale d'Allemagne et aux Pays-Bas, ainsi que des missiles de croisière au Royaume-Uni, en Belgique et en Italie.

L'opinion contre l'armement nucléaire

Le renforcement de l'arsenal nucléaire américain sur le sol européen suscite une vive émotion. Dans les cinq pays concernés, une partie de l'opinion publique voit dans cette mesure une dangereuse escalade. En Belgique, dès décembre 1979, le parti socialiste désavoue l'un de ses dirigeants, le ministre des Affaires étrangères, Henri Simonet. En Allemagne fédérale et aux Pays-Bas, où les mouvements pacifistes jouissent d'une audience très importante, des manifestations rassemblent des foules immenses : trois cent mille et quatre cent mille opposants à Amsterdam et à Bonn en 1981, plus d'un million de manifestants en RFA en octobre 1983.

À l'automne 1983, des milliers de personnes forment une chaîne humaine dans le Berkshire, au Royaume-Uni, afin de protester contre l'installation des missiles nucléaires. En 1985, une pétition néerlandaise recueille trois millions sept cent mille signatures. Les manifestations qui agitent l'Europe occidentale sont bien entendu largement relayées par les journaux et les médias soviétiques.

« Un rapport inégal »

En France, le président François Mitterrand, pourtant issu des rangs de la gauche, adopte une position ferme en faveur de la « double décision » de 1979. En janvier 1983, lors d'un discours devant les députés ouest-allemands au Bundestag, il déclare : « Il faut que la guerre demeure impossible », mais pour cela, il faut « que ceux qui y songeraient en soient dissuadés. » Cette dissuasion passe par un équilibre des forces et donc par la présence d'armes nucléaires américaines de moyenne portée en Europe. En octobre 1983, lors d'un voyage officiel à Bruxelles, le président confirme sa pensée : « Le pacifisme, et tout ce qu'il recouvre : il est à l'Ouest. Et les euromissiles, ils sont à l'Est. Je pense qu'il s'agit là d'un rapport inégal. »

Le nouvel accord russo-américain

En novembre 1983, les Soviétiques quittent la table des négociations de Genève. Les Américains, en effet, estimant que les discussions s'enlisent, décident de déployer les premiers euromissiles. Toutefois, l'arrivée au pouvoir de Mikhaïl Gorbatchev en 1985 marque un tournant : contrairement à ses prédécesseurs, le nouveau dirigeant soviétique adopte une approche plus conciliante envers l'Occident. En particulier, Gorbatchev prône la désescalade des tensions.

Lors des sommets de Genève, en novembre 1985, et de Reykjavik, en octobre 1986, Reagan et Gorbatchev se mettent d'accord sur l'élimination des missiles à moyenne portée d'Europe. Les États-Unis et l'URSS signent l'année suivante le traité sur les forces nucléaires à portée intermédiaire (FNI). Le texte prévoit le retrait, avant 1991, de tous les missiles sol-sol, conventionnels ou nucléaires, d'une portée de cinq cents à cinq mille cinq cents kilomètres, mais aussi leur élimination dans les arsenaux américains et soviétiques. Le retour des antagonismes entre la Russie et l'OTAN, à partir des années 2010, sonne néanmoins la fin de ces accords.

En 2019, le président des États-Unis, Donald Trump, décide en effet de retirer son pays du traité FNI.

En 1987, Mikhail Gorbatchev et Ronald Reagan signent le traité qui prévoit la destruction de tous les missiles balistiques.

La crise des euromissiles, 1983
Pershing II
1 800 km
Missiles
de croisière
2 500 km
2 000 km
SS-4
4 100 km
SS-5
4 700 km
SS-20
États membres de l'OTAN
États membres
du Pacte de Varsovie
URSS
Manifestations
contre le déploiement
des armes américaines
NORVÈGE
DANEMARK
ROYAUME-UNI
PAYS-BAS
BELGIQUE
RFA
RDA
POLOGNE
TCHÉCOSLOVAQUIE
HONGRIE
ROUMANIE
BULGARIE
URSS
FRANCE
ITALIE
ESPAGNE
PORTUGAL
GRÈCE
TURQUIE
400 km

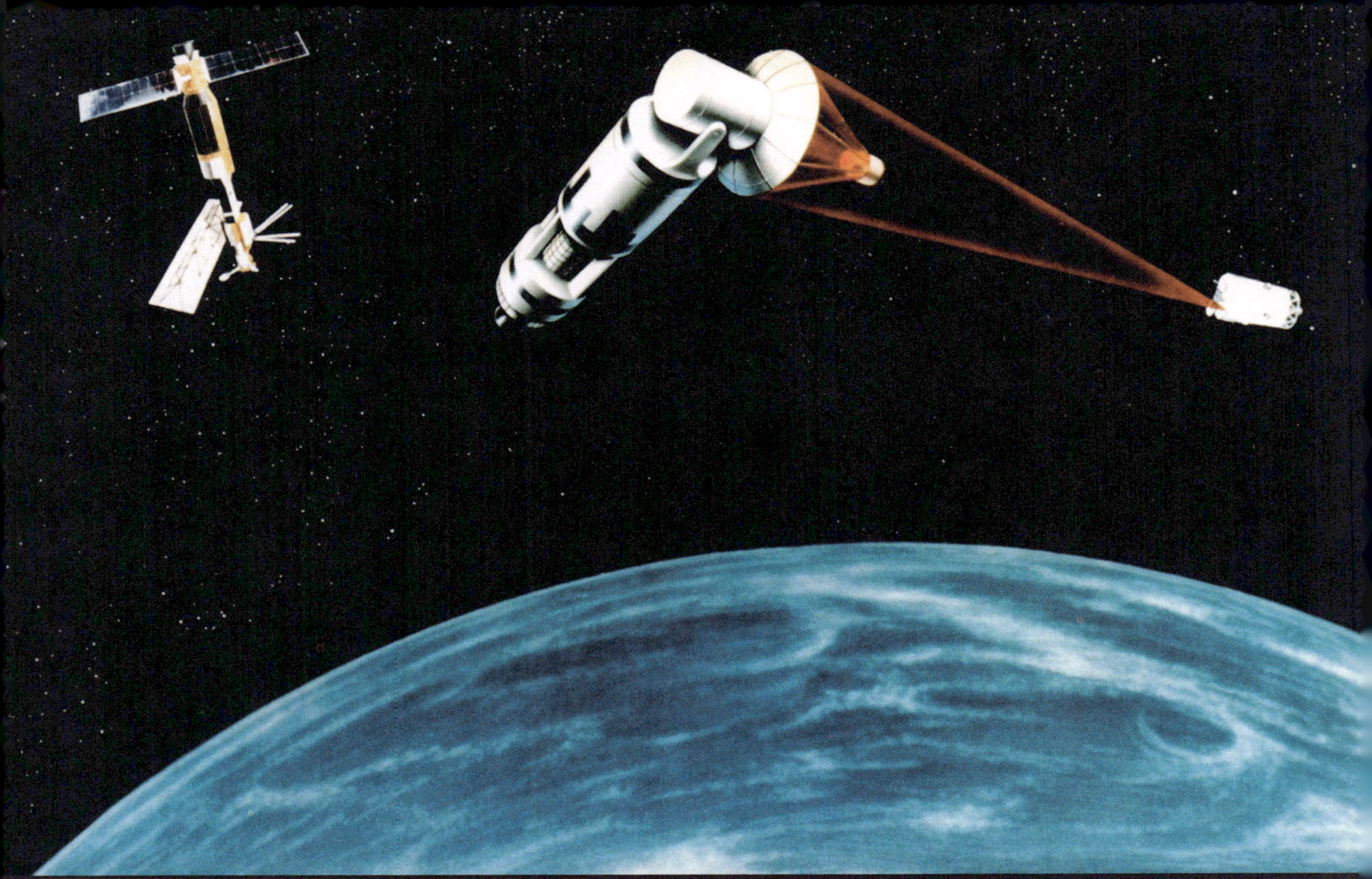

Représentation de l'Initiative de défense stratégique (IDS) américaine de 1983.

- 1983 -

L'INITIATIVE DE DÉFENSE STRATÉGIQUE : LA GUERRE DES ÉTOILES

En 1983, le président américain Ronald Reagan lance le projet Initiative de défense stratégique (IDS), surnommé « Guerre des étoiles » par la presse. L'objectif de ce programme est de développer un système de défense capable d'intercepter des missiles nucléaires.

Une stratégie offensive

En 1972, les États-Unis et l'Union soviétique ont signé le traité ABM (*Anti-Ballistic Missiles*) afin de geler la défense contre les missiles balistiques intercontinentaux (ICBM). Les deux grands garantissent ainsi la paix grâce à la dissuasion nucléaire. Une puissance qui attaquerait son adversaire s'exposerait en effet à des représailles tout aussi destructrices sans possibilités de se protéger ; c'est là le fondement de l'équilibre de la terreur.

Pourtant, au début des années 1980, les États-Unis envisagent à nouveau de développer un système antimissile. Cette décision est prise dans le contexte de l'arrivée à la Maison-Blanche de Ronald Reagan, en 1981. Les États-Unis, en effet, ont connu une série de revers durant les années 1970 : le scandale du Watergate qui a mené à la démission de Nixon en 1974, la défaite au Viêt Nam en 1975, la révolution iranienne et la crise des otages en 1979-1980. Ces échecs, vécus comme des humiliations par l'opinion publique, portent au pouvoir le président Reagan et sa nouvelle doctrine. Désormais, les États-Unis ne se contentent plus d'endiguer la progression du communisme, ils passent à une stratégie offensive. La nouvelle administration augmente les budgets militaires et relance la course aux armements. Ainsi Washington soutient-il les mouvements contre-révolutionnaires en Amérique latine.

L'Empire du mal

Le 23 mars 1983, à l'occasion d'un discours télévisé, le président Reagan annonce le lancement de son programme IDS, c'est-à-dire la mise en place d'un bouclier spatial capable d'intercepter et de détruire tous les missiles soviétiques avant qu'ils n'atteignent le territoire américain. Pour la Maison-Blanche, il s'agit de rendre les armes nucléaires obsolètes ou, pour le moins, de préserver une force de deuxième frappe en cas d'attaque soviétique. Le gouvernement y voit aussi le moyen de répondre aux attentes d'une partie de l'opinion publique américaine tout en relançant la recherche dans les secteurs de pointe.

Deux semaines plus tôt, le 8 mars, à Orlando, lors de la convention annuelle des associations évangéliques, Ronald Reagan a mis en garde sur les dangers d'un désarmement nucléaire. Il a notamment exhorté ses compatriotes à ne pas ignorer « les impulsions agressives d'un empire du mal ». L'expression « *evil empire* » désigne évidemment l'URSS, mais la presse fait très vite un rapprochement avec l'Empire galactique du film *Star Wars* dont le troisième opus est annoncé dans les salles au printemps 1983.

Les dépenses militaires américaines et soviétiques, 1981-1991

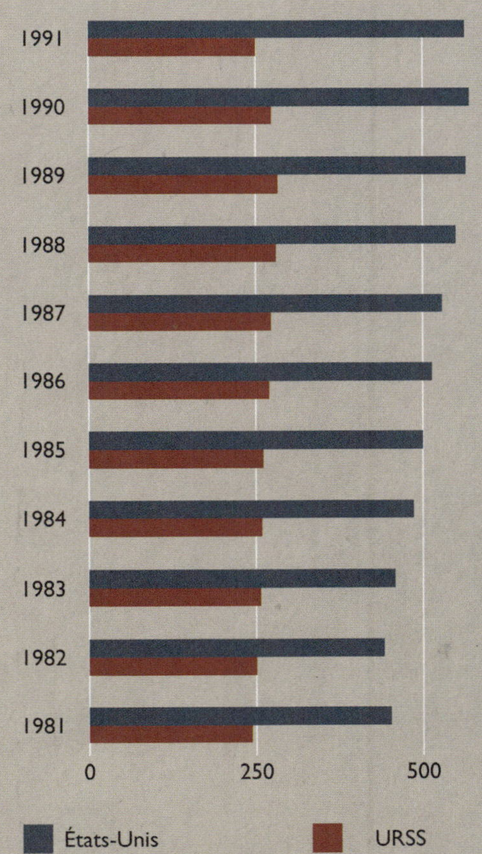

Dépenses militaires en milliards de dollars US constants de 1991

Pour l'heure, un tel bouclier suppose de disposer de moyens de détection, mais aussi d'armes pour détruire les projectiles ennemis et, enfin, compte tenu des délais en cas d'attaque nucléaire, de capacités de contrôle et de coordination automatisées. Or, au début des années 1980, certaines avancées scientifiques ou technologiques en développement peuvent désormais répondre à ces exigences. Il en est ainsi des systèmes informatiques, des lasers, des missiles antimissiles ou des satellites. Dès 1984, une administration dédiée, la *Strategic Defense Initiative Organization*, est créée pour superviser ce programme qui n'en est encore qu'au stade de la recherche. En effet, beaucoup de problèmes doivent être résolus avant d'envisager un déploiement. La principale difficulté est de garantir une couverture totale, c'est-à-dire de protéger l'ensemble du territoire américain et d'assurer la destruction de toutes les armes ennemies. Son coût, estimé à plusieurs milliards de dollars, soulève aussi d'importantes questions et suscite des oppositions, notamment au Congrès.

Les failles soviétiques

À l'étranger, l'Initiative de défense stratégique inquiète les pays alliés qui profitent du parapluie nucléaire américain. Si les États-Unis devenaient une forteresse inviolable, ne seraient-ils pas tentés de revenir à une politique isolationniste ? Que deviendrait l'OTAN dans un tel scénario ?

En Union soviétique, on s'inquiète de nouvelles technologies qui rendraient caduc l'équilibre de la terreur alors même que le pays, en difficulté sur le plan économique, n'a pas les moyens financiers et industriels de soutenir une telle course à l'armement. Arrivé au pouvoir en 1985, Gorbatchev n'a de cesse de convaincre Reagan d'abandonner son projet. Si la chute de l'Union soviétique est due à un faisceau de facteurs, au premier rang desquels les faiblesses internes du système, le projet IDS contribue certainement, indirectement, à fragiliser le régime soviétique.

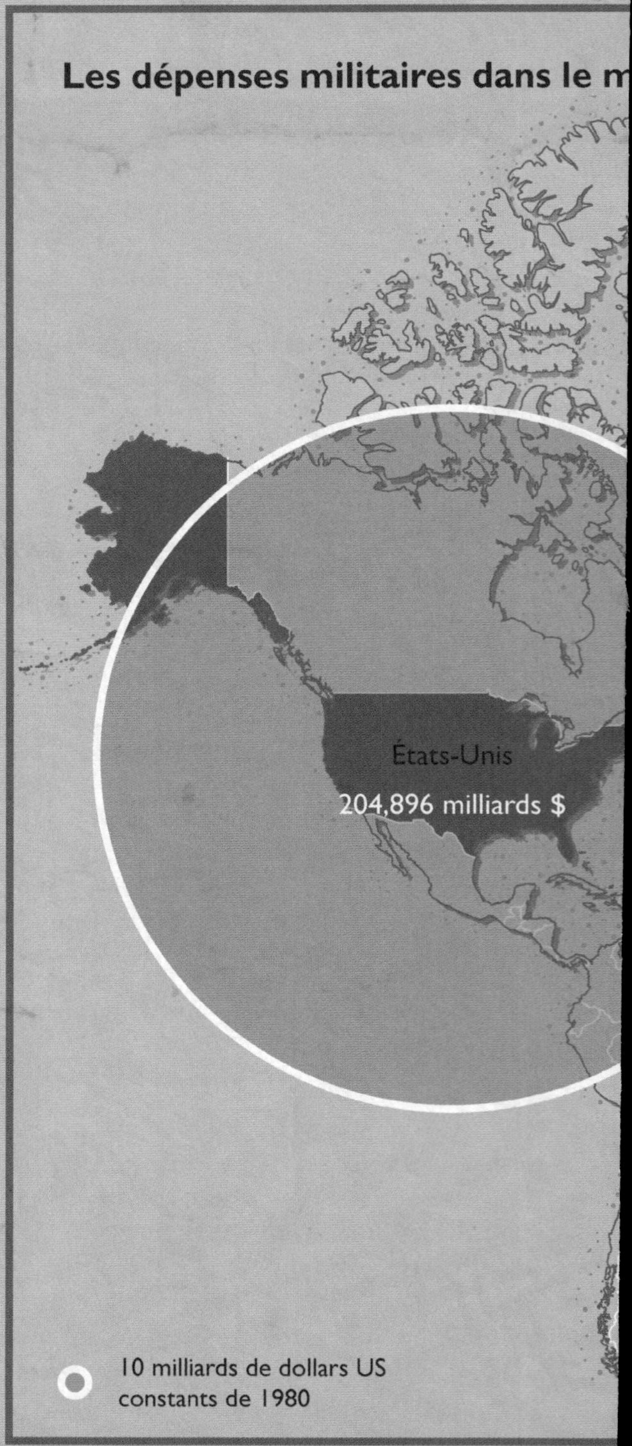

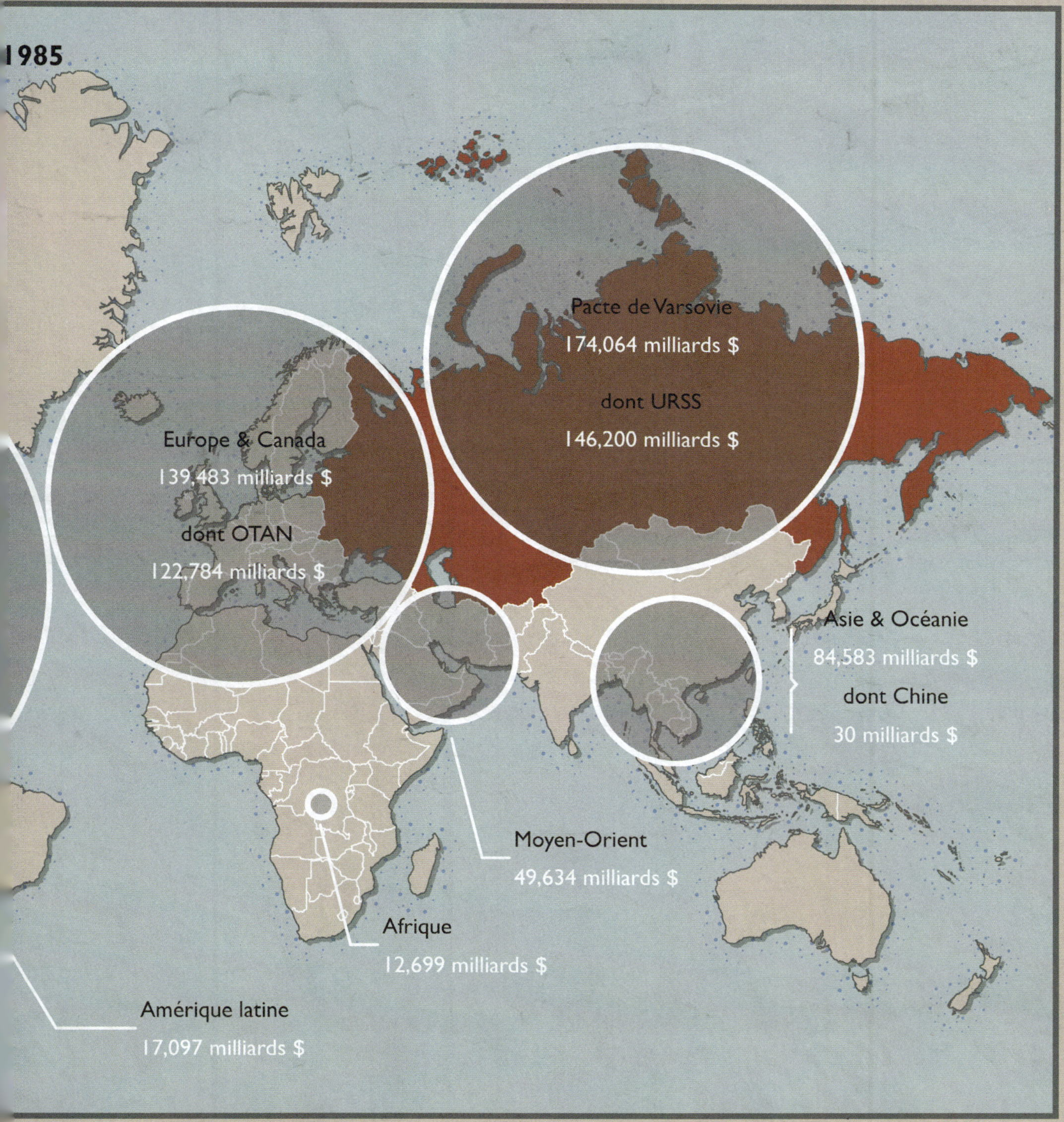
1985
Pacte de Varsovie
174,064 milliards $
dont URSS
146,200 milliards $
Europe & Canada
139,483 milliards $
dont OTAN
122,784 milliards $
Asie & Océanie
84,583 milliards $
dont Chine
30 milliards $
Moyen-Orient
49,634 milliards $
Afrique
12,699 milliards $
Amérique latine
17,097 milliards $

L'opération Urgent Fury, *le 25 octobre 1983.*

- 1983 -

L'INVASION DE LA GRENADE

Le 25 octobre 1983, mille cinq cents marines débarquent sur l'île de la Grenade. La raison officielle de cette opération américaine, la première d'importance depuis la fin de la guerre du Viêt Nam, est de rétablir l'ordre après un coup d'État. Il s'agit aussi pour Washington de contenir le communisme dans la région.

Virage vers le socialisme

La Grenade est une petite île montagneuse située à cent cinquante kilomètres au nord des côtes du Venezuela. Ancienne colonie britannique, elle a obtenu son indépendance en 1974. Elle demeure toutefois dans le Commonwealth. Chef de l'État, la reine d'Angleterre est représentée sur place par un gouverneur aux pouvoirs essentiellement honorifiques. En 1979, le Premier ministre Eric Gairy est déposé par le *New Jewel Movement*, un parti politique marxiste-léniniste qui a pris les armes après les résultats contestés des élections de 1976. Son leader, Maurice Bishop, est un avocat proche de Fidel Castro. Aussitôt après le coup d'État, Bishop prend la tête d'un gouvernement populaire révolutionnaire. Le pays amorce alors un virage vers une politique socialiste et, sur le plan extérieur, il se rapproche de Cuba et de l'Union soviétique. Tiers-mondiste, Bishop soutient la prise de pouvoir par les sandinistes au Nicaragua et le mouvement anti-apartheid en Afrique du Sud.

Dans l'orbite de Cuba

Le gouvernement de Maurice Bishop est, pour toutes ces raisons, regardé avec défiance par les États-Unis, notamment après l'élection de Ronald Reagan. Dans une version actualisée de la théorie des « dominos », les Américains craignent en effet que les États d'Amérique centrale suivent l'exemple du Nicaragua. Il faut rappeler qu'une guerre civile éclate en 1980 au Salvador entre, d'un côté, des forces d'extrême droite et l'armée, soutenues par les États-Unis et, de l'autre, la guérilla marxiste. En outre, Washington n'apprécie guère que la région des Caraïbes, qui constitue son arrière-cour, soit prise en étau par deux États communistes, Cuba, au nord, et la Grenade, au sud.

Ce sentiment est renforcé par le fait que le gouvernement grenadien a lancé la construction d'un aéroport international au sud de l'île ; une infrastructure financée en partie par des crédits cubains et avec l'aide de conseillers techniques envoyés par Fidel Castro. Le site pourrait, selon l'administration Reagan, servir de base militaire même si aucune installation de ce type n'est avérée.

Toutefois, à l'automne 1983, Maurice Bishop envoie des signaux d'apaisement aux Américains. Un rapprochement qui est essentiellement motivé par l'échec de sa politique économique et la volonté de ne pas priver l'île de l'activité générée par les touristes américains. Bishop se heurte néanmoins, au sein de son gouvernement, à des éléments plus radicaux. Son vice-Premier ministre, Bernard Coard, le dépose le 14 octobre 1983. Mis en résidence surveillée, Bishop est libéré le 19 octobre par des manifestants, mais il est vite repris et exécuté par l'armée avec quatre ministres restés fidèles. Le même jour, le général Hudson Austin forme un Conseil militaire révolutionnaire qui prend le pouvoir.

L'intervention américaine

La situation provoque aussitôt la réaction des États-Unis et de ses alliés dans la région. Les 22 et 23 octobre, les chefs de gouvernement des États de la communauté caribéenne décrètent un embargo contre la Grenade. Au même moment, l'Organisation des États de la Caraïbe orientale (OECO) demande l'aide des États-Unis pour former une coalition afin de rétablir l'ordre sur l'île de la Grenade. Le 24, alors qu'il n'en a pas le pouvoir constitutionnel, et que le Royaume-Uni de Margaret Thatcher manifeste clairement son intention de ne pas intervenir, le gouverneur représentant de la Couronne britannique formule une demande d'assistance dans une lettre adressée à l'OECO. Le 25 octobre, l'*US Navy* fait donc débarquer sur l'île mille neuf cents marines et trois cents soldats caribéens (opération Urgent Fury). Grâce à sa supériorité militaire, la force d'invasion s'assure en trois jours le contrôle du territoire. Les Américains confient au gouverneur la responsabilité de rétablir les services publics et se retirent à la mi-décembre en laissant sur place une centaine de policiers militaires.

Les entorses au droit international

L'intervention américaine n'est cependant pas conforme au droit international. Elle est d'ailleurs dénoncée par plusieurs pays, y compris des États du bloc occidental. Les condamnations restent cependant nuancées, notamment parce que l'invasion est légitimée, a posteriori, par l'adhésion de la population trop contente de voir la fin des troubles.

Officiellement, les États-Unis ont accepté d'intervenir afin de restaurer la paix sur l'île et de mettre en sécurité leurs quelque mille ressortissants présents sur le territoire. Mais la Maison-Blanche souhaite également contenir l'émergence de gouvernements communistes dans sa sphère d'influence car, selon les mots du président, Grenade est alors perçue comme une « colonie soviéto-cubaine sur le point de se transformer en bastion militaire pour l'exportation de la terreur et de la lutte contre la démocratie ».

Soldats américains pendant l'opération Urgent Fury.

Opération *Urgent Fury*, Grenade,
25 octobre 1983
Victoria
Mer des Caraïbes
Gouyave
USS Independence
USS Guam
Grenville
GRENADE
Saint-Georges
Aéroport
international
Océan Atlantique
Marines
Forces spéciales
Rangers
Porte-avions
Flotte de soutien
2 km

Avion de la compagnie Korean Air Lines, en 1983.

- 1983 -

LE DRAME DU VOL KOREAN AIR LINES

Le 1er septembre 1983, un Boeing 747 de la compagnie Korean Air Lines est abattu par des chasseurs soviétiques au-dessus de l'île de Sakhaline. L'accident contribue au renforcement des tensions entre Washington et Moscou.

Un accident diplomatique

Le 31 août, le vol commercial Korean Air Lines 007 décolle de New York à destination de Séoul. L'appareil transporte deux cent quarante-six passagers et vingt-trois membres d'équipage. Après une escale de ravitaillement à Anchorage (Alaska), l'avion de ligne poursuit sa route, mais dévie de sa trajectoire et pénètre dans l'espace aérien soviétique. Il survole la péninsule du Kamtchatka et la mer d'Okhotsk, puis il se retrouve au-dessus d'une zone sensible. Pour les Soviétiques, il s'agit sans aucun doute d'un avion-espion américain. Ils envoient donc des avions de chasse pour l'intercepter. Le 1er septembre, à 18 heures et 26 minutes, un Soukhoi Su-15 tire deux missiles sur le Boeing.

L'appareil s'écrase en mer, dans le détroit de Tartarie, près de l'île Moneron. L'enquête menée ultérieurement révèle que la cause du drame est une erreur technique : un mauvais paramétrage du pilote automatique non repéré par l'équipage. L'accident entraîne la mort des deux cent soixante-neuf personnes qui se trouvaient à son bord. Les victimes appartiennent à quatorze nationalités, mais sont majoritairement coréennes (cent cinq) et américaines (soixante-deux), dont un membre de la Chambre des représentants, Larry McDonald.

Regain de tensions

Le 2 septembre, l'organe de presse officiel soviétique, l'agence Tass, annonce qu'un avion « d'appartenance non identifiée [...] avait survolé pendant plus de deux heures la presqu'île du Kamtchatka et l'île de Sakhaline [...] sans feux de navigation aérienne, ne répondant pas aux signaux radio des services soviétiques ». L'URSS admet avoir effectué des tirs de sommation en direction du Boeing. Elle accuse, en revanche, les Américains d'avoir utilisé l'avion de ligne pour espionner son territoire. Il est vrai que les États-Unis utilisent alors des Boeing RC-135 pour des missions de renseignement dans ce secteur. Le fait que l'avion ait changé de niveau au-dessus de l'île de Sakhaline, alors qu'une première interception était tentée, a conforté la présomption soviétique qu'il s'agissait d'un appareil-espion.

Dès le 5 septembre, Ronald Reagan dénonce avec véhémence l'implication soviétique au cours d'une allocution télévisée. Le président américain n'a pas de mots assez forts pour qualifier cette tragédie : un « crime contre l'humanité [qui] ne doit jamais être oublié », un « acte de barbarie [d'une] brutalité inhumaine ». Le 6 septembre, sous la pression internationale, l'URSS est contrainte d'admettre sa responsabilité dans la catastrophe. Or, concomitamment, les Américains produisent au Conseil de sécurité des Nations unies un enregistrement, capté par les services japonais, des échanges radio soviétiques lors de l'interception aérienne. Les pilotes de chasse évoquent l'activation par le vol sud-coréen de signaux lumineux, démentant ainsi les communiqués initiaux de l'agence Tass. Le document montre également que les chasseurs sont restés à trop bonne distance du Boeing pour pouvoir l'identifier comme un vol commercial.

Une réponse démesurée

La crédibilité de l'URSS est d'autant plus fragilisée qu'elle refuse d'appliquer les règles prévues par la Convention de Chicago en matière d'aviation civile. En effet, selon cet accord international, il revient à l'Union soviétique de mener des investigations en acceptant la présence d'observateurs coréens et américains, ces deux pays étant respectivement propriétaire et constructeur de l'appareil.

Or, l'URSS ne reconnaît pas la Corée du Sud et refuse que des experts étrangers se joignent aux investigations. Les conclusions de l'enquête soviétique, largement favorables à sa thèse initiale, sont contestées. Une enquête internationale est donc réclamée par les Occidentaux, mais l'URSS met son veto devant le Conseil de sécurité. Les investigations sont finalement menées par l'Organisation de l'aviation civile internationale (OACI). Son rapport, rendu le 2 décembre, constate qu'il y a bien eu violation de l'espace aérien soviétique, mais il conclut à une réponse démesurée de l'URSS, un usage de la force non conforme au droit international.

Une vague d'indignation parcourt l'opinion publique américaine, nourrie par les déclarations présidentielles et la presse. Le 15 septembre, Reagan ordonne à l'administration fédérale de l'aviation d'interdire les vols soviétiques aux États-Unis.

Le 20, Andreï Gromyko, ministre des Affaires étrangères de l'URSS, ne peut se rendre à la session des Nations unies. L'accident survient en effet dans un contexte tendu entre les deux grands, en pleine crise des euromissiles. Toutefois, si les États-Unis tentent de fédérer leurs alliés dans une condamnation unanime de l'attitude soviétique, l'administration Reagan et les gouvernements alliés restent modérés dans leurs réponses. Les Occidentaux cherchent surtout à ne pas compromettre les négociations en cours sur le désarmement nucléaire…

Une du Point, 12 septembre 1983.

Une du Time, 12 septembre 1983.

Le drame du vol Korean Air Lines 007,
1er septembre 1983
KOREAN AIR LINES
Vol Korean Air Lines 007
Boeing 747-230 B
246 passagers
23 membres d'équipages
Anchorage
Alaska
Intercepteur soviétique
Soukhoï Su-15
1 pilote
590 km de rayon d'action
URSS
Kamchatka
Petropavlovsk
Mer d'Okhotsk
Sakhaline
Îles Kouriles
Sovetskaya
Ioujno-Sakhalinsk
Océan Pacifique
Île Moneron
Vladivostok
Mer du Japon
JAPON
Zone de l'accident
Bases soviétiques
Plan de vol
Trajectoire suivie
par le vol KAL 007

Essai nucléaire dans les années 1980.

- 1983 -

L'EXERCICE ABLE ARCHER 83

Du 7 au 11 novembre 1983, l'OTAN organise en Europe occidentale un grand exercice militaire nommé Able Archer 83. Ces manœuvres interviennent cependant dans un contexte international très tendu et font craindre aux dirigeants soviétiques qu'une véritable attaque nucléaire est imminente.

Opération Ryan

Au début des années 1980, les deux camps disposent de forces militaires très importantes : le pacte de Varsovie peut mobiliser jusqu'à six millions d'hommes, l'OTAN, cinq millions trois cent mille. Or, depuis le début de la crise des euromissiles en 1977, l'invasion soviétique de l'Afghanistan en 1979 et l'arrivée à la Maison-Blanche de Ronald Reagan en 1981, le climat s'est tendu entre les deux superpuissances.

En 1979, le président du KGB, Iouri Andropov – successeur de Brejnev en 1982 – a lancé un programme de renseignement, l'opération Ryan, visant à rassembler les indices qui permettraient de repérer une éventuelle attaque nucléaire préventive des États-Unis contre l'URSS. Les dirigeants soviétiques sont alors persuadés des intentions agressives de leur principal adversaire. Deux crises survenues durant l'automne 1983 renforcent cette crainte : le débarquement américain sur l'île de la Grenade (du 25 octobre au 2 novembre) et le crash du Boeing de la Korean Air Lines, abattu par des avions soviétiques le 1er septembre.

Le scénario du pire

C'est dans ce contexte que l'exercice Able Archer 83 est lancé au début du mois de novembre. Son objectif est de mettre en situation les états-majors occidentaux face à une escalade des tensions qui mènerait d'une guerre conventionnelle à un affrontement nucléaire.

Le scénario implique deux coalitions, l'une « bleue », l'OTAN, l'autre « orange », vraisemblablement les forces du pacte de Varsovie. Les stratèges de l'OTAN ont imaginé un déroulé en plusieurs étapes. Tout d'abord, après un changement de gouvernement au sein du bloc orange, celui-ci devient beaucoup plus offensif face à la politique occidentale au Moyen-Orient. Les deux blocs renforcent leur présence militaire dans le Golfe. Dans le même temps, le camp orange, confronté à des difficultés économiques croissantes, doit réprimer des troubles sociaux dans sa sphère d'influence en Europe de l'Est. Il fait peser une forte pression diplomatique sur la Finlande et la Yougoslavie, deux pays tentés par un rapprochement avec l'OTAN, avant de les envahir. L'agression s'accompagne de frappes préventives sur des forces bleues suivies d'une attaque sur l'Allemagne de l'Ouest et la Grèce. Devant la résistance des forces bleues, le bloc orange emploie des armes chimiques, ce qui amène l'OTAN à utiliser son arsenal nucléaire.

État d'alerte maximum

L'exercice prend fin le 11 novembre 1983, mais il provoque une véritable panique dans les états-majors soviétiques. En effet, le caractère particulièrement réaliste de l'exercice, l'importance des forces impliquées – près de quarante mille militaires engagés de la mer du Nord à la Méditerranée – et le volume des communications secrètes échangées font penser à l'URSS que les manœuvres cachent les préparatifs d'une attaque bien réelle contre son territoire.

Le pacte de Varsovie place donc ses forces nucléaires et aériennes au plus haut niveau d'état d'alerte, notamment celles qui sont stationnées en République démocratique allemande et en Pologne. Dans le but de collecter des renseignements sur le dispositif allié, il mène plus d'une trentaine d'incursions aériennes au-dessus de la Norvège, de la mer du Nord et de la Baltique, soit bien plus que lors des précédents exercices. Dans un entretien accordé en 1990 à un journaliste du *Washington Post*, l'ancien chef d'état-major soviétique, Sergei Akhromeyev, témoigne de l'état d'esprit qui était alors le sien et celui des dirigeants de l'URSS : « J'ai considéré que les États-Unis étaient prêts pour la suprématie mondiale [...]. Et j'ai considéré qu'à la suite de cette situation, il pouvait y avoir une guerre [...] à l'initiative des États-Unis. »

AU BORD DE L'ABÎME

L'exercice Able Archer 83 est sans doute, après la crise de Cuba, l'un des moments les plus dangereux de la guerre froide, l'un de ceux qui ont placé les deux blocs au bord de l'affrontement nucléaire.

S'il est maintenant documenté par plusieurs fonds d'archives déclassifiés, l'épisode est longtemps resté ignoré du grand public. Cependant, à l'ouest, les responsables politiques et militaires découvrent très vite, à l'issue de la simulation, l'état de fébrilité dans lequel Able Archer a plongé leurs homologues soviétiques. Ainsi qu'il le relate dans ses mémoires, Ronald Reagan prend alors conscience que « de nombreux responsables soviétiques nous craignaient [...] en tant qu'agresseurs potentiels qui pourraient lancer des armes nucléaires sur eux lors d'une première frappe ».

À la suite de cet épisode, le président américain reconsidère sa politique diplomatique envers l'URSS. L'arrivée au pouvoir de Gorbatchev en 1985 permet d'ouvrir des négociations sur la réduction des armes nucléaires.

Le president américain Ronald Reagan, en 1981.

Manifestation à Washington pour dénoncer la mort d'un député américain dans l'accident de la Korean Air Lines, en 1983.

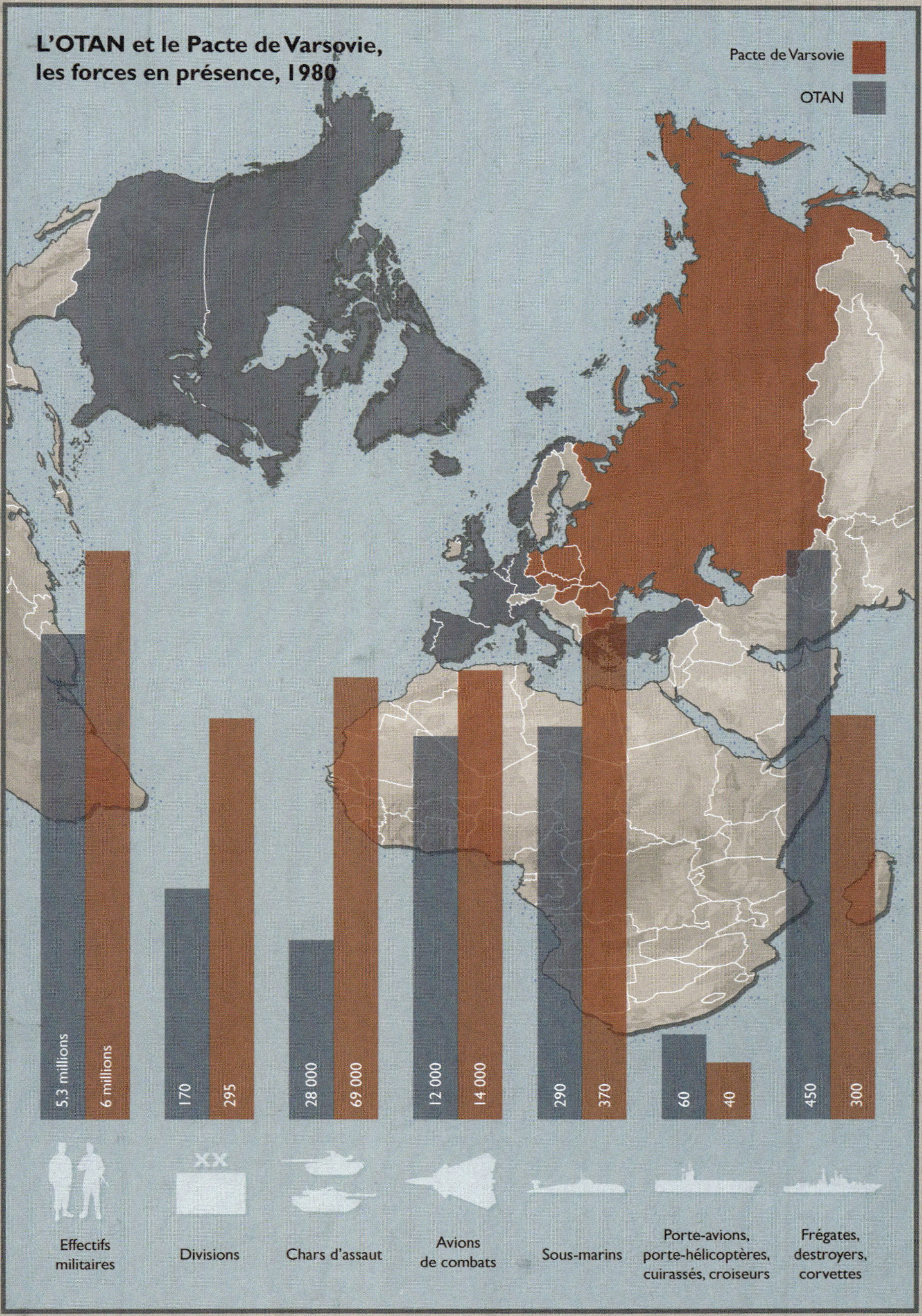
L'OTAN et le Pacte de Varsovie, les forces en présence, 1980
Pacte de Varsovie
OTAN
5,3 millions
6 millions
170
295
28 000
69 000
12 000
14 000
290
370
60
40
450
300
XX
Effectifs militaires
Divisions
Chars d'assaut
Avions de combats
Sous-marins
Porte-avions, porte-hélicoptères, cuirassés, croiseurs
Frégates, destroyers, corvettes

En janvier 1989, les troupes soviétiqu
quittent l'Afghanist

- 1979-1989 -

LA GUERRE D'AFGHANISTAN

De 1979 à 1989, l'Union soviétique intervient en Afghanistan pour maintenir le régime communiste. Le conflit est pourtant difficile et va jusqu'à déstabiliser les bases de sa puissance.

Renversement de pouvoir

En 1965, un parti démocratique populaire d'Afghanistan (PDPA), organisation marxiste, est fondé. Celui-ci se scinde cependant très vite en deux tendances rivales : le *Khalq*, de Nour Mohammad Taraki, et le *Parcham*, plus modéré, de Babrak Karmal. En 1973, le roi est déposé par son cousin, le prince Mohammad Daoud Khan, proche du *Parcham*. La monarchie abolie, Daoud Khan prend la présidence de la nouvelle république. Mais, en 1977, le prince-président s'inquiète de la réunification des communistes afghans au sein du PDPA ; une alliance largement parrainée par le parti communiste soviétique.

En avril 1978, Daoud Khan fait arrêter des membres du PDPA. Cette décision provoque une insurrection à Kaboul, la révolution de Saur. Le PDPA, qui dispose de nombreux soutiens dans l'armée, s'empare du pouvoir et exécute Daoud Khan et sa famille. Le 1er mai, la République démocratique d'Afghanistan est proclamée avec l'appui de Moscou. Nour Taraki prend alors la tête du pays. Un autre membre influent du parti, Hafizullah Amin, devient ministre des Affaires étrangères.

Guerre d'influences

Le nouveau régime lance une réforme agraire, un vaste programme d'alphabétisation et accorde des droits aux femmes. Or, ces mesures heurtent les pratiques traditionnelles de la société rurale afghane et des fondamentalistes religieux. L'autorité de Taraki est également critiquée par ses alliés du *Parcham*. À l'été 1978, ces derniers sont éloignés du pouvoir ou arrêtés. En dépit des réserves soviétiques sur ces dissensions internes, Moscou et Kaboul signent un traité d'amitié et de coopération.

Au début de l'année 1979, les premiers conseillers militaires soviétiques arrivent en Afghanistan. Brejnev refuse néanmoins d'intervenir lorsque Taraki demande l'aide des Soviétiques pour réprimer une mutinerie dans l'armée. En revanche, les États-Unis de Jimmy Carter commencent à fournir de l'aide aux insurgés afghans. Les Américains ont en effet suspendu toutes relations diplomatiques avec l'Afghanistan après l'enlèvement et la mort de leur ambassadeur à Kaboul, Adolph Dubs, en février 1979.

Tempête-333

Le 14 septembre, Taraki, très affaibli politiquement, est finalement renversé par Hafizullah Amin. Les Soviétiques craignent un rapprochement entre le nouveau pouvoir et les Américains qui seraient ainsi en mesure d'installer des bases à proximité de leur territoire. Les partisans d'une intervention militaire à Kaboul sont de plus en plus nombreux, notamment au sein de l'armée et du KGB. Dmitri Oustinov, ministre de la Défense, Iouri Andropov, président du KGB, et Andreï Gromyko, ministre des Affaires étrangères, sont à la manœuvre. Après l'échec d'une tentative d'assassinat sur Amin, Brejnev ordonne, le 27 décembre, le déclenchement de l'opération Tempête-333, c'est-à-dire l'invasion de l'Afghanistan. Le jour même, Amin est éliminé par les Soviétiques. Ceux-ci confient les rênes du pays à Babrak Karmal, le leader de la tendance *Parcham*.

La population réagit très mal. Les troupes soviétiques et les communistes afghans sont attaqués. Des manifestations à Kandahar et à Kaboul sont violemment réprimées. Les rangs des moudjahidines afghans grossissent. Diplomatiquement, l'intervention place l'URSS dans une position difficile, car elle suscite l'hostilité des États musulmans. En 1980, les Jeux olympiques de Moscou sont boycottés par plusieurs pays. Surtout, les dépenses militaires induites par le conflit et les sanctions internationales – notamment américaines – viennent frapper une économie soviétique déjà moribonde.

L'enlisement soviétique

Durant neuf années, l'Armée rouge s'enlise dans une difficile guerre d'usure contre une guérilla qui connaît bien le terrain et qui dispose du soutien de la population. Le combat des Afghans séduit de nombreux djihadistes originaires d'autres pays musulmans. Parmi ces derniers, un certain Oussama Ben Laden qui, depuis le Pakistan, apporte un soutien logistique aux combattants.

Les bombardements opérés sur les villages pour couper la résistance de ses bases arrière ne font que gonfler les effectifs des combattants afghans. En 1985, ils sont peut-être cent cinquante mille moudjahidines face à quatre cent mille hommes de l'armée régulière et cent mille Soviétiques. Ils bénéficient peu à peu d'une aide étrangère, dont des missiles sol-air américains Stinger qui leur permettent de neutraliser l'aviation soviétique.

Dès 1985, Gorbatchev songe à un retrait. Celui-ci commence à l'automne 1986, s'accélère en 1988 et s'achève en février 1989. Sur les six cent mille Soviétiques passés en Afghanistan, au moins treize mille seraient morts. La défaite déstabilise l'URSS, qui traverse par ailleurs une crise morale, comme les États-Unis après leur échec au Viêt Nam. Pour l'Afghanistan, le bilan est pire encore : un million trois cent mille Afghans auraient été tués. Or, le retrait soviétique ne met pas fin à une guerre civile qui perdure encore de nombreuses années.

Combattants moudjahidines dans la province afghane de Kounar en 1987.

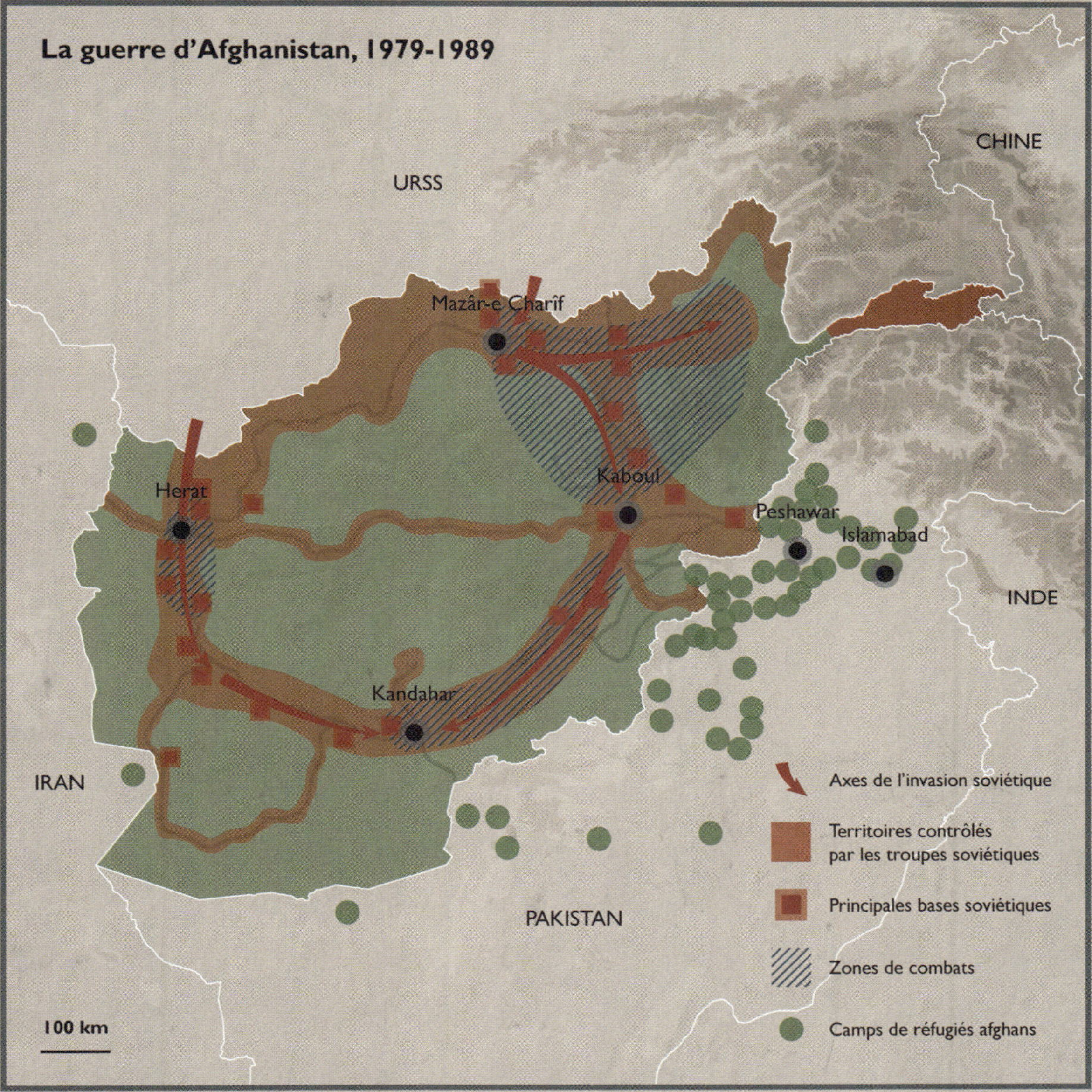
La guerre d'Afghanistan, 1979-1989
URSS
CHINE
Mazâr-e Charîf
Herat
Kaboul
Peshawar
Islamabad
INDE
Kandahar
IRAN
PAKISTAN
Axes de l'invasion soviétique
Territoires contrôlés par les troupes soviétiques
Principales bases soviétiques
Zones de combats
Camps de réfugiés afghans
100 km

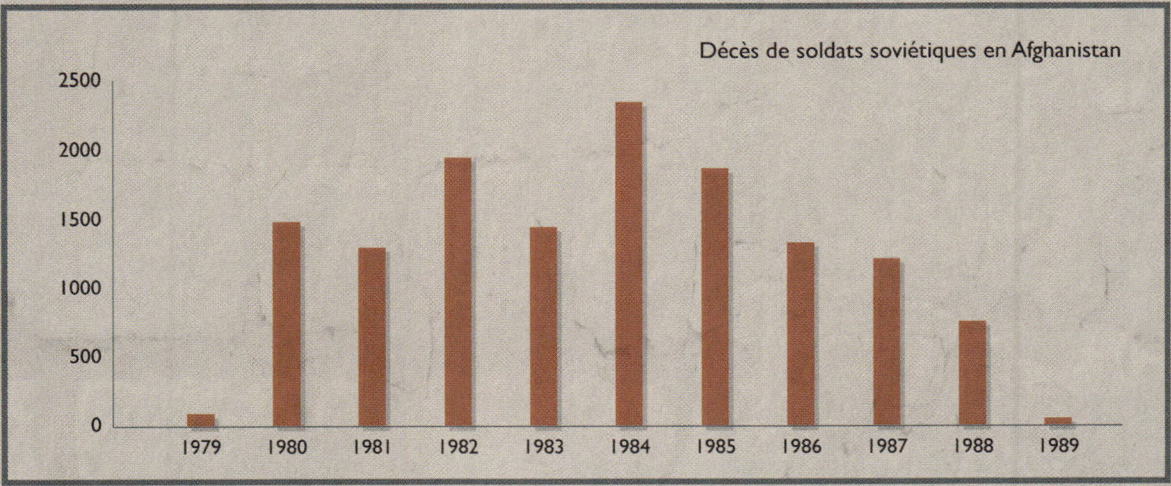
Décès de soldats soviétiques en Afghanistan
2500
2000
1500
1000
500
0
1979
1980
1981
1982
1983
1984
1985
1986
1987
1988
1989

La centrale nucléaire de Tchernobyl.

- 1986 -

ACCIDENT TRAGIQUE À TCHERNOBYL

À bien des égards, l'accident qui frappe la centrale nucléaire de Tchernobyl le 26 avril 1986 est tout autant un révélateur qu'un accélérateur de la crise du système soviétique.

L'explosion

Située en Ukraine à cent trente kilomètres au nord de Kiev, la centrale nucléaire de Tchernobyl compte quatre réacteurs nucléaires de type RBMK. Dans la nuit du 25 au 26 avril 1986, il est prévu d'effectuer, sur le plus récent des réacteurs (le numéro 4), un test de sécurité concernant l'alimentation du circuit de refroidissement. Malheureusement, une succession d'erreurs humaines et de défaillances techniques, par ailleurs inhérentes au modèle RBMK, provoque l'explosion du réacteur, à 1 heure 23 du matin. L'explosion entraîne l'effondrement du toit, et expose le cœur en fusion à l'air libre. Le graphite, utilisé comme modérateur dans le réacteur, s'enflamme. L'incendie est alimenté par l'immense chaleur qui se dégage du bâtiment.

La tragédie

Durant les heures qui suivent l'accident, les responsables sur place ne prennent pas la mesure de la catastrophe. L'ingénieur en chef adjoint et le directeur de la centrale refusent ainsi d'admettre que le cœur du réacteur est détruit. Deux jeunes ingénieurs, chargés d'inspecter les dégâts, sont mortellement irradiés.

Les taux de radiation sont tels que les appareils de mesure ne peuvent les quantifier. Dans l'immédiat, il faut combattre les incendies qui résultent de l'explosion. Les pompiers de Pripiat – la ville voisine fondée en 1970 pour héberger les employés de la centrale – interviennent sans protection. Après plusieurs heures, ils réussissent à éteindre les flammes, mais ils sont, pour la plupart, mortellement atteints. Les responsables découvrent alors le réacteur éventré. À l'intérieur, le graphite en combustion et le cœur en fusion dégagent des quantités importantes de poussières, de fumées et de gaz radioactifs dans l'atmosphère.

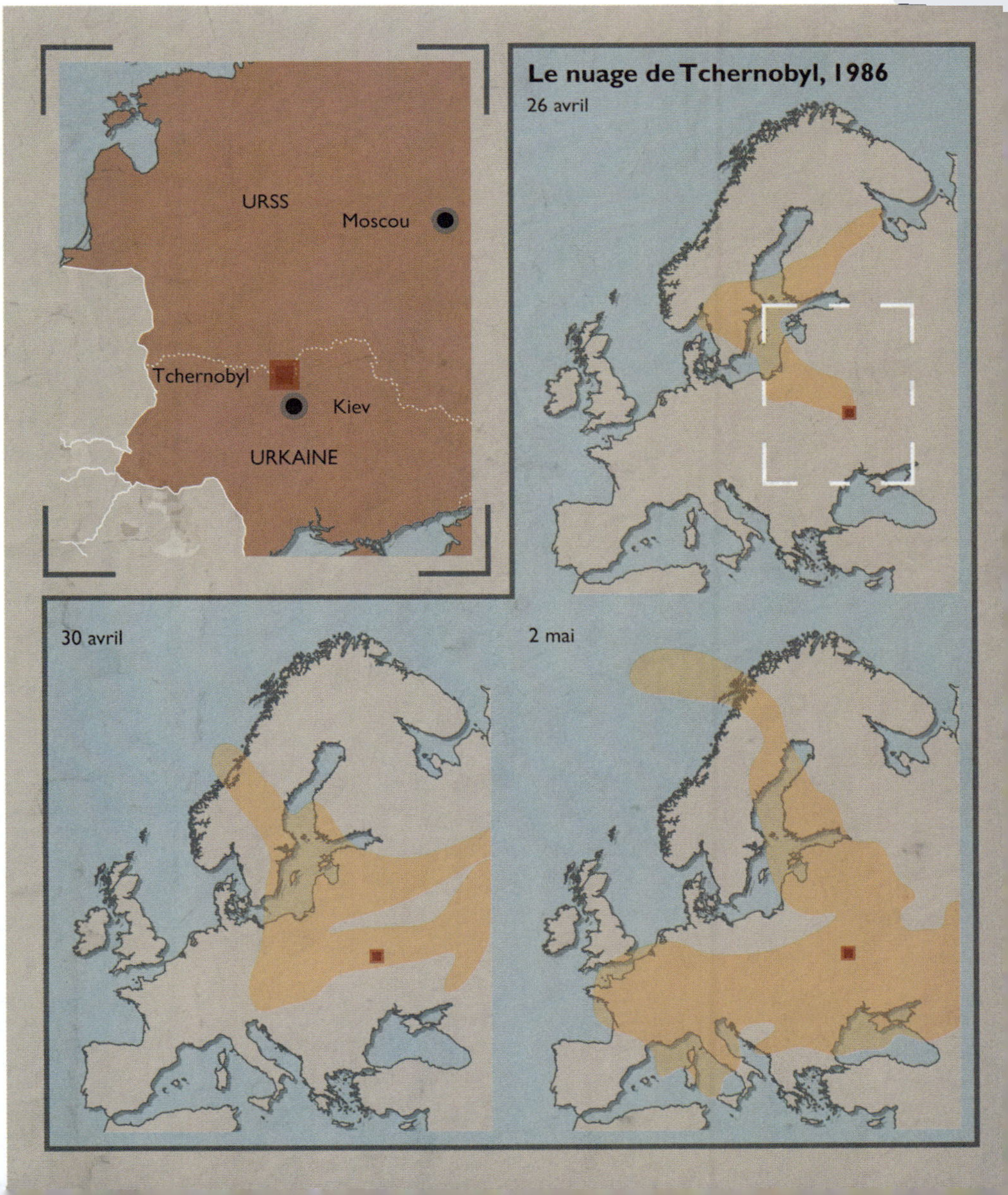

L'étouffement

La priorité est désormais d'étouffer le cœur. Du 26 avril au 2 mai, les hélicoptères de l'armée se relaient pour larguer cinq mille tonnes de matériaux sur le réacteur. Cette opération est périlleuse, car, pour atteindre l'objectif, les pilotes doivent viser un orifice de cinq mètres de large à deux cents mètres d'altitude. Ils sont eux aussi exposés à un intense rayonnement. Les responsables doivent résoudre un autre grave danger. En effet, la dalle de béton qui supporte le réacteur menace de s'effondrer alors que les structures inférieures sont inondées. Si le combustible nucléaire atteignait cette masse d'eau, il en résulterait une explosion de vapeur qui risquerait de disséminer des éléments radioactifs à une plus grande échelle encore. L'eau radioactive est évacuée grâce à l'intervention de plongeurs qui parviennent à ouvrir les vannes. On fait ensuite venir des mineurs afin qu'ils creusent une galerie sous les fondations. Initialement destinée à accueillir un système de refroidissement, l'excavation sert finalement à couler du béton afin de stabiliser la structure.

Parallèlement, des ouvriers et des soldats – les « liquidateurs » – sont déployés avec des protections dérisoires sur les toits pour ramasser les fragments radioactifs de graphite et les jeter dans le réacteur. Des milliers de militaires sont aussi chargés de décontaminer la région. En octobre, un premier sarcophage de confinement est achevé autour de l'édifice.

Le nuage de Tchernobyl

Le 28 avril, soit deux jours après l'accident, les autorités procèdent enfin à l'évacuation des cinquante mille habitants de Pripiat, puis des localités alentour. Au même moment, les pays occidentaux découvrent les niveaux anormalement élevés de radioactivité dans l'atmosphère. Le nuage de Tchernobyl parcourt une bonne partie de l'Europe. Les Soviétiques ne peuvent pas dissimuler plus longtemps l'ampleur du drame.

Le 14 mai, cohérent avec sa politique de transparence – la *glasnost* – annoncée quelque temps plus tôt, Gorbatchev avoue à la télévision que « ni les politiques ni même les scientifiques n'étaient préparés à saisir la portée de cet événement ».

Une catastrophe sans précédent

Catastrophe sanitaire et environnementale sans précédent, Tchernobyl révèle surtout les faiblesses structurelles du système soviétique. La tragédie résulte principalement de l'indifférence démontrée à tous les échelons vis-à-vis des règles de sécurité, et cela afin de satisfaire aux impératifs de la productivité. Les responsables locaux et nationaux ont ensuite tenté de dissimuler et de minimiser les conséquences de l'explosion. Puis, la crise a été gérée dans l'urgence sans considération pour la vie des ingénieurs, des pompiers, des mineurs et des liquidateurs, mais aussi de la population. Le 27 avril 1988, Valeri Legassov, directeur de l'Institut Kourtchatov de l'énergie atomique et membre de la commission chargée de gérer l'accident, se suicide le lendemain de l'anniversaire du drame. Il laisse des enregistrements dans lesquels il dénonce les errements du système. Ce témoignage est publié dans la *Pravda* le 20 mai 1988.

La centrale nucléaire de Tchernobyl

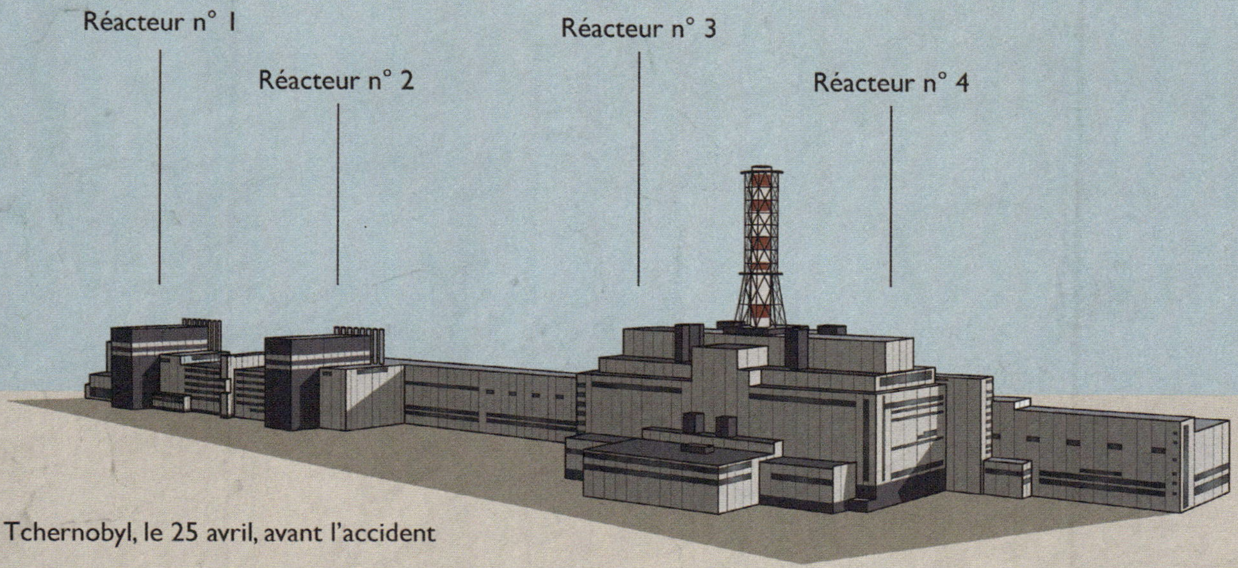

Tchernobyl, le 25 avril, avant l'accident

26 avril - 5 mai
Au péril de leur santé, les pilotes d'hélicoptères déversent des tonnes de sable, d'argile, de plomb, de bore, de borax et de dolomite afin d'éteindre l'incendie.

Des « liquidateurs » sont envoyés sur les toits de la centrale pour évacuer les morceaux de graphites dans le cœur en fusion.

Fin 1986, après six mois de travaux, un premier sarcophage de béton et d'acier est achevé afin d'isoler le réacteur détruit et contenir les radiations.

Tchernobyl, après l'accident du 26 avril, 1 heure 23

- 1979-1989 -

LA POLOGNE SE REBELLE

Les années 1980 voient émerger en Pologne un mouvement de contestation d'une ampleur encore inédite à l'intérieur du bloc communiste. Malgré la répression, celui-ci monte en puissance durant toute la décennie, porté notamment par l'élection du pape Jean-Paul II. Il contribue à affaiblir de manière significative l'emprise soviétique sur ses satellites.

Sous la botte stalinienne

La Pologne bascule dans le giron soviétique en 1945. Au début des années 1950, le régime adopte peu à peu tous les attributs du système stalinien : surveillance policière, répression des opposants, économie dirigée, persécution du clergé et censure. La République populaire est finalement proclamée en 1952.

Après la mort de Staline en 1953, la population nourrit de grands espoirs d'une libéralisation du régime. Le 28 juin 1956, une révolte ouvrière à Poznań est violemment réprimée. Mais le parti, conscient que le peuple aspire à des changements, place à la tête du pays un modéré, Władysław Gomułka. Après avoir annoncé « une voie polonaise vers le socialisme », ce dernier desserre l'étau de la police secrète, restitue des terres à la propriété privée, assouplit la censure et libère des prisonniers politiques.

Cependant, au fil des années, Gomułka devient de plus en plus autoritaire. En 1968, il soutient l'intervention du pacte de Varsovie en Tchécoslovaquie. Des manifestations étudiantes sont réprimées en mars de la même année. En décembre 1970, l'augmentation des prix provoque des émeutes, puis des grèves sur les chantiers navals de Gdańsk et de Gdynia. Le pouvoir fait appel à l'armée pour rétablir l'ordre. Le bilan de la répression est de quarante-deux morts et près de mille cent blessés. L'épisode coûte son poste à Gomułka, pressé par Moscou de démissionner.

L'étau se desserre

Le nouvel homme fort, Edward Gierek, espère apaiser l'opinion en libéralisant le régime. Surtout, il ambitionne de moderniser le pays afin de rétablir la situation économique. Il emprunte donc auprès des pays occidentaux pour acquérir des technologies permettant d'améliorer la production de biens. Les chocs pétroliers et la récession mondiale mettent toutefois en échec sa politique. Le climat économique se dégrade davantage, tandis que la dette publique explose.

À partir de 1975, les opposants polonais peuvent s'appuyer sur l'*Acte final* des accords d'Helsinki pour réclamer plus de libertés. Un groupe d'intellectuels forme ainsi le Comité de défense des travailleurs (KOR).

L'Église, avant-garde de la contestation

L'Église polonaise, dont l'influence est importante sur la société, est dirigée par de grandes figures anticommunistes : Stefan Wyszyński, primat de Pologne, et surtout Karol Wojtyła, qui accède au pontificat en 1978 sous le nom de Jean-Paul II. Dès 1979, le Saint-Père effectue un voyage officiel de dix jours dans son pays natal. Il s'agit de la première visite d'un souverain pontife dans un État communiste. Dans ses homélies, le pape affirme la nécessaire indépendance de la Pologne. Il invite les Polonais à « ne pas avoir peur » et exhorte le pouvoir à respecter « les convictions des croyants ». Ses discours galvanisent les oppositions.

La première brèche

À l'été 1980, des troubles sociaux éclatent à nouveau à la suite d'une augmentation des prix des denrées alimentaires. Menés par l'électricien Lech Wałęsa, les ouvriers du chantier naval Lénine de Gdańsk se mettent en grève. Symboliquement, des portraits de Jean-Paul II sont accrochés aux grilles des ateliers. Le conflit aboutit à la signature de l'accord de Gdańsk qui autorise les ouvriers à former un syndicat national, Solidarność.

Très vite, l'organisation compte plus de dix millions d'adhérents. Gierek cède sa place à Stanisław Kania, secrétaire général du Parti ouvrier unifié polonais, bientôt remplacé, en octobre 1981, par le général Wojciech Jaruzelski, commandant en chef des forces armées. Son gouvernement rompt les négociations avec Solidarność, puis déclare la loi martiale en décembre. Le pouvoir restreint les libertés, ferme les universités et arrête les sympathisants du syndicat, par ailleurs interdit. L'état d'urgence est finalement levé en juillet 1983. Jaruzelski a sauvé le régime, mais il ne résout pas les causes profondes du mécontentement. Solidarność survit dans la clandestinité.

Lech Wałęsa obtient le prix Nobel de la paix en 1983. L'année suivante, Jerzy Popiełuszko, un prêtre proche de Solidarność et connu pour ses positions anticommunistes, est enlevé et assassiné par des agents des services de sécurité. Lors de ses obsèques, en novembre, des centaines de milliers de Polonais lui rendent un dernier hommage en arborant l'emblème du syndicat.

Le climat change à partir de 1985. La *glasnost* et la *perestroïka* en URSS éloignent la menace d'une intervention soviétique en cas de changement de régime. Jaruzelski offre prudemment des gages à l'opposition démocratique. En 1988, il libère des prisonniers politiques. Solidarność, bien que toujours illégal, est toléré.

En août 1988, lorsque de nouvelles grèves sont organisées à Gdańsk, le pouvoir négocie un compromis, signé au début de l'année 1989. Le syndicat retrouve un statut légal et obtient le droit de présenter des candidats aux élections parlementaires de juin 1989. Malgré un nombre de sièges réservé au Parti communiste, c'est un raz-de-marée pour Solidarność. En août, Tadeusz Mazowiecki devient Premier ministre d'un gouvernement non communiste. Le parti tient son dernier congrès en janvier 1990, quelques semaines après la chute du mur de Berlin.

Lech Walesa en 1983.

La Pologne contestataire, 1979-1990

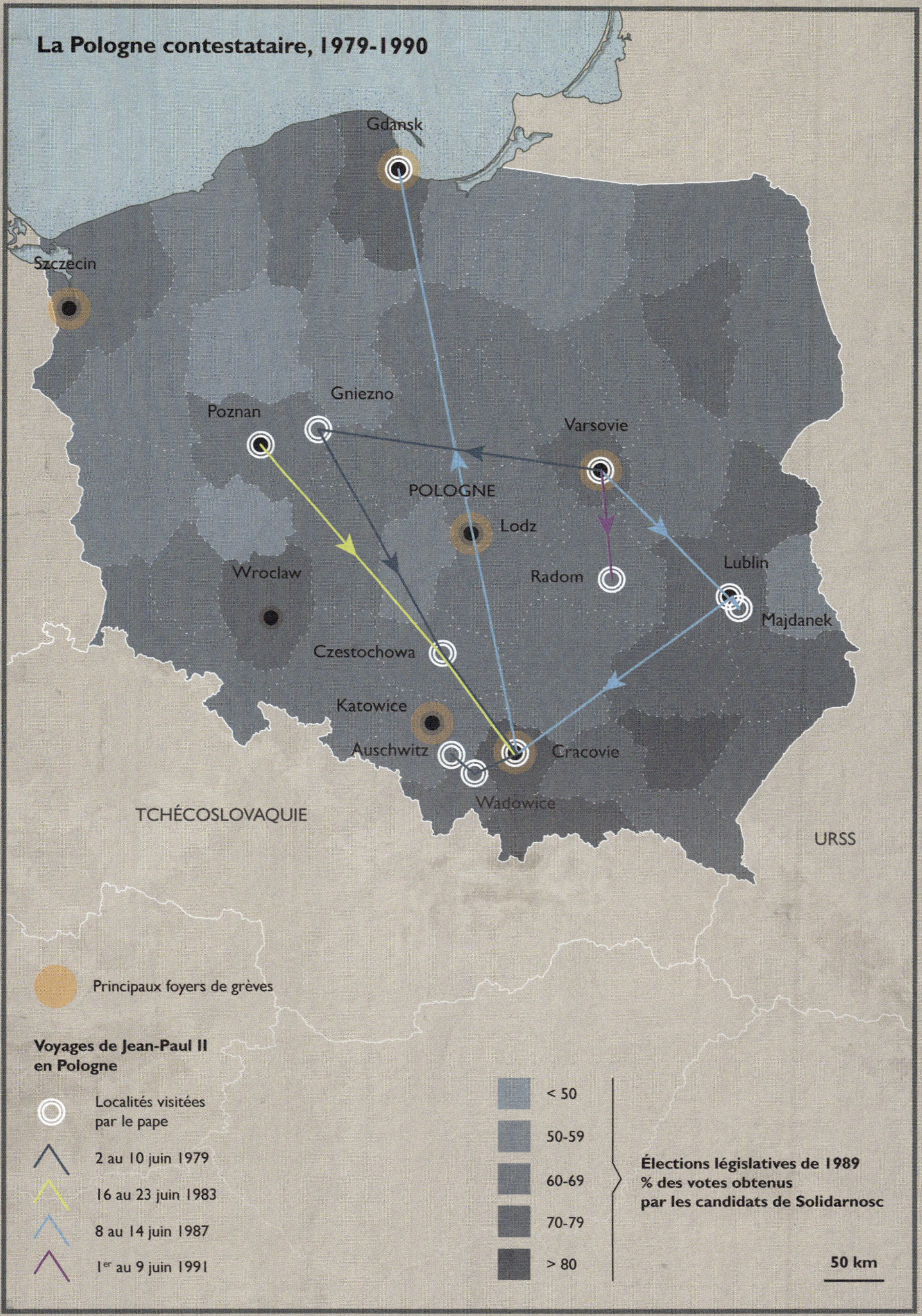

Le jour où le mur de Berlin est tombé, le 9 novembre 1989.

- 1989 -

LA CHUTE DU MUR DE BERLIN

Le 9 novembre 1989, le mur de Berlin s'effondre à la suite de la montée de la contestation en RDA, mais aussi de l'ouverture du rideau de fer en Hongrie et des errements du régime. L'événement, qui ouvre la voie à la réunification allemande, est un jalon majeur de la dislocation du bloc de l'Est.

Les premiers signes

En janvier 1989, Erich Honecker, au pouvoir depuis 1971, déclare : « Le Mur existera encore dans cinquante et même dans cent ans. » La société est-allemande présente pourtant des signes de fébrilité. En effet, la situation économique de la RDA est relativement moins dégradée par rapport aux autres pays du bloc de l'Est, mais les tensions sociales s'accentuent. Des groupes contestataires ont commencé à se structurer dans les milieux protestants, écologistes et antimilitaristes.

Influencée par les médias audiovisuels ouest-allemands, qui sont captés par la plupart des postes de RDA, la population aspire à plus de libertés ainsi qu'à un niveau de vie plus proche des standards occidentaux. Lors des élections municipales du 7 mai 1989, des groupes indépendants révèlent que le SED (Parti socialiste unifié) a falsifié les résultats. Des manifestations sont dès lors organisées périodiquement sur l'Alexanderplatz à Berlin afin de dénoncer la fraude électorale.

La fuite vers l'Ouest

Cette insatisfaction se mesure à travers le nombre de départs en RFA. Les visas délivrés par le gouvernement ne cessent d'augmenter, près de dix-neuf mille en 1987, un peu moins de quarante mille en 1988 et plus de trois cent quarante-trois mille en 1989. Les passages non autorisés sont également plus nombreux, peut-être six mille en 1987, neuf mille en 1988. Les candidats à l'émigration bénéficient de deux nouvelles voies pour fuir en Allemagne de l'Ouest. En effet, entre mai et septembre 1989, les Hongrois, qui se sont engagés dans un processus de démocratisation, ouvrent progressivement leur frontière avec l'Autriche. Le 19 août, à l'occasion d'un « pique-nique austro-hongrois » organisé par des militants prodémocratie à Sopron, ville frontalière hongroise, permet à six cents Allemands de l'Est de passer en Autriche. D'autres se réfugient dans les ambassades ouest-allemandes de Prague, de Varsovie ou de Budapest. Fin septembre, environ quatre mille réfugiés s'entassent à l'ambassade de Prague. Ils sont évacués le 1er octobre vers la RFA.

« *Wir sind das Volk !* »

Le 7 octobre, alors que la RDA célèbre son quarantième anniversaire en présence de Mikhaïl Gorbatchev, d'importantes manifestations sont organisées par les groupes contestataires et se poursuivent à travers tout le pays durant le mois d'octobre et au début du mois de novembre. Aux cris de « *Wir sind das Volk !* » – « Nous sommes le peuple ! » –, les manifestants réclament un changement de régime. Le 18 octobre, Erich Honecker est contraint à la démission de ses fonctions de président du Conseil d'État et de secrétaire général du Comité central du Parti socialiste unifié. Il est remplacé par Egon Krenz.

Le 7 novembre, c'est au tour du gouvernement de démissionner en bloc. Le lendemain, le bureau politique du parti fait de même. Le pouvoir semble totalement désemparé face à l'ampleur de la contestation. Le régime se résigne donc à rédiger une ordonnance afin de faciliter les départs en RFA pour des raisons privées. Le 9 novembre, lors d'une conférence de presse télévisée, Günter Schabowski, porte-parole du régime, annonce de façon confuse cette nouvelle réglementation. Mal préparé, Schabowski déclare que la mesure est immédiatement applicable alors qu'elle devait être mise en œuvre progressivement. L'information est aussitôt reprise par l'agence Associated Press et les médias internationaux.

L'Allemagne réunie

Vers 21 heures, les Berlinois commencent à se rassembler autour des points de passage. De plus en plus nombreux, ils forcent les gardes-frontières, médusés, à ouvrir les checkpoints. Dans la nuit, et toute la journée du 10 novembre, les Berlinois de l'Est franchissent par milliers l'ancienne frontière sous les yeux de la presse internationale.

Les autorités est-allemandes sont dépassées et renoncent à toute répression. Le chancelier de la RFA, Helmut Kohl, est alors en visite officielle en Pologne. Il interrompt son voyage et se rend à Berlin où il déclare : « Nous sommes le peuple le plus heureux de la Terre. » Les Soviétiques ordonnent à leurs troupes stationnées en Allemagne de rester dans leurs casernes.

Le 11 novembre, à Berlin, le mur est démantelé en plusieurs endroits, notamment à la porte de Brandebourg. Un autre symbole fort de la journée est le concert donné par le violoncelliste Mstislav Rostropovitch au pied du mur. Plusieurs centaines de milliers d'Allemands de l'Est ont déjà franchi la frontière.

L'État est-allemand ne survit pas longtemps à ces journées historiques. Le 13, le Parti socialiste unifié éclate en plusieurs tendances. Un réformateur, Hans Modrow, prend la tête du gouvernement. Le 1er décembre, la Chambre du peuple abolit l'article premier de la constitution qui faisait de la RDA un « État socialiste [...] sous la direction de la classe ouvrière et de son parti ». Le 22 décembre, Kohl et Modrow ouvrent symboliquement un point de passage à la porte de Brandebourg, la liberté de circulation est désormais totale entre les deux Allemagnes. Après les élections libres de mars 1990, le gouvernement non communiste négocie avec Helmut Kohl les modalités de la réunification allemande, proclamée le 3 octobre 1990.

Le mur de Berlin, en novembre 1990.

Les deux Allemagnes après la réunification

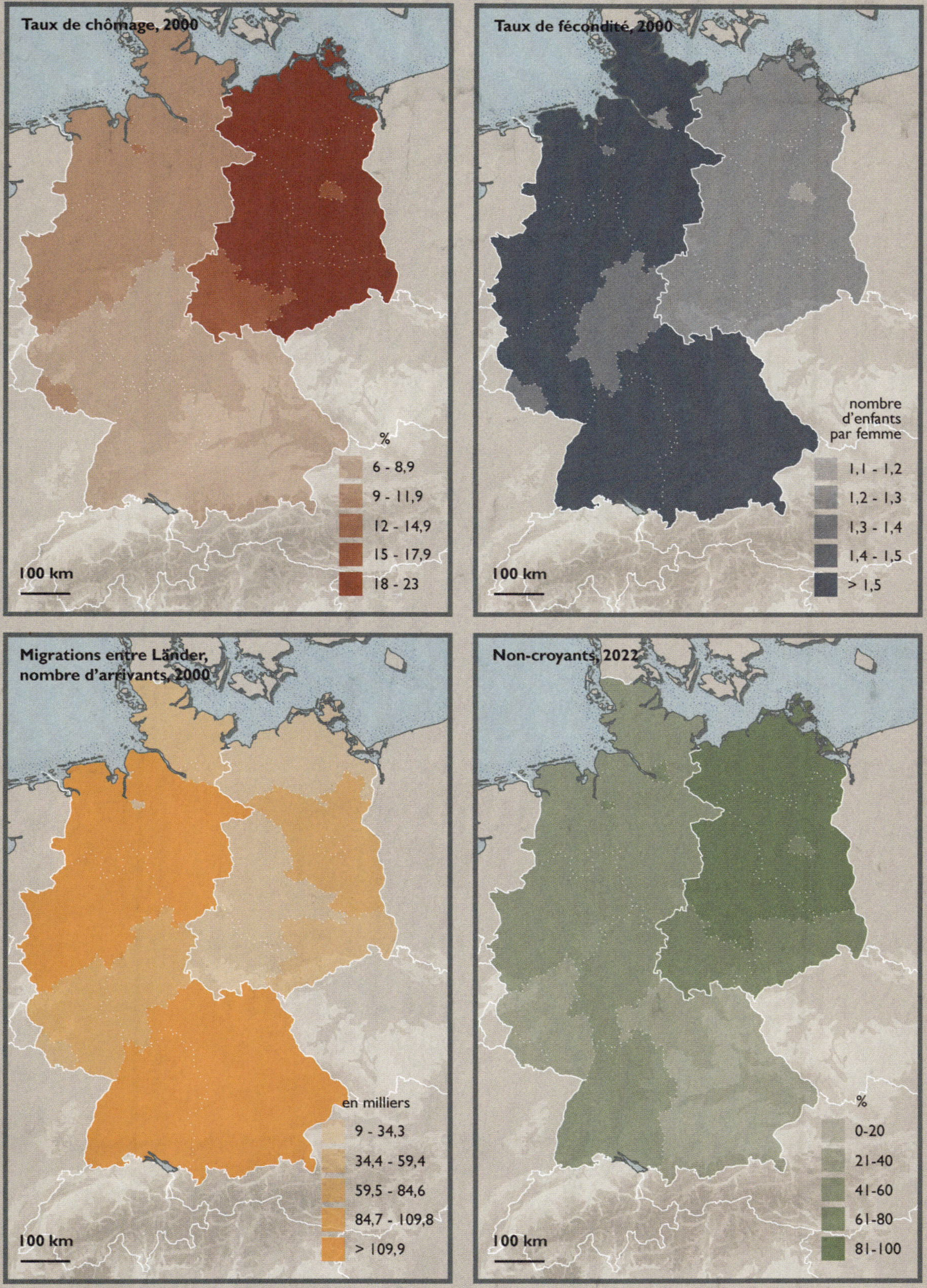

La révolution de Velours, en Tchécoslovaquie, fait plier le régime communiste.

- 1989 -

LA FIN DU BLOC DE L'EST

À la fin des années 1980, fragilisé par des crises économiques, des mouvements contestataires et l'abandon de la doctrine Brejnev par Gorbatchev, le bloc de l'Est entre dans une phase de transition qui mène à l'effondrement des régimes communistes. Les satellites de l'URSS basculent vers des systèmes pluralistes, pour certains pacifiquement, pour d'autres violemment.

L'ébranlement

Au tournant des années 1970-1980, le bloc de l'Est apparaît, aux yeux de l'opinion publique occidentale, comme relativement stable. Toutefois, certaines de ses bases s'avèrent fragiles. Caractérisé par un parti unique, une restriction des libertés publiques et une forte répression policière, le système politique imposé par l'Union soviétique dans les démocraties populaires est ébranlé par l'émergence de mouvements contestataires, notamment après la signature des accords d'Helsinki. Les mécontentements sont aussi nourris par des problèmes économiques structurels qui génèrent de fortes disparités entre les apparatchiks et la population.

Les difficultés n'épargnent pas l'URSS embourbée en Afghanistan et engagée malgré elle dans une surenchère à l'armement avec les États-Unis. Arrivé au pouvoir en 1985, Gorbatchev abandonne la doctrine Brejnev selon laquelle tout régime qui s'éloignerait du modèle soviétique risquerait, à l'exemple de la Tchécoslovaquie, une intervention militaire. En décembre 1988, lors d'un discours devant l'assemblée générale de l'ONU, le dirigeant soviétique annonce une baisse importante des effectifs stationnés dans les satellites de l'Europe de l'Est.

Le rideau de fer se fissure

La Pologne est le premier État à basculer. Début 1989, à la suite des grèves qui ont éclaté l'été précédent, le général Jaruzelski ouvre des négociations avec Solidarność qui aboutissent à une large victoire des opposants lors des élections semi-libres organisées en juin. Pour la première fois depuis 1945, un gouvernement non communiste est formé dans un pays du bloc de l'Est.

En Hongrie, après le départ de János Kádár en mai 1988, un gouvernement modéré est nommé. Après plusieurs mois de négociations, opposants, réformateurs et conservateurs s'entendent sur l'organisation d'élections libres. En octobre 1989, le Parti communiste se saborde peu de temps avant l'adoption d'une révision constitutionnelle et la proclamation d'une nouvelle république. Les premières élections sont organisées en mars et en avril 1990. Tout au long de ce processus de transition, la Hongrie a cherché des soutiens à l'ouest et s'est rapprochée de l'Autriche. Un accord signé en février 1988 permet d'ouvrir les frontières entre les deux pays, officieusement à partir de mai 1988, puis officiellement à partir de septembre 1989. Il s'agit de la première brèche dans le rideau de fer par laquelle commencent à s'engouffrer les Allemands de l'Est.

Une révolution de Velours

À Prague, les intellectuels dissidents tchécoslovaques font de plus en plus entendre leurs voix. Au cours de l'année 1989, la capitale connaît de nombreuses manifestations, systématiquement réprimées par les autorités.

À l'automne, les événements s'accélèrent avec l'afflux de réfugiés est-allemands et surtout la chute du mur. Du 17 au 30 novembre, la population descend massivement et quotidiennement dans la rue. La révolution de Velours réussit à faire plier le régime. Les communistes abandonnent le pouvoir. Un gouvernement est nommé et, quelques jours plus tard, Alexander Dubček et Václav Havel sont respectivement élus à la présidence du parlement et à la présidence de la République.

Les clameurs de la rue

La Bulgarie est également agitée par des mouvements contestataires. La politique d'assimilation forcée de la population d'origine turque provoque ainsi un exode massif vers la Turquie voisine. Surtout, des groupes de dissidents critiquent les orientations économiques du régime, notamment sa politique industrielle désastreuse pour l'environnement. Devant la montée des oppositions, le 10 novembre, Todor Jivkov, au pouvoir depuis 1954, est contraint de démissionner. Sous la pression de la rue, les nouveaux dirigeants sont forcés de négocier. Rebaptisé Parti socialiste bulgare, l'ancien Parti communiste remporte les élections de juin 1990. Issu de cette majorité, le gouvernement tombe toutefois en novembre 1990. Une nouvelle constitution est adoptée en 1991.

DES TRANSITIONS DIFFICILES

En Roumanie, la transition est plus violente. Nicolae Ceaușescu dirige le pays depuis 1965. Le régime est très impopulaire en raison du népotisme de la famille du Conducator, de la répression de sa police politique – la *Securitate* –, de ses décisions économiques ou encore de ses projets pharaoniques. Le 21 décembre 1989, malmené lors d'un rassemblement à Bucarest, Ceaușescu est contraint à la fuite. Le Front de salut national, dirigé par Ion Iliescu, prend le pouvoir. Le 25 décembre, le couple Ceaușescu est capturé, jugé sommairement et exécuté.

En Albanie, la plus petite et la plus isolée des démocraties populaires, la chute du régime est plus tardive. Face à la dégradation économique, la contestation s'amplifie à partir de décembre 1990. Les grèves d'étudiants et d'ouvriers poussent le gouvernement à autoriser les partis politiques. En février 1991, la statue d'Enver Hoxha est renversée à Tirana. Les premières élections pluralistes sont organisées le mois suivant.

Monument commémoratif de la révolution de Velours, à Prague.

La fin des régimes communistes en Europe de l'Est, 1989
Moscou
Mer du Nord
Mer Baltique
URSS
Berlin
Varsovie
RDA
POLOGNE
9 novembre 1989
1989
Prague
RFA
TCHÉCOSLOVAQUIE
17 novembre 1989
Budapest
ROUMANIE
AUTRICHE
HONGRIE
20 décembre 1989
1989
Bucarest
Mer Noire
Belgrade
BULGARIE
10 novembre 1989
YOUGOSLAVIE
Sofia
Tirana
ALBANIE
1989 Date de la chute du régime
Rideau de fer
Ouverture de la frontière austro-hongroise à partir de mai 1989
Mer Méditerranée
URSS
Processus de démocratisation lent avec une tradition de contestation
Sortie rapide du bloc soviétique
Fin du communisme après 1989
200 km

Mikhail Gorbatchev, en juillet 1989.

- 1989-1991 -
LA CHUTE DE L'URSS

Dans les années 1980, l'URSS est confrontée à une grave crise économique et politique que les réformes de Gorbatchev ne parviennent pas à enrayer. L'échec du putsch d'août 1991 accélère l'effondrement du pouvoir central et la dissolution officielle de l'Union soviétique en décembre 1991.

Des entraves économiques croissantes

À partir des années 1970, l'économie soviétique montre de nombreux signes de fragilité. Selon les chiffres officiels, la croissance annuelle moyenne du produit national brut est inférieure à 2 % dans les années 1980, alors qu'elle était de 6 % dans la décennie 1950. Les dépenses militaires, dues à la guerre en Afghanistan et à la course aux armements, obèrent sérieusement le budget de l'État. Si l'URSS peut heureusement compter sur ses exportations d'hydrocarbures, cela rend ses revenus très sensibles aux variations du cours du pétrole.

Le système centralisé, basé sur les dogmes de la planification et de l'industrialisation, révèle ses limites : peu d'innovations, faible productivité et gaspillage. Les pénuries de biens de consommation sont courantes et elles nourrissent le mécontentement de la population ainsi que la corruption.

Welcome Gorby !

En mars 1985, Mikhaïl Gorbatchev prend la direction de l'Union soviétique. Il tente de rétablir le pays en lançant deux grands mouvements de réformes. Le premier, la *perestroïka* – ou « reconstruction » –, consiste à ouvrir partiellement l'Union soviétique aux principes de l'économie de marché, mais aussi, dans le domaine politique, à démocratiser modérément le régime. Le second, la *glasnost* – ou « transparence » –, accompagne cette évolution, car elle assouplit les entraves à la liberté d'expression.

Ces réformes ne parviennent cependant pas à redresser la situation de l'URSS. Plus grave, elles révèlent les failles du régime et permettent aux oppositions de s'exprimer plus librement. Elles sont donc très mal accueillies par une partie de la *nomenklatura*, les conservateurs et l'armée.

La chute de l'Empire

Ces changements encouragent le réveil des sentiments nationalistes dans les républiques soviétiques. Dans les pays baltes, où une forte identité nationale a toujours existé, les manifestations et les revendications à l'encontre de Moscou se multiplient à partir de 1987. Le 23 août 1989, deux millions de Baltes forment une chaîne humaine pour protester contre la domination soviétique.

Après la chute du mur et les transitions vers la démocratie amorcées dans les pays satellites, l'Estonie, la Lettonie et la Lituanie déclarent leur indépendance en 1990. Les Lituaniens, qui ont qualifié d'illégale l'annexion soviétique, se voient imposer un embargo économique par Moscou. Dans le Caucase, trois républiques – l'Arménie, l'Azerbaïdjan et la Géorgie – prennent également leurs distances avec les institutions centrales sur fond de tensions intercommunautaires entre, d'une part, les Arméniens et les Azéris, mais aussi, d'autre part, les Géorgiens et les Abkhazes.

Eltsine au pouvoir

En Russie, les élections semi-libres organisées au printemps 1989 dans le cadre de la *perestroïka* amènent au Congrès du peuple près de deux cent soixante députés non communistes qui se rassemblent derrière Boris Eltsine. Cet ancien proche de Gorbatchev s'avère très critique envers des réformes qu'il considère trop timides.

À la fin du mois de mai 1990, Eltsine est élu président de la fédération de Russie. Deux mois plus tard, il présente à Gorbatchev, président de l'URSS, un projet de souveraineté pour la Russie. En novembre, alors que Gorbatchev prépare une réforme du traité d'union, Eltsine signe avec l'Ukraine et le Kazakhstan des accords bilatéraux.

Se sentant menacé, Gorbatchev laisse les conservateurs hostiles à ces éléments centrifuges reprendre la main. Le 13 janvier 1991, les forces de sécurité assiègent le Parlement lituanien et s'emparent de la télévision à Vilnius. En mars 1991, un référendum est organisé dans les neuf républiques qui n'ont pas encore fait sécession. Les résultats sont majoritairement favorables au nouveau projet d'union de Gorbatchev. En juin, Eltsine est réélu président de la Russie, cette fois au suffrage universel. Il acquiert ainsi une légitimité plus grande face à Gorbatchev, élu président de l'URSS au suffrage indirect.

L'URSS en miettes

En réaction, les conservateurs organisent le 19 août un putsch pour renverser Gorbatchev et restaurer l'ordre soviétique. Le président de l'URSS est mis en résidence surveillée en Crimée, où il passe ses vacances. Les putschistes forment un Comité d'État pour l'état d'urgence. Depuis le siège du gouvernement russe – la Maison-Blanche –, Boris Eltsine organise la résistance des Moscovites descendus en masse dans la rue pour protester. Le coup d'État échoue après le ralliement à la foule des unités déployées dans Moscou. Cet épisode affaiblit considérablement le pouvoir central.

À l'exception du Kazakhstan, les républiques proclament toutes leur indépendance dès la fin août. Début septembre, le Congrès du peuple suspend la constitution et met fin à son mandat. Le 21 décembre, à Alma-Ata (Kazakhstan), onze des anciennes républiques fondent la Communauté des états indépendants, sans que Gorbatchev ait été convié au sommet. Le 25 décembre 1991, alors que, la veille, la Russie a récupéré le siège de l'URSS au Conseil de sécurité de l'ONU, Mikhaïl Gorbatchev annonce à la télévision sa démission de la fonction présidentielle et la dissolution de l'URSS.

Berlin après la chute du mur.

La fin de l'URSS, 1990-1991
RDA
POLOGNE
TCHÉCOSLOVAQUIE
HONGRIE
ROUMANIE
BULGARIE
ESTONIE
LETTONIE
LITUANIE
BIÉLORUSSIE
UKRAINE
MOLDAVIE
Moscou
RUSSIE
GÉORGIE
ARMÉNIE
AZERBAÏDJAN
KAZAKHSTAN
OUZBÉKISTAN
TURKMÉNISTAN
KIRGHIZISTAN
TADJIKISTAN
RUSSIE URSS
Anciennes démocraties populaires
Républiques ayant proclamé leur indépendance avant août 1991
Républiques ayant proclamé leur indépendance à partir d'août 1991
300 km

Un étudiant devant des chars sur l'avenue de la Paix éternelle, à Pékin, le 5 juin 1989.

- 1989 -

LA RÉPRESSION DE LA PLACE TIANANMEN

Après la mort de Mao, Deng Xiaoping lance un programme de modernisation qui entraîne un développement économique rapide, mais aussi des inégalités et une frustration croissante, car il ne s'accompagne pas de réformes politiques. Au printemps 1989, la place Tiananmen accueille un vaste mouvement de contestation, violemment réprimé

Une modernisation sans démocratie

Après les décès de Zhou Enlai et de Mao en 1976, Deng Xiaoping prend la tête de la République populaire de Chine. En 1978, il met en œuvre un programme de rénovation, les Quatre Modernisations, touchant l'agriculture, l'industrie, la défense ainsi que les sciences et les technologies. La Chine ambitionne en effet de devenir une grande puissance à l'horizon du XXIe siècle. Pour cela, elle s'ouvre sur l'étranger et fonde, au début des années 1980, les premières zones économiques spéciales.

Dès les années 1980, l'économie du pays connaît un développement rapide avec des taux de croissance à deux chiffres. Ce dynamisme n'est toutefois pas sans mauvais côté, puisque l'inflation qui en découle entraîne de grandes inégalités sociales. Les élites s'enrichissent rapidement et la corruption progresse. Une partie des étudiants et des intellectuels est frustrée par cette modernisation qui fait l'impasse sur les réformes démocratiques. Aussi, en mars 1979, Wei Jingsheng est ainsi arrêté après avoir affiché, quelques semaines auparavant, sur le mur de la Démocratie, place Tiananmen à Pékin, un manifeste intitulé *La cinquième modernisation* et appelant à une libéralisation du régime. Les dirigeants du parti sont eux-mêmes divisés entre réformateurs et conservateurs.

Place Tiananmen, les étudiants en colère

Le 15 avril 1989, l'ancien secrétaire général du Parti communiste, Hu Yaobang, décède. Celui-ci a été limogé en 1987 en raison de sa complaisance envers des manifestations étudiantes prodémocratiques. Sa disparition donne lieu spontanément à des manifestations populaires. À partir du 16 avril, la place Tiananmen accueille les premiers rassemblements étudiants devant le Grand Palais du peuple – le Parlement – et le siège du gouvernement. Le pouvoir chinois annonce l'organisation de funérailles nationales pour le 22 avril. Le jour des obsèques, cent mille manifestants occupent la place Tiananmen autour du monument aux Héros du peuple. Le mouvement ne s'interrompt pas par la suite. Il s'étend même en province.

Dans les cortèges, on dénonce aussi bien les inégalités et la corruption que le manque de liberté. Le 13 mai, des étudiants entament une grève de la faim. Le mouvement commence à être médiatisé en raison de la présence à Pékin de nombreux journalistes étrangers venus couvrir la visite officielle, le 15 mai, de Mikhaïl Gorbatchev. Dans son édition du 16 mai, *Le Monde* parle d'une « capitale chinoise en pleine ébullition ».

Une répression d'une violence inouïe

Le 18 mai, les leaders étudiants et le Premier ministre entament des pourparlers. Mais, le 19, les réformateurs sont désavoués par Deng Xiaoping. La loi martiale est décrétée. Les troupes de l'Armée populaire prennent position autour de la capitale sans pour autant intervenir. Il semble que des dissensions existent dans les rangs des militaires, notamment parmi les unités locales qui compteraient des sympathisants de la contestation. L'occupation de la place continue malgré tout. Le 30 mai, des étudiants de l'académie des Beaux-Arts érigent une œuvre inspirée de la statue de la Liberté, la déesse de la Démocratie.

Le 3 juin, les soldats et les blindés tentent de progresser vers Tiananmen, mais leurs forces sont bloquées par des barricades élevées par la population. Dans la nuit du 3 au 4 juin, les blindés convergent à nouveau vers la place. Des affrontements ont lieu. L'armée atteint les abords de Tiananmen vers 1 heure du matin. L'expulsion des étudiants est violente. Selon plusieurs témoins occidentaux, les soldats n'hésitent pas à tirer sur la foule et à rouler avec leurs chars sur des manifestants. Le 5 juin, le photographe américain Jeff Widener immortalise l'image d'un inconnu, surnommé depuis « Tank man », tentant d'arrêter une colonne de blindés. La répression dure tout le mois de juin : des centaines de Chinois sont arrêtés dans tout le pays, beaucoup sont exécutés.

Le silence des démocraties

Le bilan de la répression est incertain. Les chiffres varient en effet de deux cent quarante et un morts, selon les sources gouvernementales, à plus de dix mille, selon certains témoignages et organismes occidentaux. Quoi qu'il en soit, la répression de la place Tiananmen verrouille pour longtemps toute évolution politique en Chine.

Le pouvoir interdit toute référence à l'événement dans la presse, les livres ou les manuels scolaires. La censure veille, encore de nos jours, à maintenir ce silence. La Chine entend dès lors défendre un modèle qui accorde des droits économiques et sociaux, mais restreint les droits civils et politiques.

La communauté internationale condamne rapidement la répression. Le président américain, Georges H. W. Bush, décide par exemple de sanctions économiques. François Mitterrand dénonce un « régime qui, pour survivre, en est réduit à faire tirer sur la jeunesse ». Néanmoins, ces réactions n'entravent pas à long terme les échanges avec la Chine qui poursuit sa modernisation dans les années 1990.

Des étudiants sur la place Tiananmen, le 5 juin 1989.

Pékin, la place Tiananmen

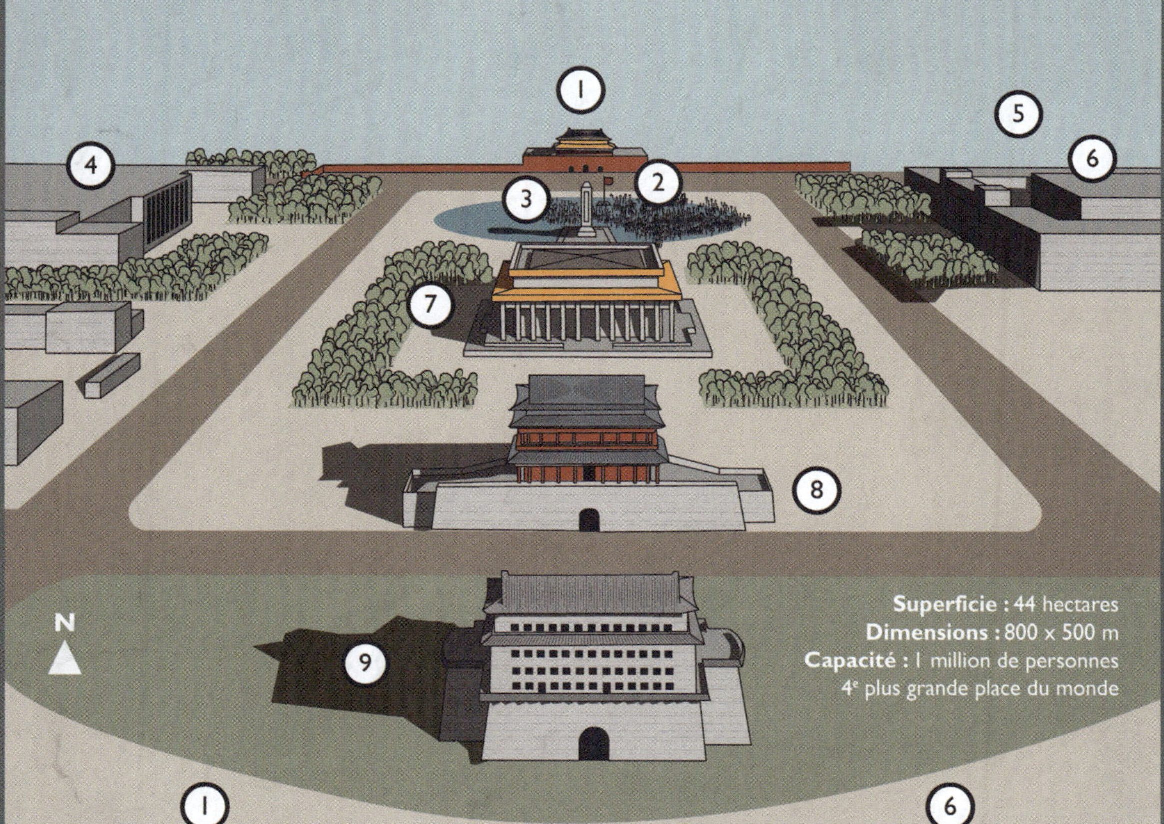

1 **Porte de la Paix céleste Tian'anmen**
Porte principale de la Cité interdite, l'ancien palais impérial.

2 **Drapeau national**
Les militaires assurent tous les jours la levée du drapeau chinois.

3 **Monument à la mémoire des héros du peuple**
C'est autour de cette stèle que les manifestants installent leur campement au printemps 1989.

4 **Grand Palais du Peuple**
L'édifice accueille les sessions de l'Assemblée nationale populaire.

5 **Avenue Zhengyilu**
Axe sur lequel « Tank man » arrête les chars le 5 juin.

6 **Musée national de Chine**

7 **Mausolée de Mao Zedong**

8 **Porte de Zhengyang**

9 **Tour de flèche (Jianlou)**

Mémorial du génocide de Srebrenica, en 1995.

- 1991-2001 -

L'ÉCLATEMENT DE LA YOUGOSLAVIE

Entre 1991 et 2001, une série de conflits provoquent l'éclatement de la Yougoslavie. Le maréchal Tito, en effet, a su maintenir pendant quatre décennies l'unité du pays, mais la mort de cette figure historique, en 1980, a pour conséquence la résurgence des tensions ethniques

Sous l'autorité de Tito

Fondée en 1918, la Yougoslavie devient, après la Seconde Guerre mondiale, une République socialiste dirigée par le maréchal Tito, le grand leader de la résistance face au nazisme. Le nouvel État est une fédération regroupant six républiques : la Slovénie, la Croatie, la Bosnie-Herzégovine, la Serbie, le Monténégro et la Macédoine, ainsi que deux provinces autonomes, le Kosovo et la Voïvodine.

Après avoir rompu avec l'URSS en 1948, Tito mène une politique originale au sein du bloc de l'Est. Il n'adhère pas au pacte de Varsovie et devient l'une des figures importantes du mouvement des non-alignés, dont Belgrade accueille d'ailleurs une conférence en 1961. L'autorité de Tito et les bons résultats économiques du régime jusqu'en 1965 permettent à la Yougoslavie de maintenir son unité.

Le réveil des nationalismes

La disparition du chef de l'État en 1980 marque le début d'une période de troubles. Le pouvoir central s'affaiblit. La présidence de la République est ainsi assurée de manière tournante entre les dirigeants des différentes républiques. Le contexte économique se dégrade également avec l'explosion de la dette extérieure et de l'inflation.

Surtout, les tensions ethniques entre les différentes communautés se réveillent. En 1986, Slobodan Milošević prend la tête du parti communiste de Serbie. Celui-ci engage une politique centralisatrice – il supprime l'autonomie du Kosovo et de la Voïvodine –, mais, surtout, il adopte un discours nationaliste qui inquiète les autres républiques.

Or, à partir de 1988-1989, la Slovénie et la Croatie amorcent un processus de démocratisation et organisent, en avril 1990, des élections libres. Dans ces deux républiques, les minorités serbes commencent à s'agiter. Le 25 juin 1991, les deux républiques proclament leur indépendance, bientôt suivie par la Macédoine. Aussitôt, l'armée fédérale, majoritairement serbe, intervient contre la Slovénie et la Croatie. Si les troupes serbes se retirent très vite de Slovénie, le conflit dure plus longtemps en Croatie où vit une importante communauté serbe. Les combats opposent Croates et Serbes lors des sièges de Vukovar et de Dubrovnik (août-novembre 1991). Pour mettre fin aux massacres de civils et à l'épuration ethnique, l'ONU réussit à imposer un cessez-le-feu en 1992 qui permet aux Serbes de Croatie de fonder leur propre état. Celui-ci est cependant démantelé en 1995 par les Croates qui récupèrent la souveraineté sur leur territoire.

La guerre de Bosnie

Une autre guerre éclate en Bosnie-Herzégovine après la déclaration d'indépendance en mars 1992. Les Serbes de Bosnie, notamment le chef des milices serbes, Radovan Karadžić, appuyé par Belgrade, refusent cette sécession. Ils s'opposent aux Croates et aux Bosniaques musulmans. Le siège de Sarajevo (1992–1996), le plus long de l'histoire récente (mille quatre cent vingt-cinq jours), fait onze mille morts.

Le massacre de Srebrenica en juillet 1995 – où huit mille cinq cents musulmans sont exécutés par les forces serbes – est qualifié de génocide par les instances internationales. Finalement, l'intervention de l'OTAN avec le bombardement des positions serbes (opération *Deliberate Force*, en 1995) et la médiation américaine mènent aux accords de Dayton, signés en décembre 1995. La Bosnie est reconnue comme un État composé de deux entités : la Fédération croato-bosniaque et la République serbe de Bosnie.

La guerre du Kosovo

Dans les années 1990, le Kosovo, territoire serbe à majorité albanaise (90 %), aspire à plus d'autonomie. Au printemps 1999, après le massacre de quarante-cinq Kosovars à Racak par les forces de sécurité serbes, l'OTAN bombarde la Serbie durant soixante-dix-huit jours, sans mandat de l'ONU. L'armée serbe se retire du Kosovo qui passe alors sous administration de l'ONU. Le bilan est de treize mille morts et huit cent mille réfugiés.

En 2008, deux ans après le Monténégro, le Kosovo proclame unilatéralement son indépendance, toujours non reconnue par la Serbie.

Crimes de guerre

Les guerres de Yougoslavie ont provoqué plus de cent quarante mille morts, des centaines de milliers de blessés et plusieurs millions de déplacés. Créé en 1993 par l'ONU et siégeant à La Haye, le Tribunal pénal international a jugé les principaux responsables des crimes de guerre et de la politique de nettoyage ethnique menée par les Serbes : Slobodan Milošević et Radovan Karadžić (condamné à perpétuité).

L'éclatement de la Yougoslavie a donné naissance à sept nouveaux États européens : la Slovénie, la Croatie, la Bosnie-Herzégovine, le Monténégro, la Macédoine du Nord, le Kosovo et la Serbie. En 2004, la Slovénie est entrée dans l'Union européenne, suivie par la Croatie en 2013.

Le siège de l'ONU, à Genève.

Les guerres de Yougoslavie, 1991-2001
AUTRICHE
HONGRIE
ROUMANIE
Ljubljana
SLOVÉNIE
25 juin 1991
Zagreb
CROATIE
25 juin 1991
Vukovar
Belgrade
BOSNIE-HERZÉGOVINE
3 mars 1992
Srebrenica
Sarajevo
SERBIE
Mostar
Pale
MONTÉNÉGRO
Dubrovnik
Pristina
Podgorica
KOSOVO
Skopje
Mer Adriatique
MACÉDOINE
17 septembre 1991
ITALIE
ALBANIE
GRÈCE
1991 Proclamation de l'indépendance
Sièges et/ou massacres
Fédération yougoslave jusqu'en 1998
États sécessionnistes
Zones de peuplement serbe en Croatie et en Bosnie (1991)
Mer Ionienne
50 km

UN NOUVEL ORDRE MONDIAL ?

Au début des années 1990, les États-Unis s'imposent comme l'unique puissance d'un nouvel ordre mondial avec pour idéal le modèle des démocraties libérales. Toutefois, cette position est fragilisée par l'apparition de nouvelles tensions, le développement du terrorisme islamiste, les critiques contre l'unilatéralisme américain, l'émergence de nouvelles puissances régionales, surtout de la Chine.

La paix américaine

Avec la dislocation du bloc communiste et la fin de l'URSS au tournant des années 1980-1990, les États-Unis demeurent la seule superpuissance, voire une « hyperpuissance » selon les mots du ministre français des Affaires étrangères Hubert Védrine. Leur domination est en effet sans rivale dans plusieurs domaines, notamment culturels et militaires. Washington dispose de capacités de projection unique à travers le globe avec ses bases, son aviation et ses flottes, mais aussi ces moyens technologiques, notamment dans l'espace et les télécommunications. Dans un discours prononcé le 11 septembre 1990 devant le Congrès, le président américain George H. W. Bush annonce l'avènement d'un « nouvel ordre mondial », une *Pax Americana* reposant sur les principes de la démocratie libérale, du droit international et du capitalisme.

Washington, gendarme du monde

Le nouveau paradigme annoncé par le président américain intervient justement dans le contexte de l'invasion du Koweït par son puissant voisin : l'Irak de Saddam Hussein. Sous l'égide des Nations unies, les Américains montent alors une vaste coalition afin de protéger leurs alliés dans la région, notamment l'Arabie saoudite (opération Bouclier du désert), puis libérer le Koweït (opération Tempête du désert). L'intervention cesse le 28 février sans avoir renversé le dictateur irakien, mais l'épisode, largement couvert par les médias occidentaux, a démontré au monde la puissance américaine. Le conflit a également prouvé la capacité des États-Unis à fédérer autour de leur politique de nombreux États pourtant hétéroclites, puisque parmi les vingt-huit pays de coalition se trouvent aussi bien des alliés historiques (Canada, Royaume-Uni, France) que des pays arabes ou des anciens satellites de l'URSS (Tchécoslovaquie). Ce triomphe du multilatéralisme impose Washington en leader et en gendarme du monde.

Les États-Unis jouent d'ailleurs un rôle central dans l'apaisement du conflit israélo-palestinien. Sous leur médiation, l'Organisation de libération de la Palestine (OLP) reconnaît Israël, ouvrant la voie à des négociations. Ces dernières sont menées entre 1991 et 1993, et aboutissent à la signature des accords d'Oslo à la Maison-Blanche le 13 septembre 1993. L'événement donne lieu à une image historique : Yitzhak Rabin et Yasser Arafat se serrant la main, sous le regard du président américain Bill Clinton. Leur action est aussi déterminante en 1995 dans la signature des accords de Dayton, qui mettent fin aux combats en Bosnie.

Le terrorisme du XXIe siècle

La fin de la guerre froide est aussi marquée par l'apparition de nouvelles tensions dans les relations internationales. Les anciennes républiques soviétiques connaissent ainsi un retour du nationalisme. La fragmentation de la Yougoslavie en plusieurs États provoque des affrontements entre les communautés slovaques, croates, serbes et musulmanes. Durant les années 1990, l'Afrique est également frappée par de nombreuses guerres civiles, en Somalie, au Libéria, au Congo, au Soudan, en Algérie et au Rwanda, en 1994, où la majorité Hutu se livre à un génocide sur la minorité Tutsi.

Dans le même temps, dans le monde musulman, des groupes islamistes radicaux se développent et s'organisent. Le Saoudien Oussama Ben Laden forme ainsi le mouvement Al-Qaïda. Ce dernier fait des États-Unis son principal ennemi en raison de leurs interventions dans les pays musulmans et de leur soutien à la monarchie saoudienne ainsi qu'à l'État d'Israël. Le 11 septembre 2001, Al-Quaïda mène des attentats-suicides en détournant quatre avions : deux percutent les tours du World Trade Center, un autre frappe le Pentagone, un dernier s'écrase en Pennsylvanie. L'attaque est la plus importante perpétrée sur le sol américain depuis Pearl Harbor. En réaction, le président américain George W. Bush envahit l'Afghanistan, considéré comme le sanctuaire des djihadistes.

Un système multipolaire ?

Le 11 septembre constitue un tournant, car les conservateurs américains rompent avec le multilatéralisme. L'administration Bush décide de s'en prendre à « l'axe du mal », c'est-à-dire les pays soutenant le terrorisme et cherchant à se doter d'armes de destruction massive : l'Afghanistan, l'Irak, l'Iran et la Corée du Nord. La doctrine conduit l'armée américaine à attaquer l'Irak en 2003. L'intervention est menée en dehors de tout mandat des Nations unies et suscite l'opposition des pays alliés. Cette entorse au droit international vient renforcer les sentiments antiaméricains qui se nourrissent, par ailleurs, de l'opposition à la mondialisation libérale et des ingérences américaines.

Depuis les années 2010, l'ordre international né après la guerre froide est contesté par l'affirmation de puissances régionales, mais aussi par la Russie – qui entend reconstituer son influence, y compris au moyen de conquêtes militaires en Géorgie et en Ukraine – et surtout, par la Chine, désormais principale rivale des États-Unis, au niveau mondial. Après un monde bipolaire, puis unipolaire, c'est désormais un système multipolaire qui semble émerger.

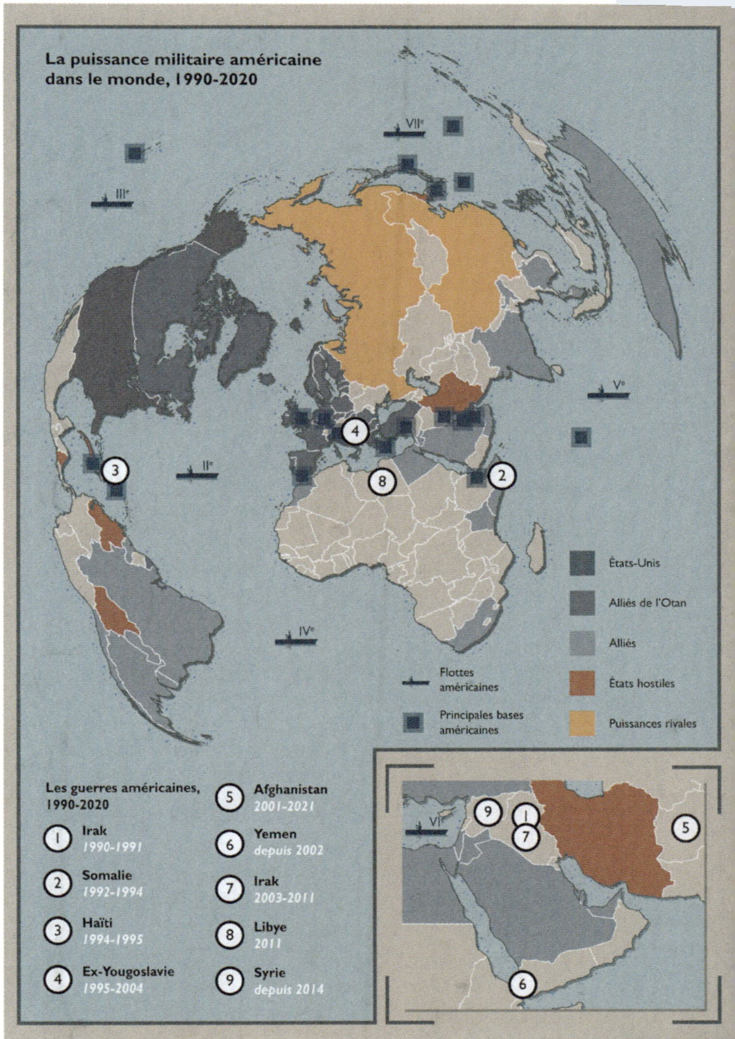

Sources et bibliographie

Les numéros correspondent à ceux des chapitres.

1

Ménudier, Henri. *L'Allemagne occupée 1945-1949*, Paris, Presses Sorbonne Nouvelle, 1989.

Quellien, Jean. *La Seconde Guerre mondiale*, Taillandier, 2015.

Wieviorka, Olivier. *Histoire totale de la Seconde Guerre mondiale*, Perrin/Ministère des Armées, 2023.

2

Bouvier, Émile. « La République de Mahabad », dans *Les clés du Moyen-Orient*, 5 décembre 2019.

Dullin, Sabine. Jeannesson Stanislas, *Atlas de la guerre froide. 1947-1990 : un conflit global et multiforme,* Paris, Autrement, 2020.

3

« Greece. Principal areas of guerrilla operations », 1947 ; « Communist Guerrilla in Greece », 1947-1949 ; « Reported border incidents and partisan activity », février 1947, *National archives and records administration*, Washington, archives de la CIA, RG 263, cartes.

Abbott, Frank Jr., *The Greek Civil War, 1947-1949: lessons for the operational artist in foreign internal defense*, Fort Leavenworth, Kansas, School of Advanced military studies, USA Army command and general staff college,1994.

Amen, Michael Mark. « La pénétration des structures militaires et politiques de la Grèce par les États-Unis : juin 1947-octobre 1949 », dans *Relations internationales*, n° 11, « Les États-Unis et l'Europe », 1977.

O'Ballance, Edgar. *The Greek Civil War, 1944-1949*, New York, Praeger, 1966.

Nachmani, Amikam. « Civil war and foreign intervention in Greece, 1946-1949 », dans *Journal of Contemporary History*, vol. 25, n° 4, octobre 1990.

Karpozilos, Kostis. « 1949: the making of a diasporic Greek popular republic », dans *Diasporas*, n° 40, 2022.

4

Bachman, Ronald D. (dir.). *Romania, a country study*, Washington, Bibliothèque du Congrès, 1989.

Burant, Stephen R. (dir.). *East Germany, a country study*, Washington, Bibliothèque du Congrès, 1987.

Curtis, Glenn E. (dir.). *Yugoslavia, a country study*, Washington, Bibliothèque du Congrès, 1990.

Curtis, Glenn E. (dir.). *Bulgaria, a country study*, Washington, Bibliothèque du Congrès, 1992.

Curtis, Glenn E. (dir.). *Poland, a country study*, Washington, Bibliothèque du Congrès, 1992.

Gawdiak, Ihor (dir.). *Czechoslovakia, a country study*, Washington, Bibliothèque du Congrès, 1987.

Iwaskiw, Walter R., Zickel, Raymond (dir.). *Albania, a country study*, Washington, Bibliothèque du Congrès, 1992.

Ménudier, Henri. *L'Allemagne occupée 1945-1949*, Paris, Presses Sorbonne Nouvelle, 1989.

Soulet, Jean-François. *Histoire de l'Europe de l'Est, de la Seconde Guerre mondiale à nos jours*, Paris, Armand Colin, 2006.

5

Foreign and military intelligence. Final report of the of the Committee to study governmental operations with [...], Senat, 94th Congress, 2d session, report n° 94-755, livres 1 et 4, Washington, US Government printing office, 1976.

Callanan, James. *Covert Action in the Cold War. US Policy, Intelligence and CIA Operations*, Londres, I. B. Tauris, 2010.

Ramos, Raphaël. « Le général Walter Bedell Smith et la naissance de la communauté du renseignement américaine, 1950-1953 », dans *Stratégique*, n° 110(3), 2015.

Ramos, Raphaël. « L'action clandestine et l'ascension de la CIA sous l'administration Eisenhower », dans *Guerres mondiales et conflits contemporains*, n° 278(2), 2020.

6

Bernard, Vincent (dir.). *Histoire des États-Unis*, Paris, Champs Histoire Flammarion, 1997.

Bossuat, Gérard. *Les aides américaines économiques et militaires à la France, 1938-1960, Une nouvelle image des rapports de puissance*, Paris, Institut de la gestion publique et du développement économique, Comité pour l'histoire économique et financière de la France, 2001.

Colson, Bruno. *La stratégie américaine et l'Europe*, Paris, Economica, 1997.

Durandin, Catherine. *La guerre froide*, Paris, Presses universitaires de France, « Que sais-je ? », 2016.

Jeannesson, Stanislas. *La guerre froide*, Paris, La Découverte, 2014.

7

Manuel statistique de la République tchécoslovaque [pour l'année] 1948, Prague, Office national des statistiques, 1948.

Office tchèque de statistiques ([En ligne]. https://Csu.gov.cz).

Soulet, Jean-François. *Histoire de l'Europe de l'Est, de la Seconde Guerre mondiale à nos jours*, Armand Colin, Paris, 2006.

8

A report on the airlift. Berlin mission. The operational and internal aspects of the advance element, Washington, Department of the Air Force, [1975]. British Berlin Airlift association, The Berlin Airlift, 1948/49, [s. l.], [s. é.], [s. d.].

Defrance, Corine, Pfeil, Ulrich. « L'Allemagne occupée en 1946 », dans *Guerres mondiales et conflits contemporains*, n° 224, 2006/4.

Harrington, Daniel F. "*The Air Force can deliver anything*". *A history of the Berlin Airlift*, Washington, Government printing office, 2010.

Miller, Roger G. *To save a city. The Berlin Airlift, 1948-1949*, Air Force History support office, 1998.

Shlaim, Avi. *The United States and the Berlin Blockade, 1948-1949: A study in crisis decision making*, Berkeley/Los Angeles/Londres, University of California Press, 1983.

« 1948. Berlin », dans *Map Review*, n° 67, 20 novembre 1948.

9

Burant, Stephen R. (dir.). *East Germany, a country study*, Washington, Bibliothèque du Congrès, 1987.

Ménudier, Henri. *L'Allemagne occupée 1945-1949*, Paris, Presses Sorbonne Nouvelle, 1989.

Ménudier, Henri. *La RDA 1949-1990. Du stalinisme à la liberté*, Paris, Presses Sorbonne Nouvelle, 1990.

Solten, Éric (dir.). *Germany, a country study*, Washington, Bibliothèque du Congrès, 1995.

Soulet, Jean-François. *Histoire de l'Europe de l'Est, de la Seconde Guerre mondiale à nos jours*, Armand Colin, Paris, 2006.

10

OTAN, avril 1952 - avril 1957. Texte du rapport de Lord Ismay à la session ministérielle du Conseil de l'Atlantique Nord à Bonn, en mai 1957, Paris, OTAN, Service de l'Information, [1957].

SACLANT OTAN story, [s.l.], OTAN, 1962.

Vigilance the price of liberty, Paris, OTAN, 1960.

Durandin, Catherine, *La guerre froide*, Paris, Presses universitaires de France, « Que sais-je ? », 2016.

Jeannesson, Stanislas, *La guerre froide*, Paris, La Découverte, 2014.

11

« *Areas of Communist Activity in China* », carte extraite de Harrison Forman, *Report from Red China, June 1945* (*The National Archives*, UK, WO 208/4398).

« *Situation_at_the_End_of_World_War_Two* » ; « *Chiang Kai-shek's Strategy, 1947* » ; « *Communist Offensives, april-october 1949* » ; « *Communist Offensives, november 1948-january 1949* » ; « *Communist Offensives, september-november 1948* » (cartes du département d'histoire de l'Académie militaire des États-Unis).

Dolan, Ronald E., Savada, Andrea Matles, Worden, Robert L. (dir.). *China, a country study*, Washington, Bibliothèque du Congrès, 1987.

Henriot, Carine, Sanjuan, Thierry, Benoit-Guyod, Madeleine, *Atlas de la Chine. La puissance alternative*, Paris, Autrement, 2023.

Van de Ven, Hans J. *China at war: triumph and tragedy in the emergence of the new China*, Cambridge, Presses de l'université de Harvard, 2017.

Westad, Odd Arne. *Decisive encounters: the Chinese civil war, 1946-1950*, Stanford, Presses de l'université de Stanford, 2003.

12

« *The Korean War. Principal Campaigns of the Korean War, 1950-1953* » (cartes du département d'histoire de l'Académie militaire des États-Unis).

Cadeau, Ivan, *La guerre de Corée, 1950-1953*, Paris, Perrin, 2013.

Miller, John Jr., Caroll, Owen J., Tackley, Margaret E. *Korea, 1951-1953*, Washington, US Army center of military history, 1997.

Van de Ven, Hans J. *China at war: triumph and tragedy in the emergence of the new China*, Cambridge, Presses de l'université de Harvard, 2017.

13

Cadeau, Ivan. *La guerre d'Indochine : de l'Indochine française aux adieux à Saïgon, 1940-1956*, Paris, Tallandier, 2015.

Cima, Ronald J. (dir.). *Vietnam a country study*, Washington, Bibliothèque du Congrès, 1987.

Tertrais, Hugues, *Atlas des guerres d'Indochine*, Paris, Autrement, 2004.

Tertrais, Hugues, *La Piastre et le fusil. Le coût de la guerre d'Indochine, 1945-1954*, Vincennes, Institut de la gestion publique et du développement économique, Comité pour l'histoire économique et financière de la France, 2014.

14

Bossuat, Gérard. *Histoire de l'Union européenne, Fondations, élargissements, avenir*, Paris, Belin, 2009.

Mérienne, Patrick. *Atlas des 28 États de l'Union européenne : Cartes, statistiques et drapeaux*, Rennes, Ouest-France, 2015.

15

« *Forced Labour camps and Mass deportation aeras* », [s. d.] (*National archives and records administration*, Washington, archives de la CIA, RG 263, cartes).

Brunet, Roger. « Géographie du goulag », dans *L'Espace géographique*, t. 10, n° 3, 1981.

Don Levine, Isaac. *Carte de l'esclavage en URSS*, Paris, Centre d'archives et de documentation, 1952.

Jacobsen, Hans-Adolf, Dollinger, Hans. *Deutschland. Hundert Jahre Deutsche Geschichte*, Munich, [s. é.], 1969.

Nérard, Xavier, Rey, Marie-Pierre, Suss, Cyrille. *Atlas historique de la Russie. D'Ivan III à Vladimir Poutine*, Paris, Autrement, 2024.

Werth, Nicolas, *La terreur et le désarroi : Staline et son système*, Paris, Perrin, 2007.

16

Andrew, Christopher, Gordievsky, Oleg. *Le KGB dans le monde, 1917-1990*, Fayard, 1990.

Kozovoï, Andreï. *Les Services secrets russes. Des tsars à Poutine*, Paris, Éditions Tallandier, 2010.

Zickel, Raymond E. (dir.). *Soviet Union, a country study*, Washington, Bibliothèque du Congrès, 1989.

17

Feugas, Françoise. « De la conférence de Bandung au mouvement des non-alignés », dans *Le Monde diplomatique. Manuel d'histoire critique*, 2014.

Marin, Cécile. « Naissance du tiers-monde », dans *Le Monde diplomatique*, avril 2005.

18

Intelligence Report. Warsaw Pact ground forces facing NATO, [Washington], *Central Intelligence Agency, Directorate of Intelligence*, 1969.

Bird, John; *CIA analysis of the Warsaw pact forces: the importance of clandestine reporting*, Washington, *Central Intelligence Agency, Information management services, Historical collections*, 2012.

Embry, Hugh Collins. *The Warsaw Pact, 1955-1968*, Washington, Université de Washington, 1969.

Nérard, Xavier, Rey, Marie-Pierre, Suss, Cyrille. *Atlas historique de la Russie. D'Ivan III à Vladimir Poutine*, Paris, Autrement, 2024.

19

« *Campaign in Sinaï, opening phase, 29-31 october 1956* » ; « *Campaign in Sinaï, conquest of Sinaï, 1-5 november 1956* » (cartes du département d'histoire de l'Académie militaire des États-Unis).

Dullin, Sabine, Jeannesson, Stanislas. *Atlas de la guerre froide. 1947-1990 : un conflit global et multiforme*, Paris, Autrement, 2020.

Lefebvre, Denis. *Les secrets de l'expédition de Suez, 1956*, Paris, Perrin, 2010.

Kyle, Keith. *Suez: Britain's End of Empire in the Middle East*, Londres, I.B. Tauris, 2011.

20

Rapport du comité spécial pour la question de Hongrie, New York, Assemblée générale des Nations Unies, documents officiels, onzième session, supplément n° 18, 1957.

Burant, Stephen R. (dir.). *Hungary, a country study*, Washington, Bibliothèque du Congrès, 1989.

Kende, Pierre. « Budapest, 1956 : la révolution confisquée », dans *L'Histoire*, n° 314, 2006.

Métayer, Guillaume (dir.). *Budapest 1956*, Paris, Éditions du Félin, 2016.

21

« L'affaire de l'avion-espion U-2 », dans *L'espionnage durant la Guerre froide* [dossier pédagogique, recueils de documents conservés aux Archives diplomatiques], ministère de l'Europe et des Affaires étrangères/Centre des Archives diplomatiques de Nantes ([En ligne]. https://www.diplomatie.gouv.fr).

Pedlow, Gregory W., Welzenbach, Donald E. *The Central intelligence agency and overhead reconnaissance: the U-2 and OXCART programs, 1954-1974*, Washington, *History Staff Central Intelligence Agency*, 1992.

22

Central Intelligence Agency [CIA] Berlin Handbook, 1961 (*National archives and records administration*, Washington, archives du Département d'État, RG 59).

« *Greater Berlin* », [s. d.], (*National archives and records administration*, Washington, archives de la CIA, RG 263, cartes).

« *Pionier und signaltechnischer Ausbau der Staatsgrenze zu BERLIN-West* », 1984 (*Bundesarchiv*).

Dullin, Sabine, Jeannesson, Stanislas. *Atlas de la guerre froide. 1947-1990 : un conflit global et multiforme*, Paris, Autrement, 2020.

23

« *Map of missile range in Cuba* », 1962 (*National archives and records administration*, Washington, Theodore Sorensen papers, Collection JFK-222).

Dullin, Sabine, Jeannesson, Stanislas. *Atlas de la guerre froide. 1947-1990 : un conflit global et multiforme*, Paris, Autrement, 2020.

Hudson, Rex A. (dir.). *Cuba, a country study*, Washington, Bibliothèque du Congrès, 2001.

Touze, Vincent. *Missiles et décisions. Castro, Kennedy et Khrouchtchev et la crise de Cuba d'octobre 1962*, Bruxelles, André Versailles éditeur, 2012.

24

Ayache, Georges, Demant, Alain. *Armements et désarmement depuis 1945*, Bruxelles, Éditions Complexe, 1991.

Boniface, Pascal, Courmont, Barthélémy. *Le monde nucléaire. Arme nucléaire et relations internationales depuis 1945*, Paris, Armand Colin, 2006.

Norris, Robert S., Kristensen, Hans M., « *Global nuclear weapons inventories, 1945–2010* », dans *Bulletin of the Atomic Scientists*, vol. 66(4), 2016.

25

« *Apollo Initial Lunar Landing Mission Original General Electric Poster* », [1969].

« *Voyage on the Moon presented by Above and Beyond. The Encyclopedia of aviation and space sciences* », [1969].

Régnauld, Irénée, Saint-Martin, Arnaud. *Une histoire de la conquête spatiale : des fusées nazies aux astrocapitalistes du* New Space, Paris, La Fabrique éditions, 2024.

26

« *Sinaï. The Six Day War. The penetrations, 5-6 june, 1967* » ; « *Sinaï. The Six Day War. Conquest of Sinaï, 7-8 june, 1967* » ; « *Israël. The Six Day War. The Jordan Salient, 5-7 june 1967* » ; « *Israël. The Six Day War. Battle of Golan Heights, 9-10 june 1967* » (cartes du département d'histoire de l'Académie militaire des États-Unis).

Gawrych, Georges W. *Key to the Sinai: The battles for Abu Ageila in the 1956 and 1967 Arab-Israeli Wars*, Fort Leavenworth, US Army, Command and General Staff College, 1990.

27

Dullin, Sabine, Jeannesson, Stanislas. *Atlas de la guerre froide. 1947-1990 : un conflit global et multiforme*, Paris, Autrement, 2020.

Tvrdikova, Michaela. *L'évolution de l'émigration tchécoslovaque au cours des années, 1948-1989*, thèse sous la direction de Libor Vykoupil, Brno, Université de Masaryk, 2007.

Wiener, Friedrich. *Soldaten im Ostblock*, Munich, Lehmann, 1972.

28

Cima, Ronald J. (dir.). *Vietnam a country study*, Washington, Bibliothèque du Congrès, 1987.

Kelley, Michael. *Where we were in Vietnam*, Hellgate press, 2002.

Dullin, Sabine, Jeannesson, Stanislas. *Atlas de la guerre froide. 1947-1990 : un conflit global et multiforme*, Paris, Autrement, 2020.

Tertrais, Hugues. *Atlas des guerres d'Indochine*, Paris, Autrement, 2004.

29

Burant, Stephen R. (dir.). *East Germany, a country study*, Washington, Bibliothèque du Congrès, 1987.

Cahn, Jean-Paul, Pfeil, Ulrich. *Allemagne 1961-1974. De la construction du Mur à l'*Ostpolitik, Lille, Presses universitaires du Septentrion, 2009, vol. 2.

Dullin, Sabine, Jeannesson, Stanislas. *Atlas de la guerre froide. 1947-1990 : un conflit global et multiforme*, Paris, Autrement, 2020.

Solten, Éric (dir.). *Germany, a country study*, Washington, Bibliothèque du Congrès, 1995.

30

« La Chine dans la mondialisation », dans *Questions internationales*, n° 32, 2008

Bourdin, Juliette. « Chapitre I. Le tournant de la présidence de Richard Nixon », dans *Entre porte ouverte et « porte fermée »*, Presses Sorbonne Nouvelle, 2013.

Carroué, Laurent. « Chine : de l'ouverture aux déséquilibres territoriaux », dans *Alternatives économiques*, n° 187, 2000.

Dolan, Ronald E., Savada, Andrea Matles, Worden, Robert L. (dir.). *China, a country study*, Washington, Bibliothèque du Congrès, 1987.

Henriot, Carine, Sanjuan, Thierry, Benoit-Guyod, Madeleine. *Atlas de la Chine. La puissance alternative*, Paris, Autrement, 2023.

31

ICBM History ([En ligne]. https://alcpress.org/military/icbm/icbm-history.html).

« *US ICBM bases* », [1965] (carte du *Air Force Nuclear Weapons Center*).

Ayache, Georges, Demant, Alain. *Armements et désarmement depuis 1945*, Bruxelles, Éditions Complexe, 1991.

32

« *Israël-Syria aera, 1973. Golan Heights campaign. Syrian Attack, 6-10 october 1973* » ; « *Israël-Syria aera, 1973. Golan Heights campaign. Israeli attack on 11-12 october and arab counterattacks until the cease fire* » ; « *Suez canal aera, 1973. Campaign in Sinaï. Egyptian crossing / Reinforcement phase. Israeli counterattacks, 6-13 october 1973* » ; « *Suez canal aera, 1973. Campaign in Sinaï. Egyptian attacks, 14 october. Israeli counterattacks, 14-15 october 1973* » ; « *Suez canal aera, 1973. Campaign in Sinaï. Operation Gazelle: plan, movement to crossing. Site, 15-17 october 1973, planned exploitation and Egyptian counterattacks* » ; « *Suez canal aera, 1973. Campaign in Sinaï. Operation Gazelle: exploitation and isolation. Egyptian Third Army, 18-23 october. Egyptian attacks* » (cartes du département d'histoire de l'Académie militaire des États-Unis).

33

Gaudichaud, Franck. *Chili 1970-1973, Mille jours qui ébranlèrent le monde*, Presses universitaires de Rennes, 2013.

Hudson, Rex A. (dir.). *Chile, a country study*, Washington, Bibliothèque du Congrès, 1994.

Paúl, Fernanda. « *Bombardeo a La Moneda : los otros ataques aéros que hubo el 11 de septiembre de 1973 en Santiago* », *BBC News Mundo* ([En ligne]. https://www.bbc.com/mundo/articles/cyjgz0x9v78o).

34

« Géopolitique de l'Amérique latine », dans *L'Histoire*, n° 465, 2019.

Gaudichaud, Franck. « L'ombre du Condor. Contre-révolution et terrorisme d'État international dans le Cône Sud », dans *Amnis. Revue d'études des sociétés et cultures européennes et américaines*, n° 3, 2003.

Chirio, Maud, Joffily, Mariana. « La vérité sur le plan Condor », dans *L'Histoire*, n° 465, 2019.

Hudson, Rex A. (dir.). *Chile, a country study*, Washington, Bibliothèque du Congrès, 1994.

Rekacewicz, Philippe. « Conflits et guérillas », dans *Le Monde diplomatique*, *Amérique latine rebelle*, « *Manière de Voir* », n° 90, décembre 2006-janvier 2007.

35

Andréani, Jacques. *Le piège. Helsinki et la chute du communisme*, Paris, Odile Jacob, 2005.

Badalassi, Nicolas. *En finir avec la guerre froide. La France, l'Europe et le processus d'Helsinki, 1965-1975*, Rennes, Presses universitaires de Rennes, 2014.

Decaux, Emmanuel. *La Conférence sur la sécurité et la coopération en Europe (CSCE)*, Paris, Presses universitaires de France, coll. « Que sais-je ? », 1992.

36

Dullin, Sabine, Jeannesson, Stanislas. *Atlas de la guerre froide. 1947-1990 : un conflit global et multiforme*, Paris, Autrement, 2020.

Freedman, Lawrence. *La guerre froide : 1945-1989. Atlas des guerres*, Paris, Autrement, 2004.

Gleijeses, Piero. « "Le plus authentique des *leaders* révolutionnaires" : Fidel Castro et la Guerre froide », dans *Monde(s)*, n° 18, novembre 2020.

Mantoux, Stéphane. « Quand l'URSS intervenait dans la Corne de l'Afrique. La guerre de l'Ogaden (1977-1978) », dans *Revue historique des armées*, n° 275, 2014.

Ofcansky, Thomas P. (dir.). *Ethiopia, a country study*, Washington, Bibliothèque du Congrès, 1991.

Waal, Alex de. *Evil days: 30 years of war and famine in Ethiopia*, New York, *Human Rights Watch*, 1991.

37

Collelo, Thomas L. (dir.). *Angola, a country study*, Washington, Bibliothèque du Congrès, 1989.

Dullin, Sabine, Jeannesson, Stanislas. *Atlas de la guerre froide. 1947-1990 : un conflit global et multiforme*, Paris, Autrement, 2020.

George, Edward. *The Cuban Intervention in Angola 1965-1991 From Che Guevara to Cuito Cuanavale*, New York, Frank Cass, 2005.

38

Amiot, Hervé. « Chronologie illustrée du conflit libanais », dans *Les clés du Moyen-Orient*, 2013 ([En ligne]. https://www.lesclesdumoyenorient.com/Chronologie-illustree-du-conflit-libanais-1975-1990.html).

Chaigne-Oudin, Anne-Lucie, El Khoury, Yara. « Guerre civile libanaise », dans *Les clés du Moyen-Orient*, 2010 ([En ligne]. https://www.lesclesdumoyenorient.com/A-relire-Guerre-civile-libanaise.html).

Verdeil, Éric, Faour, Ghaleb, Velut, Sébastien. *Atlas du Liban*, Institut français du Proche-Orient, CNRS, 2007.

39

Curtis, Glenn E. (dir.). *Iran, a country study*, Washington, Bibliothèque du Congrès, 2008.

Delmas, Jean-Christophe. *Dico atlas des guerres*, Paris, Belin, 2012.

Dudoignon, Stéphane A. « Iran. Comment les islamistes ont pris le pouvoir », dans *L'Histoire*, n° 506, avril 2023.

Freedman, Lawrence. *La guerre froide : 1945-1989. Atlas des guerres*, Paris, Autrement, 2004.

Gresh, Alain, Vidal, Dominique. « La guerre Iran-Irak (1980-1988) », dans « Tempêtes sur l'Iran ». *Manière de voir, Le Monde diplomatique*, n° 93, juin-juillet 2007.

40

François, David. *Nicaragua. 1961-1990*, Warwick, Helion & Company, 2019.

Henneton, Thibault, Marin, Cécile. « Les ramifications de l'affaire Iran-Contra », dans *Le Monde diplomatique*, avril 2018 ([En ligne]. https://www.monde-diplomatique.fr/cartes/iran-contra).

Merrill, Tim L. (dir.). *Nicaragua, a country study*, Washington, Bibliothèque du Congrès, 1993.

41

« Guerre des Malouines : des enseignements pérennes », dans *Brèves Marines*, n° 264, 2022.

Freedman, Lawrence. *La guerre froide : 1945-1989. Atlas des guerres*, Paris, Autrement, 2004.

Masse, Henri. *Une guerre pour les Malouines*, thèse de doctorat sous la direction d'Alfred Wahl, université de Metz, 1996.

Royer, Pierre. « Grande bataille : les Malouines (avril-juin 1982). L'Empire contre-attaque », dans *Conflits. Revue de Géopolitique*, 2022 ([En ligne]. https://www.revueconflits.com/grande-bataille-les-malouines-avril-juin-1982-lempire-contre-attaque/).

42

L'OTAN et le pacte de Varsovie. Comparaison des forces en présence, Bruxelles, Service de l'information de l'OTAN, 1984.

Rapport de situation sur les forces nucléaires à portée intermédiaire (FNI), Bruxelles, Service de l'information de l'OTAN, 1983.

Soviet military power, Washington, *US Government printing office*, 1981.

Dullin, Sabine, Jeannesson, Stanislas. *Atlas de la guerre froide. 1947-1990 : un conflit global et multiforme*, Paris, Autrement, 2020.

La Gorce, Paul-Marie de. « Qu'attendre d'un démantèlement des euromissiles ? », dans *Le Monde diplomatique*, avril 1987 ([en ligne]. https://www.monde-diplomatique.fr/1987/04/LA_GORCE/39980).

Luehl, Lothar. « Le défi du SS-20 et la stratégie soviétique à l'égard de l'Europe », dans *Politique étrangère*, n° 3, 1979.

Parisi, Ilaria. « Stratégie. Pour une histoire du traité FNI, de la crise des euromissiles à sa fin », dans *diploweb.com : la revue géopolitique*, 1er mars 2020.

43

World military expenditures and arms transfers, 1991-1992, Washington, *US arms control and disarmament agency*, 1993.

World armaments and disarmament. SIPRI yearbook 1986, Stockholm, *Stockholm international peace research institute*, 1986.

Bateman, Aaron. *Weapons in space. Technology, politics, and the rise and fall of the strategic defense initiative*, Cambridge, Presses de l'Institut technologique du Massachusetts (MIT), 2024.

Freedman, Lawrence. *La guerre froide : 1945-1989. Atlas des guerres*, Paris, Autrement, 2004.

Paine, Keith B. Strategic Defense: *"Star Wars" in perspective*, Lanham, Hamilton Press, 1986.

Sevaistre, Olivier. « L'initiative de défense stratégique du président Reagan », dans *Études*, t. 364, 1986.

44

Audeoud, Olivier. « L'intervention américano-caraïbe à la Grenade », dans *Annuaire français de droit international*, vol. 29, 1983.

Raines, Edgar F. Jr. *The Rucksack war. US army operational logistics in Grenada, 1983*, Washington, *Center of military history*, 2010.

Stewart, Richard W. *Operation Urgent Fury: the invasion of Grenada, october 1983*, Washington, *Center of military history*, 2008.

45

Dutheil de La Rochère, Jacqueline. « L'affaire de l'accident du Boeing 747 de Korean Airlines », dans *Annuaire français de droit international*, vol. 29, 1983.

Fischer, Ben B. *A cold war conundrum: The 1983 soviet war scare*, [Langley], *Center for the study of intelligence*, 1997.

46

L'OTAN et le Pacte de Varsovie. Comparaison des forces en présence, Bruxelles, OTAN, Service de l'Information, 1984.

Jones, Nate. *Able Archer 83. The secret history of the NATO exercice that almost triggered nuclear war*, The New Press, 2016.

47

Bauman, Robert F. *Russian-Soviet Unconventional wars in the Caucacus, Central Asia, and Afghanistan*, Leavenworth Papers, nº 20, Washington, *US Army center of military history*, 1993.

Grau, Lester W., Jorgensen, William A. « Handling the Wounded in a Counter-Guerrilla War: the Soviet/Russian Experience in Afghanistan and Chechnya », dans *US Army Medical Department Journal*, janvier/février 1998.

Male, Beverly. *Revolutionary Afghanistan: a reappraisal, Londres*, Croom Helm, 1982.

Marangé, Céline. « La guerre d'Afghanistan, tombeau de l'Union soviétique », dans *Guerres mondiales et conflits contemporains*, nº 281, 2021/1.

48

« Accident de Tchernobyl (Ukraine - 1986). Impacts de l'accident en Europe », IRSN ([En ligne]. https://www.irsn.fr/savoir-comprendre/crise/impacts-laccident-europe).

Tchernobyl. Évaluation de l'impact radiologique et sanitaire, Agence pour l'énergie nucléaire, Organisation de coopération et de développement économiques, 2002.

Werth, Nicolas. « Tchernobyl : enquête sur une catastrophe annoncée », dans *L'Histoire*, nº 308, 2006.

Yablokov, Alexey V. et alii, *Conséquences de la catastrophe sur la population et l'environnement*, Paris, Independent WHO – Santé et nucléaire, 2025.

49

Curtis, Glenn E. (dir.). *Poland, a country study*, Washington, Bibliothèque du Congrès, 1992.

De Saint-Hilaire, Marie-Claude, « Chronologie des événements polonais, 1980-1982 », dans *Politique étrangère*, nº 1, 1982.

Molnár, Miklós. *La démocratie se lève à l'Est*, Genève, *Graduate Institute Publications*, 1990.

50

Données de l'Office fédéral de statistiques allemand ([En ligne]. https://www.destatis.de).

Breteau, Pierre. « Trente ans après la réunification allemande, neuf cartes montrent le décalage persistant entre l'Est et l'Ouest », dans *Le Monde*, 6 novembre 2019.

Burant, Stephen R. (dir.). *East Germany, a country study*, Washington, Bibliothèque du Congrès, 1987.

Solten, Éric (dir.). *Germany, a country study*, Washington, Bibliothèque du Congrès, 1995.

Vaillant, Jérôme. « L'effondrement de la RDA (mai 1989 - mars 1990) », dans Jean-Paul Cahn, Ulrich Pfeil (dir.), *Allemagne 1974-1990. De l'*Ostpolitik *à l'unification*, vol. 3/3, Villeneuve d'Ascq, Presses universitaires du Septentrion, 2009.

51

Bachman, Ronald D. (dir.). *Romania, a country study*, Washington, Bibliothèque du Congrès, 1989.

Burant, Stephen R. (dir.). *East Germany, a country study*, Washington, Bibliothèque du Congrès, 1987.

Curtis, Glenn E. (dir.). *Yugoslavia, a country study*, Washington, Bibliothèque du Congrès, 1990.

Curtis, Glenn E. (dir.). *Bulgaria, a country study*, Washington, Bibliothèque du Congrès, 1992.

Curtis, Glenn E. (dir.). *Poland, a country study*, Washington, Bibliothèque du Congrès, 1992.

Gawdiak, Ihor (dir.). *Czechoslovakia, a country study*, Washington, Bibliothèque du Congrès, 1987.

Iwaskiw, Walter R., Zickel, Raymond (dir.). *Albania, a country study*, Washington, Bibliothèque du Congrès, 1992.

Ménudier, Henri. *L'Allemagne occupée 1945-1949*, Paris, Presses Sorbonne Nouvelle, 1989.

Soulet, Jean-François. *Histoire de l'Europe de l'Est, de la Seconde Guerre mondiale à nos jours*, Paris, Armand Colin, 2006.

52

Werth, Nicolas. *Histoire de l'Union soviétique. De l'empire russe à la Communauté des États indépendants (1900-1991)*, Paris Presses universitaires de France, 1992, rééd. 2021.

Werth, Nicolas. « URSS : comment un empire implose », dans *L'Histoire*, nº 485-486, 2021.

Zickel, Raymond E. (dir.). *Soviet Union, a country study*, Washington, Bibliothèque du Congrès, 1989.

53

« L'histoire secrète de Tiananmen », *Le Monde*, 10 janvier 2001.

« Protestation sur la place Tiananmen, 25 ans », *Graphic News*, 2014.

Goldman, Merle, Fairbank, John King. *Histoire de la Chine. Des origines à nos jours*, Paris, Tallandier, 2013.

54

Le Pautremat, Pascal. « La Bosnie-Herzégovine en guerre (1991-1995) : au cœur de l'Europe », dans *Guerres mondiales et conflits contemporains*, nº 233, 2009/1.

Madelin, Anne. « Yougoslavie, le pays disparu », dans *L'Histoire*, nº 460, 2019.

Robin-Hunter, Laurence. « Le nettoyage ethnique en Bosnie-Herzégovine : buts atteints ? », dans *Revue Géographique de l'Est*, vol. 45/1, 2005.

55

« Les États-Unis et le monde. 2001-2021 : le grand tournant », dans *L'Histoire*, nº 487, 2021.

Lindemann, Thomas. « Les guerres américaines dans l'après-guerre froide. Entre intérêt national et affirmation identitaire », dans *Raisons politiques*, nº 13, 2004/.

Crédits iconographiques

Toutes les photographies sont issues des Archives Larousse, sauf :

8-9. Ph © Picture Alliance/DPA / Bridgeman Images. 14. Ph © Karol Szczecinski / East News / Bridgeman Images. 15. © National Archives USA. 18. © Everett Collection / Bridgeman Images. 20. © DR. 26. © Shutterstock.com. 30. © Shutterstock.com. 34. © Alamy. 38. © Bridgeman Images. 46. © National Archives USA / DR. 48. © Adobestock.com. 54 et 56. Ph. © NARA / National Archives, Washington. 62. © Adobestock.com. 66-67. © Adobestock.com. 72 et 74. © Shutterstock.com. 78. © Howard Sochurek/The LIFE Picture Collection/Shutterstock. 80. Ph. © NARA / National Archives, Washington. 82. © Shutterstock.com. 84. Ph © Alamy. 88. Ph © Bridgeman Images. 90. © Michael Rougier/The LIFE Picture Collection/Shutterstock. 92. Ph © Bridgeman Images. 94. © Royal Air Forces. 96. © Shutterstock.com. 100. Ph © Alamy. 101. Ph. © NARA / National Archives, Washington. 104 et 106. Ph. © National Archives, Washington. 112-113. Ph © Mondadori Portfolio / Bridgeman Images. 114. Ph © Tallandier / Bridgeman Images. 116. Ph © Shutterstock.com. 118. Ph. © Denis Cameron/Shutterstock. 122. Ph. © NARA / National Archives, Washington. 126. Ph © Shutterstock.com. 128. Ph © National Archives, Washington. 134. Ph © Bridgeman Images. 140. © Glasshouse Images/Shutterstock. 142 et 144. © Library of Congress. 146 et 147. Ph © Shutterstock.com. 152. © Jean MEUNIER / AFP. 156. Ph © Shutterstock.com. 158. © DR. 160 et 162. Ph © Adobestock.com. 164. © Croix-Rouge / Ph Luc Chessex. 168. © GABRIEL DUVAL / AFP. 171. © DR. 172. Ph © Shutterstock.com. 174. © Library of Congress. 176. © Bridgeman Images. 178. © DR. 184. Ph. © NARA / National Archives, Washington. 188 et 190. © Library of Congress. 192. © National Archives, Washington. 194. © Le Point. © Time. 196. Ph © Shutterstock.com. 198. © Library of Congress. 200. Ph. © Imago / Bridgeman Images. 202. © DR. 204, 208 Ph © Adobestock.com. 210. © DR. 212. © SZ Photo / Hans-Peter Stiebing / Bridgeman Images. 215. Ph © Shutterstock.com. 216. © Alamy. 220. © Bridgeman Images. 224. © REUTERS/Str Old / Bridgeman Images. 226. © Library of Congress. 228. Ph © Shutterstock.com.

Cartographie et infographies : Jérémie Halais

Direction de la publication
Carine Girac-Marinier
Édition
Maëva Journo
Mise en page
Lucile Jouret
Fabrication
Rebecca Dubois

ISBN 978-2-03-608673-9

9782036086739./01
Fabriqué par Éditions Larousse
21, Rue du Montparnasse 75006 Paris France
LIVRES-LAROUSSE@larousse.fr

Achevé d'imprimer en Espagne par Macrolibros (Valladolid)
Dépôt légal : janvier 2026 – 340348/01
N° de projet : 11059402 – décembre 2025